分配正义的实证之维

——实证社会选择的中国应用

An Empirical Analysis on Distributive Justice:
The Application of Empirical Social Choice in China

汪毅霖 著

经济管理出版社
ECONOMY & MANAGEMENT PUBLISHING HOUSE

图书在版编目（CIP）数据

分配正义的实证之维 / 汪毅霖著. —北京：经济管理出版社，2020.5
ISBN 978-7-5096-7127-6

Ⅰ. ①分… Ⅱ. ①汪… Ⅲ. ①分配（经济）—研究 Ⅳ. ①F014.4

中国版本图书馆 CIP 数据核字（2020）第 086155 号

组稿编辑：宋 娜
责任编辑：张 昕 姜玉满
责任印制：黄章平
责任校对：陈 颖

出版发行：经济管理出版社
（北京市海淀区北蜂窝 8 号中雅大厦 A 座 11 层 100038）
网 址：www. E-mp. com. cn
电 话：（010）51915602
印 刷：三河市延风印装有限公司
经 销：新华书店
开 本：720mm×1000mm/16
印 张：15.5
字 数：223 千字
版 次：2020 年 8 月第 1 版 2020 年 8 月第 1 次印刷
书 号：ISBN 978-7-5096-7127-6
定 价：98.00 元

第八批《中国社会科学博士后文库》编委会及编辑部成员名单

（一）编委会

主　任：王京清

副主任：马　援　张冠梓　高京斋　俞家栋　夏文峰

秘书长：邱春雷　张国春

成　员（按姓氏笔划排序）：

卜宪群　王建朗　方　勇　邓纯东　史　丹　朱恒鹏　刘丹青
刘玉宏　刘跃进　孙壮志　孙海泉　李　平　李向阳　李国强
李新烽　杨世伟　吴白乙　何德旭　汪朝光　张　翼　张车伟
张宇燕　张星星　陈　甦　陈众议　陈星灿　卓新平　房　宁
赵天晓　赵剑英　胡　滨　袁东振　黄　平　朝戈金　谢寿光
潘家华　冀祥德　穆林霞　魏后凯

（二）编辑部（按姓氏笔划排序）：

主　任：高京斋

副主任：曲建君　李晓琳　陈　颖　薛万里

成　员：王　芳　王　琪　刘　杰　孙大伟　宋　娜　陈　效
苑淑娅　姚冬梅　梅　玫　黎　元

本书获教育部人文社会科学研究一般（西部）项目“现代化建设的中国方案对西方经济学思路的超越研究”（项目批准号：19XJC790012）的资助。

序　言

博士后制度在我国落地生根已逾30年，已经成为国家人才体系建设中的重要一环。30多年来，博士后制度对推动我国人事人才体制机制改革、促进科技创新和经济社会发展发挥了重要的作用，也培养了一批国家急需的高层次创新型人才。

自1986年1月开始招收第一名博士后研究人员起，截至目前，国家已累计招收14万余名博士后研究人员，已经出站的博士后大多成为各领域的科研骨干和学术带头人。其中，已有50余位博士后当选两院院士；众多博士后入选各类人才计划，其中，国家百千万人才工程年入选率达34.36%，国家杰出青年科学基金入选率平均达21.04%，教育部“长江学者”入选率平均达10%左右。

2015年底，国务院办公厅出台《关于改革完善博士后制度的意见》，要求各地各部门各设站单位按照党中央、国务院决策部署，牢固树立并切实贯彻创新、协调、绿色、开放、共享的发展理念，深入实施创新驱动发展战略和人才优先发展战略，完善体制机制，健全服务体系，推动博士后事业科学发展。这为我国博士后事业的进一步发展指明了方向，也为哲学社会科学领域博士后工作提出了新的研究方向。

习近平总书记在2016年5月17日全国哲学社会科学工作座谈会上发表重要讲话指出：一个国家的发展水平，既取决于自然科学发展水平，也取决于哲学社会科学发展水平。一个没有发达的自然科学的国家不可能走在世界前列，一个没有繁荣的哲学社会科学的国家也不可能走在世界前列。坚持和发展中国特色社会主义，需要不断在实践中和理论上进行探索、用发展着的理论指导发展着的实践。在这个过程中，哲学社会科学具有不可替代的重要地位，哲学社会科学工作者具有不可替代的重要作用。这是党和国家领导人对包括哲学社会科学博士后在内的所有哲学社会科学领域的研究者、工作者提出的殷切希望！

中国社会科学院是中央直属的国家哲学社会科学研究机构，在哲学社会科学博士后工作领域处于领军地位。为充分调动哲学社会科学博士后研究人员科研创新的积极性，展示哲学社会科学领域博士后的优秀成果，提高我国哲学社会科学发展的整体水平，中国社会科学院和全国博士后管理委员会于2012年联合推出了《中国社会科学博士后文库》（以下简称《文库》），每年在全国范围内择优出版博士后成果。经过多年的发展，《文库》已经成为集中、系统、全面反映我国哲学社会科学博士后优秀成果的高端学术平台，学术影响力和社会影响力逐年提高。

下一步，做好哲学社会科学博士后工作，做好《文库》工作，要认真学习领会习近平总书记系列重要讲话精神，自觉肩负起新的时代使命，锐意创新、发奋进取。为此，需做到：

第一，始终坚持马克思主义的指导地位。哲学社会科学研究离不开正确的世界观、方法论的指导。习近平总书记深刻指出：坚持以马克思主义为指导，是当代中国哲学社会科学区别于其他哲学社会科学的根本标志，必须旗帜鲜明加以坚持。马克思主义揭示了事物的本质、内在联系及发展规律，是“伟大的认识工具”，是人们观察世界、分析问题的有力思想武器。马克思主义尽管诞生在一个半多世纪之前，但在当今时代，马克思主义与新的时代实践结合起来，越来越显示出更加强大的生命力。哲学社会科学博士后研究人员应该更加自觉地坚持马克思主义在科研工作中的指导地位，继续推进马克思主义中国化、时代化、大众化，继续发展21世纪马克思主义、当代中国马克思主义。要继续把《文库》建设成为马克思主义中国化最新理论成果宣传、展示、交流的平台，为中国特色社会主义建设提供强有力的理论支撑。

第二，逐步树立智库意识和品牌意识。哲学社会科学肩负着回答时代命题、规划未来道路的使命。当前中央对哲学社会科学愈加重视，尤其是提出要发挥哲学社会科学在治国理政、提高改革决策水平、推进国家治理体系和治理能力现代化中的作用。从2015年开始，中央已启动了国家高端智库的建设，这对哲学社会科学博士后工作提出了更高的针对性要求，也为哲学社会科学博士后研究提供了更为广阔的应用空间。《文库》依托中国社会科学院，面向全国哲学社会科学领域博士后科研流动站、工作站的博士后征集优秀成果，入选出版的著作也代表了哲学社会科学博士后最高的学术研究水平。因此，要善于把中国社会科学院服务党和国家决策的大智库功能与《文库》的小智库功能结合起来，进而以智库意识推动品牌意识建设，最终树立《文库》的智库意识和品牌意识。

第三，积极推动中国特色哲学社会科学学术体系和话语体系建设。改革开放30多年来，我国在经济建设、政治建设、文化建设、社会建设、生态文明建设和党的建设各个领域都取得了举世瞩目的成就，比历史上任何时期都更接近中华民族伟大复兴的目标。但正如习近平总书记所指出的那样：在解读中国实践、构建中国理论上，我们应该最有发言权，但实际上我国哲学社会科学在国际上的声音还比较小，还处于"有理说不出、说了传不开"的境地。这里问题的实质，就是中国特色、中国特质的哲学社会科学学术体系和话语体系的缺失和建设问题。具有中国特色、中国特质的学术体系和话语体系必然是由具有中国特色、中国特质的概念、范畴和学科等组成。这一切不是凭空想象得来的，而是在中国化的马克思主义指导下，在参考我们民族特质、历史智慧的基础上再创造出来的。在这一过程中，积极吸纳儒、释、道、墨、名、法、农、杂、兵等各家学说的精髓，无疑是保持中国特色、中国特质的重要保证。换言之，不能站在历史、文化虚无主义立场搞研究。要通过《文库》积极引导哲学社会科学博士后研究人员：一方面，要积极吸收古今中外各种学术资源，坚持古为今用、洋为中用。另一方面，要以中国自己的实践为研究定位，围绕中国自己的问题，坚持问题导向，努力探索具备中国特色、中国特质的概念、范畴与理论体系，在体现继承性和民族性、体现原创性和时代性、体现系统性和专业性方面，不断加强和深化中国特色学术体系和话语体系建设。

新形势下，我国哲学社会科学地位更加重要、任务更加繁重。衷心希望广大哲学社会科学博士后工作者和博士后们，以《文库》系列著作的出版为契机，以习近平总书记在全国哲学社会科学座谈会上的讲话为根本遵循，将自身的研究工作与时代的需求结合起来，将自身的研究工作与国家和人民的召唤结合起来，以深厚的学识修养赢得尊重，以高尚的人格魅力引领风气，在为祖国、为人民立德立功立言中，在实现中华民族伟大复兴中国梦的征程中，成就自我、实现价值。

是为序。

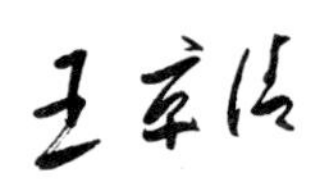

中国社会科学院副院长

中国社会科学院博士后管理委员会主任

2016年12月1日

摘 要

“分配正义”和“经济效率”是实现美好生活不可或缺的两大要件，而关键是处理好两者的关系。从逻辑上说，“分配正义”和“经济效率”虽然不是构成美好生活的充分条件，但却是必要条件。从学理上说，“分配正义”和“经济效率”这两大原则几乎构成了一切福利经济学重要主题的内核：在帕累托最优之一——效率标准下，各类“正义”原则探究如何在诸种符合或不符合帕累托最优的社会状态间做出正确选择。

如果从福利经济学的视角来看，则求解“分配正义”的努力将不仅是一种个人层面上的伦理判断，它也具有社会选择的性质。也就是说，由于“实现人民对美好生活的向往”是整个中华民族在现代化建设的征程中共同面对的时代主题，故为了解决这一矛盾，就必须通过某种社会选择的过程，将分散的个人伦理偏好集结为符合理性的社会偏好，从而可在相关的公共政策领域做出集体决策。

既然求解“分配正义”的含义是一个社会选择问题，我们就可以应用社会选择的理论框架和实证方法来理解什么是“分配正义”以及如何实现“分配正义”。实证社会选择是社会选择的理论研究的衍生品，属于福利经济学的一个较新的分支。在本书中，运用基于实证社会选择框架的问卷准实验，我们研究了如下几个方面的内容：

第一，我们讨论了“信息基础”的作用。我们通过采用问卷实验的方法，着重分析了“信息基础”的可能变化以及这种变化对于被试者在分配正义领域的选择是否会产生显著影响。我们所聚焦的是：当面对着“效率”“应得”和“需要”等不同类型的价值诉求时，被试者的正义判断在何种程度上会被“责任原则”所左右。从实验的结果可知，人们的分配正义判断会受到信息基础的构成的显著影响，而“责任”是重要的伦理信息。当在单一维度的伦理信息中增加了信息量。或者说，在已有的信息集合中添加了新的信息单元后，信息的变化会显著改变被试者的选择。

第二，我们关注人们对结果平等和机会平等的偏好。我们借由问卷实验考察了共享发展的收入再分配含义。具体来说，我们关注人们在共享发展的推进过程中更偏好结果均等还是机会均等。我们的实验发现：首先，人们偏好的既不是绝对的结果均等，也不是绝对的机会均等，而是两者的折中情况。其次，人们在选择收入再分配的方案时敏感于效率损失。再次，多数人反感因个人无法控制的因素所造成的结果不均等，而比较容易接受因个人需要负责的原因所造成的结果不均等。最后，女性对于初始收入分配不均等更为厌恶，且对于效率损失也更敏感。

第三，我们分析了不同的收入差距形成原因会如何影响不平等厌恶。我们通过问卷实验发现：在不平等厌恶的态度上，存在源于框架和人口特征的情景依赖。如果当前收入差距源于“运气”，不平等厌恶和再分配意愿最强；如果收入分配格局的形成原因是“努力”，不平等厌恶和再分配意愿最弱。此外，由于人们的行为受到责任原则的影响，被试者可能会选择在效率损失较高时实施再分配，从而避免低收入者不劳而获。并且，关于“责任原则”的偏好与不平等厌恶一道，会影响人们在增加税收和削减公共服务之间的抉择。此结论同时适用于学生被试者和非学生被试者。

第四，我们研究了个人利益对于人们的公共服务偏好的影响。以异质化公共服务领域的资源配置为背景，我们开展了实证社会选择的问卷实验。实验结果发现：在“基准”（此时被试者已知自己的初始禀赋）实验局中，多数被试者所选择的分配方案受自身利益的左右，即多数的低禀赋者和高禀赋者都会选择有益于私利的资源配置方案；而在“无知之幕”和“中立观察者”两个实验局中，较为中庸的资源配置方案会受到多数被试者的青睐；被试者的选择没有显著地受到“应得”因素的影响；被试者的实际选择与政治哲学的理想化期望差距非常大；资源配置方案的选择结果会受到某些人口学特征的影响。总而言之，人们很明显的是在分配正义和经济效率这两项重要原则之间进行权衡。

本书的研究具有一定的政策意义，因为我们的问卷实验直接关注的是人们处于中立的立场时对于分配正义的态度，故可以为分配政策建立起规范性的参照系。于是，本书中基于实证社会选择框架的问卷实验研究可以作为基于微观调查数据的研究和其他类型的实验研究的补充。

关键词： 分配正义；社会选择；问卷实验；伦理判断；不平等厌恶

Abstract

Both "distributive justice" and "economic efficiency" are necessary conditions of "good life", and the key point is having a reasonable balance between them. In the respect of logic, "distributive justice" and "economic efficiency" are not sufficient conditions for "good life", but they are both indispensable for the goal. In fact, "distributive justice" and "economic efficiency" nearly constitute the hard cores of all important issues of welfare economics. Based on the criteria of Pareto optimality, different ideas about justice consider on how to make a right choice when we are facing all alternatives of optimality and non-optimality.

On the perspective of welfare economics, how to explain "distributive justice" is not only a kind of ethical judgment from individuals, but also a mission of social choice. Because all Chinese people need to face the problem of achieving "good life" in the process of modernization, we should resolve the contradiction by social choice. Exactly speaking, we should use some methods to aggregate individual ethical preferences into rational social preference. It can help us make a social choice in the field of public policy about distribution.

For this reason, understanding "distributive justice" is really about social choice. We need to answer what is "distributive justice" and How to achieve "distributive justice" by the conceptual framework and positive method of social choice. The empirical social choice arises from the theory of social choice, and it is a new part of welfare economics. In this book, in the framework of empirical social choice. They are as follows:

At the beginning, we focus on the function of "informational base". By questionnaire experiment, we test how the change of "informational base" will affect subjects' judgements on distributive justice. Specially, we investigate if "accountability principle" will alter subjects' choices, and how subjects to balance different values between "efficiency", "deserve" and "needs". Our experiments tell us that value factors indeed have significant effect to subjects. When we add supplementary information on a single value information, or when we introduce new value information to compete with existing value information, the choices of subjects will been changed significantly.

Secondly, we make a compare between outcome equality and opportunity equality. Based on the method of empirical social choice, we research on the mean of income redistribution of shared development by a questionnaire experiment. We focus on the preferences of subjects about equal outcome or equal opportunity. Our experiments find out subjects prefer neither equal outcome nor equal opportunity, a balance of them is the most popular alternative. The Subjects are sensitive to efficiency loss when they make a choice about income redistribution. Most subjects will refuse unequal outcome coming from uncontrollable factors, and some subjects can tolerate unequal outcome when people should responsible for the result by himself. Female subjects are more sensitive to inequality of initial distribution and efficiency loss.

Thirdly, we have an analysis on the reasons of income divide, and we focus on how these information will effect inequality aversion.

By questionnaire experiment, we find that there is "context dependence" in the attitude about inequality aversion resulting from framework and demographic characteristics. If income gap results from "luck", inequality aversion and desire of redistribution are strongest, and when income gap is the end of "effort", inequality aversion and desire of redistribution are weakest. With the effects of accountability principle, subjects may agree with redistribution when there are a large losses of "leaky bucket", this choice can help subjects to avoid lazy people get too much from redistribution. Besides, responsibility preference and inequality aversion can both affect the choice between "more taxes" and "less public services". The end is robust when we have a test using MPA but not undergraduate.

At last, we study on how self-interests will affect the preference on public services. By introducing the method of empirical social choice, we analysis on the allocation of resources of heterogeneous public services. We can know from the questionnaire experiments that in a baseline treatment with certain identity of rich and poor, all subjects tend to choose the alternative best to his own benefits. In the treatment of "veil of ignorance"(subjects have no information about their original endowments) and "impartial spectator" (subjects do not care about who are rich or poor), most subjects will choose an alternative with mild redistribution. The choices of subjects will be affected by the factor of "efficiency", but the influence of factor of "deserve" is not obvious. In any contexts, the observed choices of subjects don't totally accord with theoretical predictions. Some individual characters may influence subjects' choices. Obviously, persons will try to balance justice principle and efficiency criterion when the are making choices.

The questionnaire experiments in this book have some important policy significance. Our experiments study on people's attitude about distributive justice when they are on the position of "impartiality". These information from our experiments can help us to build a normative reference about distribution policy. Due to this reason, questionnaire experiment under the framework of empirical social choice can provide a supplement for micro survey and other kins of experiments.

Key Words: Distributive Justice; Social Choice; Questionnaire Experiment; Ethical Judgment; Inequality Aversion

目　录

Contents

第一章　绪　论

第一节　研究的背景、方法和意义

一、研究背景

党的十九大报告提出在中国特色社会主义的新时代，“我国社会主要矛盾已经转化为人民日益增长的美好生活需要和不平衡不充分的发展之间的矛盾”。探索实现美好生活的道路，是作为现代化建设事业的领导核心的中国共产党始终坚持的目标，党的十九大报告中指出，“带领人民创造美好生活，是我们党始终不渝的奋斗目标”。从理论上分析，什么是“美好生活”、“美好生活”需要具备哪些构成要件、如何实现“美好生活”等，显然都既包含实证性的事实维度也包含规范性的价值判断，故属于福利经济学的研究范畴。

在从福利经济学（尤其是基于社会选择）的视角来认识新时代社会主要矛盾，进而创造美好生活的过程中，我们首先要面对的将一定是一个规范性质的概念问题——何谓“美好生活”。以我们最本质的直觉和最基础的条件来说，实现“美好生活”需要以每个人都拥有丰富的物质资源为前提（可以用如人均消费、人均可支配收入、人均 GDP 等客观标准来衡量），从而才能保证所谓“美好”并非一种愚昧无知或自我麻醉。正如邓小平同志1990年底在与中央领导同志座谈时所指出的：“共同致富，我们从改革一开始就讲，将来总有一天要成为中心课题。社会主义不是少数人富起来、大多数人穷，不是那个样子。社会主义最大的优越性就是共同富裕，这是体现社会主义本质的一个东西。”[①] 党的十九大报告也再次强调，“解放和发展社会生产力，是社会主义的本质要求”。这说明，对于效率的追求在新时代仍然是一个重要的目标。

虽然说每个人的经济富足是美好生活的物质前提，但在当今中国，仅有物质资源的丰富是不够的，还需要考察经济日益繁荣过程中的“分配正义”（distributive justice）。从福利经济学的视角看，无论是在收入分配和基本公共服务领域，如果“效率”（efficiency）的追求无法与“分配正义”保持某种和谐一致的关系，则人们可能会更偏好于为“平等”（equality）而牺牲效率——正如民粹主义的主张。换句话说，一旦出现了某种非正义的效率，则社会就会陷入效率与平等的两难抉择，因为在市场经济条件下，效率诉求意味着要做大社会总收入的“蛋糕”，而平等导向的再分配则会让这块“蛋糕”缩小。

只有当经济发展和收入增长遵循着社会中绝大多数人共同接受的“分配正义”原则时，一个社会才有可能跳出效率诉求与平等诉求永远二元对立的陷阱。因为在每个社会中贫富差距的形成原因各自不同时，人们为了追求结果平等而愿意损失的效率水平可能会有质的差异，这种差异关键取决于先富起来的人的财富获取方式是否符合“分配正义”。若属于不“义”之财，则人人欲分之而后快，效率损失上的顾虑可能会被忽略或淡化；反之，若取财的方式符合社会正义的一般价值判断，则人们的均贫富的欲望会受到抑制，效率损失的考量倒是可能占据上风。所以说，“美好生活”不仅需要一种物质上富足的生活，更需要一种符合社会公认的分配正义原

---

① 邓小平：《善于利用时机解决发展问题》，载《邓小平文选（第三卷）》，人民出版社1993年版，第364页。

则的生活，从而每个人对于美好生活的追求才能保持一种和谐关系而不是彼此冲突。

因此，我们可以总结如下：对于实现美好生活，“经济效率”和“分配正义”[①] 是不可或缺的两大要件，而关键是处理好两者的关系。从逻辑上说，经济效率和分配正义不是构成美好生活的充分条件，但却一定是必要条件，且是对提高人民的满足感和获得感很重要的条件，故认识两者的内涵及相互关系可为理解和实现美好生活提供智力支持。显然，上述内容完全没有跳出福利经济学的研究范畴，因为“经济效率”与“社会正义”恰是福利经济学最核心的两大原则。实际上，“经济效率”和“社会正义”这两大原则几乎构成了一切福利经济学重要主题的内核：“效率”在福利经济学以帕累托最优为公认标准，而在此标准下，诸种“正义”原则被用于描述和回答规范性的应然问题，以探究在诸种符合或不符合帕累托最优的社会状态间如何做出正确选择。一方面，“分配正义”起码是与“经济效率”同等重要的公共政策基石；另一方面，正义原则要比效率标准更加多元化，从而“分配正义”不仅是一个复杂的理论问题，在公共政策领域也从未停止过争论。

“分配正义”的问题之所以复杂并且难解，是因为其在本质上显然是一种主观的价值判断，并且对于何谓“美好生活”的理解不仅是一种个人层面上的规范性价值判断，它更具有社会选择的性质。也就是说，为了理解“分配正义”，就必须通过某种符合理性条件的集体决策方式，将规范的个人价值（individual values）集结为可以理解和操作的整体性偏好，从而可在相关的公共政策领域做出社会选择（social choice）。

于是，当我们在实现美好生活的背景下来求解“分配正义”的内涵和

---

① “正义”（jusitce）这一概念的词义存在古今之变。古希腊和古罗马传统下的正义概念主要关注个人正义，将正义视为对个人言行的道德规定。近代以来，思想家对正义概念的理解开始转向社会正义观念，主要关注全体社会成员之间的分配正义（汪丁丁，2014）。从 19 世纪开始，关于社会正义，即分配正义的解释，主流的理论一直是功利主义。一直到罗尔斯 1971 年出版《正义论》，才恢复了正义讨论中的契约论传统，乃至于契约主义目前有与功利主义分庭抗礼之势。

意义时，我们所要面对的是两个从福利经济学诞生以来就一直挥之不去的基础性的理论问题：

一是规范研究和实证研究的关系问题。在经济学思想的发展历程中，一直存在实证经济学和规范经济学两种方法论取向。这一区分因老凯恩斯（John N. Keynes）1890年出版的《政治经济学的范围和方法》而广为人知，又由于弗里德曼（Milton Friedman）1953年发表的《实证经济学方法论》而成为经济学界的共同知识。福利经济学是一门政策科学，而在政策讨论中我们既需要关注目的既定条件下的最优手段这类实然问题，也需要关心什么是应该追求的美好目标这类应然问题。所以说，福利经济学同时离不开规范分析和实证分析，因此老凯恩斯也才会把政策科学意义上的经济学称为“经济学艺术”（art of economics）。[①] 实证经济学的角色有时会显得更重要，尤其当我们将福利经济学应用于具体政策分析时，“规范经济学和经济学技艺都离不开实证经济学”，因为“任何政策结论必定要建立在对要这么做而不是那么做的后果的预测上”。[②] 具体来说，实现美好生活应该遵循何种“分配正义”原则，无论在个体层面还是社会层面都首先是一种规范性质的价值判断。但是，对于价值和偏好的理解又不能仅停留在规范分析的层面，因为相关问题的解决必须转化为公共政策领域的具体方案，而致力于实现某种规范目标的任何公共政策方案在制定和执行时都离不开实证分析的支撑。

二是个人价值判断如何集结为社会偏好的问题。基于社会个体成员的偏好和价值观，社会选择理论寻求一种对于备选的诸可能公共政策方案的理性判断。假设社会选择像个人选择一样可以通过对于备选方案的偏好排序来显示，那么当社会选择是理性的时候，集体决策的程序就可以从（符合社会公认的伦理判断的）可行的诸备选方案的集合中选择出最受偏爱的

---

① John N. Keynes, *The Scope and Method of Political Economy*, Kitchener: Batoehe Books, 1890/1999, p. 174.

② ［美］米尔顿·弗里德曼：《实证经济学方法论》，载《实证经济学论文集》，柏克译，商务印书馆2014年版，第5页。

那个方案。遗憾的是，阿罗不可能定理在20世纪50年代初就已证明：不存在任何的集体决策程序可令一个社会在保证几个最基本的伦理性条件成立的前提下，得到符合理性[①]的社会选择方案。人们的偏好越是呈现复杂的异质性和多元化，则理性一致的社会选择越是不可能出现。

从本书的研究主题来看，如果广大人民对于分配正义原则的偏好由于各种原因（如阶层、贫富、健康、出身、地域等）而非常的异质多元，则什么是在实现美好生活的过程中应该主要遵循的“分配正义”原则就很难形成被普遍接受的集体共识。反之，若是人民群众在向往和偏好上较为集中收敛，则我们可以期望得到关于“分配正义”的内涵和实现路径的最大公约数。为了探求这一最大公约数，我们不仅需要运用社会选择的理论框架来理解“分配正义”的深刻内涵，我们还需要依靠接下来将要介绍的“实证社会选择”方法来进行实证研究，以获得相应的经验支撑。

二、研究方法

本书采用“实证社会选择”（empirical social choice）作为主要的研究方法。了解这一方法，还需要从实证社会选择的根学科——福利经济学——展开追溯和分析。

1920年，庇古（Arthur Pigou）的《福利经济学》的出版标志着福利经济学这门学科的诞生。在20世纪30年代，随着罗宾斯（Lionel Robbins）在《经济科学的性质和意义》中对于庇古的基数效用论的批评，以及基数效用论被（与阿罗同年获得诺贝尔经济学奖的）希克斯（John Hicks）所开创的（基于序数效用论的）无差异曲线分析方法所取代（Hicks and Allen，1934a，1934b），福利经济学领域出现了以（适用于序数效用论的）帕累托最优（Pareto optimality）原则为前提的柏格森—萨缪尔森社会福利函数，后者作为新（new）福利经济学的代表取代了庇古的旧（old）福利

① 阿罗不可能定理对于社会偏好所要求的是逻辑上的最弱意义的理性，即“完备性”和“可传递性”。

经济学。然而，Arrow（1951）证明了社会福利函数无法在满足必要的公理性假设或者说直觉性的伦理条件的前提下，通过任何集体决策规则求得。在这一不可能定理产生之后，任何关于社会福利的讨论都变得无法再绕开社会选择问题（Arrow et al.，2011）。

作为对阿罗不可能定理的一种正面回应，1998 年诺贝尔经济学奖获得者阿马蒂亚·森（Amartya Sen）在 20 世纪 70 年代初就意识到“阿罗不可能定理”（Arrow's impossibility theorem）源于帕累托最优原则和序数效用论的信息有限性，进而构建了“能力方法”（capability approach），以扩大福利理论的信息基础（Sen，2011）。到 20 世纪 80 年代中期（Yaari and Bar-Hillel，1984；Frohlich et al.，1987），为了从经验领域补充和强化社会选择的理论研究，实证社会选择开始出现并逐渐得到经济学界的接受。即近 30 年来实证社会选择代表了福利经济学尤其是社会选择这一分支的一种重要发展趋势。

于是追根溯源，实证社会选择是社会选择的理论研究的衍生品，而社会选择则是福利经济学的一个分支。从学科性质上说，福利经济学毫无疑问是经济学的诸二级学科中最具规范色彩的，不幸的是，对于应然问题的关注恰恰是福利经济学在方法论上最受诟病之处。罗宾斯 1932 年在《经济科学的性质和意义》中提出：应该怎样的问题是个主观问题而无客观的可测度的经验含义，故无法进行科学分析。从此，福利经济学的主流研究被压缩到帕累托最优这样一种狭隘的领域（因为是否符合帕累托最优标准可以通过资源的配置效率来实证检验），而关于应然问题的分析被归于政治哲学和伦理学的研究范畴。但是，这种拒绝讨论“目的”和回避应然分析的态度显然与福利经济学的本质背道而驰。原因在于，经济学“是一门政策科学——经济学家直接地向政府和非政府组织提出建议”。[①] 政策制定既与手段问题有关，也与目的问题相关，故福利经济学必须要处理大量的应然问题——如什么是符合正义原则的分配以及分配正义如何影响美好生

① ［美］希拉里·普特南：《事实与价值二分法的崩溃》，应奇译，东方出版社 2006 年版，第 2 页。

活。那么，在福利经济学领域，规范问题的叩问与实证性质的分析是否有彼此结合的可能呢？换句话说，是否能够通过某种实证方法，来客观分析福利经济学的部分规范问题的经验含义，从而搭建起福利经济学的规范分析与实证分析之间的沟通桥梁呢？

正如上文所述，1972 年诺贝尔经济学奖得主阿罗（Kenneth Arrow）所开创的社会选择理论是福利经济学的一个分支（Arrow，1999），其研究基于公理化数理逻辑方法。作为对社会选择的传统公理化研究方式的一种经验方向的拓展，“实证社会选择”兴起于 20 世纪 80 年代，其致力于运用问卷实验等工具，在实证维度上发挥 Arrow（1951/1963）所开创的社会选择的框架，从而将边沁（Jeremy Bentham）、哈萨尼（John Harsanyi）和罗尔斯（John Rawls）等在政治哲学和福利经济学领域的规范研究实证化。由于其提供了一种连接福利经济学的规范分析和实证分析的可能路径，实证社会选择已经成为社会选择的一个重要发展方向。

如果非要有一个定义，则所谓的“实证社会选择”就是将经验分析引入了与社会选择相关的研究领域。但如果想搞清楚什么是“实证社会选择”，更好的途径是了解其研究的内容是什么。实证社会选择的主要研究对象是分配正义问题。从思想传统上说，在分配正义问题上有两种重要的学脉源流，一种是描述性的或者说经验性质的（如心理学和社会学），一种是规范性的或者说理论化的（如政治哲学和社会选择）。

由于要直接关注公共政策在目的设定上是否符合社会公平正义，福利经济学及其分支社会选择必须关注分配正义的规范研究。在此意义上，社会选择与政治哲学在研究对象上有非常大的重合性，前者甚至可以在某种程度上视为一种应用伦理学。只不过，社会选择的研究大量采用了数理逻辑的公理化方法，从而在表达形式上显著不同于传统的政治哲学（在推理正义原则时）所使用的语言。具体而言，理论社会选择研究使用数学的公理化方法，从一些符合社会公认的价值观或者说伦理标准的公理性假设出发，探索与集体决策（从广大个体的私人价值判断向社会偏好的集结）有关的逻辑上的不可能性结论——著名的如“阿罗不可能定理”和“帕累托自由不可能定理”（Sen’s impossibility of a paretian liberal theorem）等。既然社会选择是一种关于规范性问题的研究，且主要采用数学公理化方法（相关研究属于科学哲学意义上的分析命题），那么，为什么会有“实证”的社会选择的出现，从而将经验分析引入了社会选择的研究领域呢（在科学哲学上意味着将只有公理化含义的分析命题变为了兼具经验含义的综合命题）？这是因为，实证社会选择的兴起为传统的社会选择的理论研究提供了补充和增强的途径（Gaertner and Schokkaert，2012）。

第一，当面对在多种不同的价值追求之间的相互冲突或权衡取舍时（如效率与自由、效率与平等、非独裁与个人偏好的无限制定义域，等等），社会选择在传统上使用公理化方法去探求伦理上可接受的解决方案。一旦遵循实证社会选择的思路，我们就可以实现研究视角的转换。我们可以检查关于正义的直觉判断，检查方法是将这些直觉正规化为关于某种必要条件的精确集合，然后评判这些必要条件是否为一切公共政策领域中可接受的决策方案的伦理前提。如果答案是肯定的，则我们可以将这些必要条件正式化为数学上的公理化条件，此时问题就被还原为或者说简化为关于解决方案是否满足公理化条件的数学研究——通过演绎得出规范性结论。也就是说，实证社会选择可以为传统的社会选择研究提供在经验上得到支持的伦理出发点。这种研究思路的优点在于，当我们用实证社会选择实验所得的经验上的伦理判断来检验在逻辑上几乎无限多的备择的公理性原则时，能够经受住检验而被保留下来的公理性原则一定更具现实意义，从而可成为社会选择的理论推导的合理前提。

第二，实证社会选择不仅可以对公理化推理的伦理前提性假设进行筛选，其还可以检验（通过公理化方法所得到的）社会选择的结论或曰解决方案，以考察它们是否符合社会普遍的伦理诉求。例如，“帕累托自由不可能定理”（Sen，1970）涉及了效率与私人自由选择权（比如我是侧着睡觉还是仰面睡觉）的冲突，而实证社会选择方法可以检验人们在这两种追求之间会做出何种权衡取舍，从而判断为了效率而牺牲私人权利或者相反的做法是否符合大众伦理；或者是否应该反对那种爱管闲事的偏好（如干预别人的睡觉姿势），即使牺牲一定的效率或者社会总体福利（我可能睡觉时喜欢朝向左侧，据说这样会压迫心脏故长期看对身体健康不利）也在所不惜。实证社会选择的这一功能意味着，我们可以按照伦理可接受性来压缩社会选择的公理化方法所得出的逻辑可能的解决方案的集合，即抛弃那些不符合经验上的正义原则的解决方案。这一进步意味着，社会选择的公理化方法原本只能证明何者为集体决策时的逻辑可能（或不可能）的方案，而现在却实现了逻辑可能与现实可能的统一。由于“全体现实可能性的集合是全体逻辑可能性的集合的一个子集”,[①] 故实证社会选择的应用大大精练了传统的社会选择理论的研究结论，使相关结论更加具有现实可操作性。

三、研究意义

作为实证社会选择领域的著名研究者，Gaertner 和 Schokkaert（2012）从五个方面阐释了“实证社会选择”的现实意义和理论意义：第一，如果我们想要在现实世界中应用正义理论，则经验的洞见不可或缺。第二，经验研究或许可帮助我们去发现那些现有的理论研究所存在的偏误。第三，经验研究有时可以提出重要的待破解的问题。第四，在某些理论研究无法解决的领域——如跨国和跨文化的比较，经验研究也许可以补充理论研究。第五，只有当引入了关于社会主流价值观的经验结果之后，关于规范问题的争论才能有的放矢，此时经验研究是理论研究的基础。

作为一种应用实证社会选择方法的尝试，本书的研究主题是：在收入分配和基本公共服务等公共政策领域，实证社会选择方法是否适合于研究“美好生活”这类福利经济学的规范主题并分析其中的经验含义，从而可否打通福利经济学的“任督二脉”——规范维度与实证维度。基于新时代

① 汪丁丁：《跋：从抽象上升到具体》，载周其仁：《突围集：寻找改革新动力》，中信出版社 2017 年版，第 326 页。

的背景和上述研究主题，现将本书研究的现实意义和理论意义总结如下。

（一）现实意义

（1）更好地阐释“美好生活”等重要概念。党的十九大报告提出了“美好生活”等概念，对于这一类具有事实与价值间缠结（entanglement）性质的概念，我们需要从福利经济学的视角加以理解和阐释。一方面，我们要运用社会选择的理论框架来梳理这些概念的理论含义；另一方面，我们要运用实证社会选择方法来分析和归纳这些概念的经验含义。

（2）更好地理解和把握“分配正义”与“经济效率”的关系。中华人民共和国成立以来尤其是改革开放以来，两者的关系一直是公共政策领域的焦点问题。效率概念相对较易理解，可以定义为静态的资源配置的帕累托最优、社会财富总和最大化或动态上较高的经济增长速度。相对地，分配正义概念则较为复杂。平等不见得一定与正义相一致，“吃大锅饭”的时代很平等，但显然不符合社会公平正义。当然，不平等也要有个限度，尤其当造成不平等的原因是一些非正义因素时（如腐败、欺诈、剥削等）。实证社会选择方法可以从经验维度帮助我们了解：人们如何看待正义和效率的关系。

（3）更好地掌握收入分配和基本公共服务均等化领域的偏好。在中国特色社会主义的新时代，实现共同富裕和基本公共服务均等化是增进民生福祉的关键。实证社会选择方法的应用可以帮助我们从经验维度理解：在推进共同富裕和基本公共服务均等化的过程中，如何做到“抓住人民最关心最直接最现实的利益问题，既尽力而为，又量力而行”，从而更好地处理与广大人民对美好生活的向往相关的政策问题。

（二）理论意义

（1）深化了对于经济学的实验方法的理解。实验经济学正式诞生于 20 世纪 60 年代初（Smith，1962），近年来正越发成为一种被经济学家广泛接受的研究方法。实证社会选择的研究通常采用的是问卷准实验（questionnaire quasi-experiment）的方法，从而不同于更常见的实验室实验（lab experiment）或现场实验（field experiment）。问卷准实验的主要优点是其在问题设计上比较灵活，且可以保证被试者的立场的客观中立性。同时，问卷准实验方法也遇到了一些批评意见，如被试者的行为缺乏真实的物质激励，且实验结果容易出现情景依赖等问题。但是从行为经济学的角度来说，问卷准实验所遭遇的批评或者根本称不上缺陷，甚或就是新的科学发现的生长点。由此，本书的研究或许可以在方法论的高度上加深对于经济学的实验方法的理解。

（2）为实证社会选择的研究提供了来自中国的样本和证据。到目前为止的全部实证社会选择研究，基本上都是西方学者使用国外被试者作为实验样本开展的研究，国内学界的相关研究（丁建峰，2010）在数量上和质量上都还较为不足。于是，实证社会选择的已有研究所得结论，可能都与被试者的西方文化和生活背景有关。显而易见，中国的文化与生活场域与相应的西方模式极为不同。例如在社会选择研究中非常重要的“自由”“权利”等概念，东西方的理解相去甚远。在西方传统中，自由是社会性质的。准确地说是“群己界限”的划分，是在与他人的交往中才能发生自由或不自由的问题；而在中国文化中，自由是个体的，更多是庄子式的心灵自由或陶渊明式的避世隐居的自由，与他人乃至整个社会无关。中国的文化传统中没有西方式的个人在社会中的权利这一意义上的自由。所以，当我们使用中国被试者作为实验样本进行实证社会选择研究时，东西方研究的结论是否一致是一个很有学术意义的问题，也是本书研究试图回答的内容之一。

（3）扩展了实证社会选择的研究主题。运用实证社会选择方法的国内外研究主要集中在收入分配背景下的分配正义原则。我们则将实证社会选择方法运用于对基本公共服务均等化问题的研究（见第六章），从而扩展了该方法的研究主题。实际上，基本公共服务均等化水平不仅会直接影响广大人民的福祉，而且会通过教育、医疗、环保等渠道间接改变人们的生产性能力及收入水平。更重要的是，基本公共服务均等化同样面临平等和效率的权衡，从而需要在实证的维度上考虑相关政策背后所需遵循的分配正义原则。

（4）结合不平等厌恶进行实证社会选择的研究。对“不平等厌恶”（inequality aversion）方面的研究是非常重要的一类关于收入分配的文献（Atkinson，1970），其在研究主题上与实证社会选择方法有非常强的互补性。实证社会选择方法在研究工具和理论框架的层面可以补充现有的在不平等厌恶的问卷实验研究方面的不足，从而令我们不仅可以了解主观不平等厌恶的程度，而且可以分辨导致不平等厌恶水平变化的原因以及这些原因所代表的分配正义原则。

第二节　研究框架

一、关于方法论问题的讨论

本部分内容是讨论本书主要使用的实证社会选择这一研究方法（method）的方法论（methodology）问题。[①] 虽然经济学的鼻祖亚当·斯密和福利经济学的创始人庇古都涉猎过（分配）正义问题，但与其他学科相比，经济学家在相关领域的研究仍然属于少数派和新来者。科学哲学界有一种流行的半戏谑式的说法，对于一个新兴学科或者新的研究方法来说，传统研究者在新来者的萌芽阶段往往表现得不屑一顾；然后，当新的学科和方法威胁到传统研究时，他们开始极力批评和反击；最后才是新的学科或研究方法逐渐被学术共同体广泛接受。为了减少属于不同研究传统和范式的经济学家在交流时可能产生的误解，我们有必要对实证社会选择这一

① 方法论比方法更偏哲学和抽象。或者说，后者更加具有工具属性也更为具体。比如，计量和实验都是方法；而两种方法的优缺点如何、什么时候在处理什么问题时该采用计量和实验两种方法的哪一个，这是方法论所要关注的。

新兴研究方法的如下几个部分作出方法论说明：

（一）问卷实验

实证社会选择在研究工具上的最重要特征是以问卷（questionaire）实验为主，并且是一种准（quasi）实验（因为这些实验通常不存在货币之类的物质激励）。[①] 传统上，问卷研究在经济学界并不是一种广受欢迎的研究方式。近年来，随着实验经济学逐渐融入主流，主张实验室实验的经济学家也开始成为多数以手工（pencil and paper）形式完成的问卷研究的批评者。实验经济学家认为，由于未给予被试者任何货币结果上的激励，问卷研究（当然包括实证社会选择所采用的问卷实验）所得出的结果不应该在严格的科学意义上被接受。

如果经济学的实证研究的唯一目的是预测人的实际行为，那么实验经济学家的批评显然是正确的，因为实际行为并不一定会受到规范诉求的驱动。或者说，规范诉求很多时候并非主要的驱动力量。在实验室中，实际行为反映了自利、规范诉求以及实验设计中的制度和环境变量的综合影响，问卷研究通常无法捕捉这种综合影响。

然而，实证社会选择的焦点研究恰恰不是预测实际行为，而是要获得关于分配正义的规范性价值诉求的信息。“中立性”（impartiality）——避免站在私人利益的立场上考虑问题——是获得关于分配正义的有意义的信息的前提，因为被私人利益考量所污染的个体正义观念缺乏在主体间交流和理解的可能。所以，没有货币激励的问卷实验在实证社会选择领域是一种很自然的方法论选择。反之，如果引入与选择直接相关的实验回报，倒是可能会引发被试者的自利偏误（self-interest bias）。因此，在多数的实证社会选择的研究中，被试者的假想性身份是社会的中立观察者（impartial spectator），这种设定可以追溯到亚当·斯密的《道德情操论》，并被 Harsanyi（1953，1955）发扬。这一实验设计的初衷是为了让被试者处于中立的视角，从而可以做出公平判断。还有很多实证社会选择的研究采

---

① 实际上，同样是以人作为被试者，心理学实验也经常问的是假设性问题且没有货币激励。

用了“无知之幕”（veil of ignorance）[①] 的设计（罗尔斯，1988；Buchanan and Tullock，1962），其目的也是在实验中屏蔽被试者所掌握的关于个人既得利益的信息。

也就是说，实证社会选择的问卷实验通常是不必甚至是不应该引入货币激励的，本书也基本上遵照这一学术惯例，只是在第六章的“确定性”和“无知之幕”的设计中，为了与“中立观察者”的设计相互对照，才部分使用了货币激励。那么，当不存在货币激励的情况下，被试者是否会做出不负责任的任意回答呢。这种担心并非无稽之谈，即使在有货币激励的实验室实验中，过长的实验时间和过于复杂的问题也会耗竭被试者的精力。但是，我们大可不必因噎废食。从本质上讲，我们的实验基本上属于Clark 和 D'Ambrosio（2015）所谓的“假设性选择实验”（hypothetical-choice experiments），被试者在实验中面对的是“假设性问题”（hypothetical problem）。此类设计在行为经济学的实验中大量存在。由于当面对很简单的假设性问题时，被试者没有动机做出虚假回答，所以 2017 年诺贝尔奖得主塞勒（Richard Thaler）就不止一次地强调，没有证据显示被试者的选择在有激励（甚至是很强激励）和无激励的情况下有显著的差异（塞勒，2007；Thaler，2016）。

作为在相当长时间里不入主流法眼甚而至今仍不时遭受方法论质疑的学科，从事实验室实验研究的经济学家对于实证社会选择或许可以抱更宽容的态度。实验方法足够广博，大可容纳实证社会选择对于分配正义这类规范问

① “无知之幕”的设计最初并非来自罗尔斯或布坎南。罗尔斯提出“无知之幕”是在 1958 年的论文“Justice as Fairness”，布坎南所提出的与“无知之幕”类似的“不确定之幕”的概念则可能迟至 1962 年与塔洛克（Gordon Tullock）合著的《同意的计算》（*The Calculus of Consent*）（罗尔斯与布坎南在“幕布”问题上的思想是存在双向影响的）。实际上，早在 1944 年、1996 年的诺贝尔经济学奖获得者维克里（William Vickrey）就提出了“无知之幕”的雏形：“如果效用按照个人在涉及风险的决策中的效用的最大数学期望值来定义，那么最大化全部人口的效用总和等价于按照下面的方式决定这个社会的收入分配。假设某个人将在若干个可能的经济体之间选择其中之一，从而成为该经济体的成员。每个经济体都有给定的收入分配，这个人有相等的可能成为他所选择的经济体中的任何一员”。（参见 William Vickrey，“Measuring Marginal Utility by Reactions to Risk”，*Econometrica*，Vol. 13，No. 4，1945，p. 329.）

题的研究，正如2012年诺贝尔奖获得者罗斯（Alvin Roth）所说，“实验至少能够在那些传统的研究工具之外起到间接的补充作用，实验不能发挥任何补充作用的经济学领域并不存在，即使存在，也极其罕见。更重要的是，当其他工具无能为力时，实验是我们解决许多重要问题的一条重要途径”。[①]

（二）情景依赖

实证社会选择主要采用问卷实验的方法，以真实的人作为实验对象（subjects or respondents）。由于在实验环境中不可避免会显现人的各种行为因素，故一个随之而来的方法论问题就是“情景”（context）的影响。所谓“情景”，在实证社会选择领域存在两种不同的理解，一种是从整体化的客观共性基础出发，将其视作被试者所处的文化、国家历史及政治经济情势（Gaertner and Schokkaert，2012）；另一种理解更强调被试者自身的个体化内容，如个人经历、个性及相应的各种心理因素（Konow and Schwettmann，2016）。

“情景”的重要性在于解释以下结果：在实证社会选择的工作中，我们会发现，实验证据支持不同的正义理论。此情况说明两个问题：第一，正义是多元化的（pluralistic），其包括多种不同的原则。第二，何种正义原则会占主导，或者各种正义原则将以何种方式形成组合，此种问题都与“情景”有关。按照Konow（2003）所提出的二分法，在情景与多元化正义的关系问题上，我们可以有两种理解方式：

一是“情景决定”（context specific），其是指不同的正义原则只适用于有差异的特定情景，故分配正义的原则会随着国家、文化、历史和制度的差异而明显不同。最典型的情景决定论的正义观是道德相对主义（moral relativism），其主张道德是由文化决定的，在不同文化背景下成长的人们持有各异的正义观念。

二是“情景依赖”（context dependence），其含义是各类情景下始终稳

① ［美］埃尔文·罗斯：《实验经济学概述》，载［美］约翰·卡格尔、埃尔文·罗斯编：《实验经济学手册》，贾拥民、陈叶烽译，中国人民大学出版社2016年版，第2页。

定存在多种不同的正义原则，但是对于不同原则的解释和各个原则之间的权重设定，依赖于具体的情景。也就是说，人们在不同的情景下都珍视效率、应得、需要等价值原则，但如何应用这些原则和评价各种原则的相对重要性，则取决于情景的差异。

现有的实证社会选择在理论上及在实验结果上都更加支持“情景依赖”的观点（Yaari and Bar-Hillel，1984；Konow and Schwettmann，2016），因为人们显然会经常需要在不同的价值诉求之间进行权衡取舍，如平等与效率的权衡，应得与需要的权衡，[①] 效率与个人自由的权衡，等等。按照“情景决定”的推论，发展中国家的人们仅在意满足基本需要和效率，而发达国家的人们则单单在意应得和个人权利。与之不同，按照“情景依赖”，人们会同时珍视以上各类正义原则或者说价值诉求，只不过在不同的社会环境中这些诉求的权重分布有所差异。

情景依赖所涉及的不仅是上述的文化、历史和经济发展阶段问题。当我们从个体特征的方向定义情景时，则情景依赖的影响几乎等同于行为经济学中的框架效应。Konow（2003）将情景依赖所产生的影响——情景影响正义判断——称为“情景效应”（contextual effect），该效应与行为经济学的框架效应（framing effect）有密切的关系甚至可认为两者等价（Teversky and Kaheman，1979），尤其见于 Kahneman 等（1986a，1986b）对市场活动中的商业伦理问题的研究。在 Kahneman 等（1986a）所给出的“问题 4”中，作者对比了两种情况：①不存在通货膨胀，一家公司值此经济衰退时期削减了工资的 7%，结果是共有 62%的被调查者认为不公平。②存在 12%的通货膨胀率，一家公司在此时只增加了 5%的工资，结果是仅有 22%的被调查者认为不公平。如果从实际工资的视角来看，两种情况在本质上是一样的，故被调查者在是否公平问题上如此巨大的态度差异需要根据问题描述的框架效应来解释。

虽然框架效应不见得违反“情景依赖”所坚持的正义原则的普遍性，

① 社会主义阶段的“按劳分配”就体现了“应得”原则，而共产主义社会则意味着“按需分配”。

但未来的研究确实需要进一步识别情景依赖的来源，即其到底源于真实的客观因素还是仅为框架效用的影响，抑或两者的混合，以避免陷入用狭隘的案例来证明普遍的正义原则的困境。无论是从文化历史因素的视角还是从个性心理因素的视角来定义，情景都不是开展实证社会选择研究的阻碍，而是有待深入研究的问题本身。[①]

（三）被试者

对于任何类型的实验研究来说，如何选择被试者都是一个必须面对的方法论问题。虽然也有很多例外，大部分实证社会选择的研究（实验室实验其实也是如此）都主要采用在校大学生作为被试者，[②] 而没有使用更具广泛的社会代表性的被试样本。本书也只是在第五章的研究中部分采用了非学生的被试者（在职 MPA 研究生）。从实验技术的角度来说，以在校大学生作为被试者可能会降低实验结果的外部有效性（external validity）。

之所以要大量使用大学生作为被试者，一个最坦率的解释是对于研究者来说，大学生被试者是相对最容易招募和组织的。与之相比，虽说采用更有广泛代表性的人群作为被试者并非不可操作，但实施实验的难度将会因此而提高很多。所谓实验实施难度的提高，并不只是指实验中所付出的成本可能会剧增（比如给在职被试者更多的货币激励），而且也是因为在职被试者在实验过程中的受控性要远远低于在校大学生，从而干扰实验的结果和过程。但是，如果说我们仅仅为了降低组织实验的难度就甘愿牺牲研究的严谨性和科学性，这种理由显然无法说服大多数的学者，尤其是那些不进行实验研究的学者。

一个更具说服力的理由是，之所以要以大学生作为主要被试对象，是因为他们具有在学术研究上的重要优势。正如前文所述，实证社会选择希

---

① 甚至说“情景依赖”与“情景决定”两者之间的争论也仍然是开放性的，两者的关系有些对应于“历史的终结”与“文明的冲突”两种观点之间的关系。

② 在本书中的所有实验里，我们所用的作为被试者的大学生都是学法学专业的学生，这不同于国内其他实验研究多数使用经济管理类专业的大学生或者混合专业的大学生。不同专业背景的被试者关于分配正义的偏好差异及差异的形成原因等其实也是未来值得再研究的主题。

望通过问卷中的间接问题（而非直接提问）分析出被试者的分配正义偏好，且有时会通过增添和修改信息来设计比较复杂的问题。我们有理由相信大学生可以比绝大多数社会人士更好地理解相对复杂的问题，从而在相当程度上避免因为（对于实验问题的）理解困难而导致错误回答。对于被试者来说，回答实验问题时的智力努力也是一种成本，如果这一成本较高，那么随意回答或拒绝回答的比率就会随之升高。

使用大学生作为被试者的另一个好处是：实证社会选择的研究基本上与公共政策有关，为了解不同的公共政策解决方案的政治可行性，我们更感兴趣的是公共政策领域的主导者及其所代表的主流价值观（如对于分配正义的偏好）。大学生在未来有更大的可能成为社会的经济和政治精英，故他们在公共政策领域是一个更具影响力的人口子集。①

二、研究思路和本书结构

综上所述，在新时代的背景下，为了“坚持以人民为中心的发展思想，不断促进人的全面发展、全体人民共同富裕”，最终破解“人民日益增长的美好生活需要和不平衡不充分的发展之间的矛盾”，必须兼顾“经济效率”与“分配正义”。我们的研究目标是要在收入分配和基本公共服务等公共政策领域，用实证社会选择方法回答如何权衡协调“经济效率”与“分配正义”的诉求，从而连接起福利经济学的价值内涵与经验内容。为了达成这一目标，我们的研究思路如下：

首先，梳理实证社会选择的经济思想史源流和重要文献，从而明确本研究在学术思想谱系中的定位与意义。其次，讨论实证社会选择研究中的方法论问题，运用经济学方法论乃至科学哲学的框架来解释实证社会选择的方法论特征，进而回答与方法论有关的异议和批评。再次，在明确了理

① 当然不可否认，对于某些研究目标来说——如调查某些公共政策的当期支持率或分析在偏好上的跨国和跨文化差异——采用人口统计学意义上的有广泛代表性的被试者的效果更好。

论定位和方法论含义的基础上，开展实证社会选择的中国化应用研究。具体说来，就是要运用问卷实验的研究方法，开展以收入分配和基本公共服务为对象的研究，从而进一步扩展我们对于“分配正义”的认识。最后，总结我们在实证研究时的发现，探讨这些发现在现实层面的政策启示，以及这些经验内容对于（福利）经济学理论的建设性意义。

按照以上所述之研究思路，本书的研究大致上可以分为实证社会选择的理论和应用两个部分，具体安排如下：

第一章是绪论，我们先简要阐述什么是实证社会选择，再说明研究的背景和意义，进而阐明本书的研究框架，尤其是实证选择的相关方法论问题。第二章是对于实证社会选择的思想渊源与基本内容的梳理。在思想渊源部分，包括从庇古的旧福利经济学到能力方法的福利经济学发展历程。在基本内容部分我们要解释实证社会选择研究什么、实证社会选择怎样开展研究、实证社会选择研究的前沿进展是什么，等等。第一章和第二章中的有关分析可以帮助我们更好地理解实证社会选择在经济学的思想谱系和理论体系中的位置。

前面两章以实证社会选择的理论阐释为主，也涉及应用实证社会选择时的方法论分析。而后面几章则是实证社会选择方法的具体应用，同时兼顾讨论各种应用所基于的理论框架：在第三章中，我们讨论分配正义中的个人责任问题，同时也分析当发生不同价值诉求的冲突时，人们会如何权衡取舍。在第四章中，我们讨论的分配正义问题是人们更加在乎结果均等还是机会均衡，抑或两者的某种组合，甚至是其他的收入均等化标准。在第五章中，我们将不平等厌恶的研究结合进了实证社会选择的框架之中，以便能够研究各类造成贫富差距的不同原因（对应于契合分配正义标准的不同程度），在何种程度上会导致不平等厌恶水平的差异。在第六章中，我们将拓展实证社会选择关于分配正义的研究范围，在确定性、“无知之幕”、中立观察者等多种情景下分析基本公共服务均等化中的分配正义问题。第七章是结论，我们将总结归纳问卷实验所获得的经验结果，并讨论这些结果的现实意义和理论内涵。

第二章　社会选择的理论与实证

第一节　社会选择之前的福利经济学

一、旧福利经济学与罗宾斯批判

虽然马歇尔（Alfred Marshall）、埃奇沃思（Francis Edgeworth）和杰文斯（William Jevons）的著作中已经包括了大量的关于福利问题的直接讨论，但直到庇古的《福利经济学》于1920年出版，才标志着这门学科的正式诞生。经济思想史上，庇古及其老师马歇尔等的研究被称为旧（old）福利经济学。这种旧福利经济学的理论基础是人际可比的基数效用（庇古，2006），而后来取代了它的新（new）福利经济学则相反地以人际不可比的序数效用论为理论基础。

在旧福利经济学[①]的理论框架和政策分析中，任何规范性质的政策含

① 马歇尔也是庇古之前福利经济学的重要奠基人，其贡献在于提出了社会剩余（包括消费者剩余和生产者剩余）的福利测度标准。庇古是马歇尔的亲传弟子，并且继承了老师在剑桥大学的讲座教授的席位。马歇尔的另一个著名的弟子是小凯恩斯（John M. Keynes），庇古与小凯恩斯曾经为争夺马歇尔退休后留下的讲座教授席位而展开争夺。庇古最终获胜，但二人的关系破裂变得无法挽回。另外一个有意思的思想史故事是，小凯恩斯的父亲老凯恩斯（John N. Keynes）其实也是马歇尔的学生。

义（例如，欲实现社会福利最大化，需要有完全均等的收入分配）都建立在基数效用论之上。庇古的基数效用论背后存在四个重要的前提假设：第一，每个人有相同的效用函数，故效用可进行人际间加总以计算社会总效用；第二，每个人的“社会福利权重”一致，故社会总效用的计算公式为无权重加总；第三，收入及其所带来的享受具有边际效用递减的属性，这在每个人的身上都成立，故富人收入提高1元所增加的效用量小于穷人收入等值提高所增加的效用量；第四，假定社会总收入始终不变，故再分配时不必面对平等与效率的权衡。于是，按照庇古的旧福利经济学是上述四个假设，符合社会福利最大化的公共政策终极目标应该是社会中每个人的收入最终达到完全均等。

具有经济学思想史中转折性的事件是，当时的伦敦经济学院经济系主任罗宾斯在《经济科学的性质和意义》（1932年出版第一版，1935年出版第二版）[①]一书中严厉批判了旧福利经济学的基础——人际可比的基数效用论。罗宾斯强调，从基数效用论推导出的各种规范性质的政策建议都是站不住脚的，因为人际可比的基数效用缺乏事实层面的科学依据——不存在可对异质个体的效用水平进行经验度量的统一标尺（有点类似于“子非鱼，安知鱼之乐”），故效用是不可能进行科学测度的。也就是说，在罗宾斯看来，由于“没有办法测试出甲相对于乙的满足强度。如果测量的是他们的血液状况，那么测量的就是血液，而不是满足。内省无法使甲测知乙心里在想什么，也无法使乙测知甲心里在想什么。没有办法比较不同人之间的满足”。[②]

可以支撑罗宾斯的批评的主要哲学资源是当时从奥地利逐渐向英美传播的逻辑实证主义（logical positivism）哲学。按照这种哲学学派的观点，由于效用是一种个人的主观尺度而无法客观度量，故建立在基数效用论上

① 在第一版中，罗宾斯以米塞斯（Ludwig von Mises）为学术英雄；而到了第二版，这一角色变成了韦伯（Max Weber）。

② ［美］莱昂内尔·罗宾斯：《经济科学的性质和意义》，朱泱译，商务印书馆2000年版，第114页。

的福利经济学是无研究意义的形而上学命题，不应该是科学的研究对象（科学应该只研究物理学中常见的“综合命题”和数学中常见的“分析命题”）。所以为了让经济学能够显得更加科学，[①] 唯一的出路就是将基数（cardinal）效用论改变为序数（ordinal）效用论。罗宾斯对于基数效用论的批评所产生的影响是深刻而多元的：第一，经济学被认为必须且最终（起码主流经济学）确实成功地摆脱了伦理学的羁绊（有趣的是经济学却起源于道德哲学，经济学祖师亚当·斯密就是格拉斯哥大学的道德哲学教授），因为所有的涉及伦理因素的命题都是非科学的命题，这与经济学的科学化追求是背道而驰的。第二，经济学不再有资格讨论目的问题（因为目的是由伦理性价值观所决定的），经济学家在公共政策领域剩下的地盘只是提出关于既定目的下的手段的建议，这就把经济学变为了一门工程学。第三，由于罗宾斯的观点无论在与他同辈的经济学家还是后辈的经济学家中都产生了巨大的影响力并被严格遵循（主流经济学至今仍然遵循罗宾斯在《经济科学的性质和意义》一书中按照稀缺原则给经济科学所下的定义，此定义令经济学变成了仅仅关注手段的研究），故他的批评直接宣告了旧福利经济学的破产。

按照罗宾斯所信奉的科学评价准则，更为科学化的经济学所依据的只能是人际间不可比的序数效用论，该理论由 Hicks 和 Allen（1934a，1934b）所完成。基于序数效用论的福利经济学能够使用的只剩下帕累托最优这一效率原则，该原则完全不涉及对收入分配结果的任何价值判断。按照当时流行的逻辑实证主义的科学划界标准，这一方法论的转变似乎让经济学变得看似更像“科学”了。从基数效用论转向序数效用论，在福利经济学理论上的最大影响是“社会福利函数”[②] 的出现，其至今仍然是经

---

① 模仿物理学是斯密以降经济学家的不懈追求，斯密称赞牛顿解释了自然界的神定和谐秩序，而他自己的追求是解释人类社会的神定和谐秩序。（参见［英］亚当·斯密：《天文学的历史——以天文学史为关照，论引领并指导哲学探索的诸原则》，载《亚当·斯密哲学文集》，石小竹、孙明丽译，商务印书馆 2012 年版。）

② 除了“社会福利函数”，20 世纪 30~40 年代福利经济学的另一个发展方向是“补偿原则”。由于该原则更多地影响了公共选择理论而不是社会选择理论，故我们暂时对其存而不论。

济学教科书中的主流理论，并且该理论直接激发出了社会选择理论的原点——阿罗不可能定理——的问题意识。

二、社会福利函数

罗宾斯对于旧福利经济学做出了无情的批判，对致力于经邦济世的经济学家来说，这无疑相当于在运用经济学进行公共政策分析时自废武功。为了最大限度地减少这种公共政策发言权上的损失，经济学家在20世纪30年代后开始了以帕累托最优原则为前提构建新的福利经济学大厦的努力（Suzumura，2005）。新福利经济学中最具影响力的模型是由柏格森（Abram Bergson）和萨缪尔森（Paul Samuelson）所构造的社会福利函数（social welfare function）理论。具体来看，社会福利函数被设定为个人效用的增函数，但序数效用论意味着不同个体的效用不可比较和加总，其一般化形式为 $W = f(U_1, U_2, \cdots, U_n)$，$U_i$ 表示个体效用，W 表示社会福利。

追根溯源的话，社会福利函数源于柏格森的早期研究（Bergson，1938）。柏格森研究社会福利函数的初衷是要按照罗宾斯所规划的道路为福利经济学的发展开拓一条新路。为了避免伦理价值因素的干扰，柏格森的研究目标是在序数效用论的基础上，推导出符合帕累托最优的社会福利最大化的必要条件和充分条件。作为柏格森的同学和好友，[①] 萨缪尔森在自己的博士论文《经济分析基础》（1947年出版）中运用自己的数学天赋，更精致地表达了柏格森的社会福利理论，并对于可能的误解做了补充和澄

① 柏格森和萨缪尔森在哈佛大学读研究生阶段成为好友，二人结识于里昂惕夫（Wassily Leontief）的研讨课。柏格森对于二人在社会福利函数这一主题上的相互影响做过如下回忆："我开始在课外做福利经济学领域的工作时，我要和萨缪尔森讨论我的进展。他细致周到的反应总是建设性的。当时哈佛大学的大多数教员似乎对福利经济学都不大感兴趣，我对他的反应也就特别感激。我在这方面的努力结果后来形成一篇文章在杂志上发表了。尽管我认为那篇文章是具有启发性的，但我还是非常高兴而惊讶地看到，人们一直给了它不同寻常的关注。当然，萨缪尔森对那篇文章的一贯支持也对引起人们的关注起了不小的作用"。（参见［美］阿伯拉姆·柏格森：《一位比较研究学者的回忆和反思》，载［美］迈克尔·曾伯格：《经济学大师的人生哲学》，侯玲、欧阳俊、王荣军译，商务印书馆2001年版，第86页。）

清。这就是为什么一般化的社会福利函数会被称为“柏格森—萨缪尔森社会福利函数”。在柏格森和萨缪尔森等看来，虽然“在本质上，罗宾斯无疑是正确的”,[①] 但福利经济学的相关研究仍是有意义的，因为福利经济学可被用于分析和检验各种价值判断及其对应的公共政策所产生的后果。所以，社会福利函数的研究者直接承继了罗宾斯的方法论立场，认为只有基于序数效用论的社会福利函数可以规避罗宾斯对基数效用论的批评——“效用计算其实掩盖了在推导福利原则时价值判断所扮演的角色”。[②]

最为一般化的“柏格森—萨缪尔森社会福利函数”中存在一些需要强调的特征（森，2004）：第一，“柏格森—萨缪尔森社会福利函数”仅给出了一个在帕累托原则下思考福利问题的理论框架，而并没有给出关于社会福利函数的任何具体数学形式。在实际应用中，我们可以把不同的正义原则带入社会福利函数。按照低收入者在社会福利函数中的权重由低到高排列的话，我们可以分别有各类具体函数形式：强调最大值的尼采社会福利函数、加法形式的功利主义的社会福利函数、乘法形式的纳什社会福利函数、强调最小值的罗尔斯社会福利函数。第二，社会福利函数并不像看起来那样价值中立，每个具体的函数形式中都隐含着一个外生的“目的”，这种外生设定与西方政治制度下集体决策结果的内生性颇为冲突。实际上，社会福利函数中隐含着的伦理价值判断体现的是经济学家的私人研究意图和伦理取向，而由于这些被外生嵌入的价值判断都只反映了外在的“社会评估者”（social evaluator）的个人旨趣，故其能否代表普罗大众的真实偏好是大可存疑的。于是，这种假想性质的（或者说反映了知识界精英阶层口味的）道德信念显然不具备作为公共政策合理前提的充分代表性。第三，为了能在各种可能方案之间做出社会选择，我们并不需要掌握一个个具体社会福利函数实值，需要满足的最低要求是在所有方案之间存在一

① ［美］保罗·萨缪尔森：《经济分析基础（增补版）》，何耀等译，东北财经大学出版社 2006 年版，第 130 页。

② Bergson A., “A Reformulation of Certain Aspects of Welfare Economics”, *Quarterly Journal of Economics*, Vol. 52, No. 2, 1938, p. 328.

个完备的社会排序。这恰如在主流经济学中关于个人理性的定义——只要能对所有备选项做出完备排序，则某个人就符合最低限度的逻辑理性。

具有上述特征的柏格森—萨缪尔森社会福利函数引出了一个新的问题：如何进行社会选择。社会选择——将个人偏好合总为集体决策——对于旧福利经济学来说并不是一个难题，因为庇古的效用理论与边沁和小密尔（John Mill）等的古典功利主义传统一脉相承。按照这一传统，最优公共政策的判断标准是最大多数人的最大幸福。于是若依循旧福利经济学的基数效用论，社会选择问题的求解异常直观和简单——能够最大化社会总效用的方案就是最佳的社会选项。于是对旧福利经济学来说，与其说社会选择难题可以解决，不如说根本就不存在这样一种难题。

但是，由于新福利经济学拒绝了基数效用论而改为采用序数效用论，社会总效用的简单加总不再可能，社会选择就由不成问题变为了很成问题。柏格森和萨缪尔森的一般化的社会福利函数尝试着给出能满足效率上的帕累托最优的必要条件和充分条件，但是一个社会中能够满足帕累托标准的备选方案可能有无数多个，其中涵盖了从完全收入平等到穷人一无所有的各类情况。如果不跳脱和超越“柏格森—萨缪尔森社会福利函数”的研究框架，则我们或者无法进行社会选择，或者按照一个外生给定的价值标准（这一价值标准的伦理合法性可能是值得怀疑的，如尼采的强人标准）做出选择。若如此，那么当我们将社会福利函数运用于公共政策领域尤其是分配和再分配问题上时，必将会遭遇伦理维度的质疑和方法论上的拷问。

所谓的伦理层面的质疑正如晚年的萨缪尔森所说，“把全部重点放在帕累托最优效率上的自由主义并未认识到，即使能够得到100%的市场回报，从而获得帕累托最优，这个结果仍不会满足任何公正的分配标准”。[①]更严重的是，依靠完全市场竞争所形成的所有有效率的一般均衡都是从一

---

①［德］卡伦·霍恩：《通往智慧之路：对话10位诺贝尔经济学奖得主》，陈小白译，华夏出版社2012年版，第61页。

定的资源禀赋初始状态开始的，而初始禀赋的多寡人们无从选择。这种不该由个人担责的起点不平等是社会福利函数失声之所在。

所谓的方法论上的考问和疑惑是，当将社会福利函数运用于公共政策尤其是分配政策的分析时，那些外在的道德信念和正义原则来源于何处呢？对此，萨缪尔森在自己的博士论文中给出了非常坦率的回答：经济学家“以一个体系中的所有经济变量的函数作为我们讨论的起点，而不追究它的由来，而这个函数被认为是表征某种道德信念的。这种信念可以是仁慈的、君主的、完全唯我主义者的、‘善心善意者的’、厌世者的、国家的、种族的、集团思想者的或上帝的，诸如此类。任何可能的信念，包括我自己的，都是允许的”。①

社会福利函数隐含着的外生正义原则这一问题在20世纪50年代初遭遇到了阿罗的质疑和解构（Arrow，1951/1963），从此以后便形成了社会福利与社会选择无法割裂的联系（Arrow et al.，2011）。这将是我们第二节的主题。

第二节　社会选择的理论之维

一、阿罗不可能定理的内容、批评与回应

求解社会福利最大化的方法实际上就是求解个人效用最大化的微积分方法的一种扩展应用，只不过求解的对象从个人效用函数变为了社会福利函数（个体效用函数的函数），该方法经过柏格森和萨缪尔森的努力而成

① ［美］保罗·萨缪尔森：《经济分析基础（增补版）》，何耀等译，东北财经大学出版社2006年版，第130页。

为福利经济学界的主流。这一方法的优点在于通过使用帕累托标准避免了人际间比较——帕累托最优条件是社会福利函数最大值的必要条件。一旦设定了社会福利函数的具体形式，那么就可以在所有满足帕累托最优条件的社会福利最大化集合中找出唯一的点。进而在政策含义上，可以通过对初始禀赋的重新安排来解决整个社会福利的“配置—极大化”问题。

但是，这一方法也存在明显的弱点，即函数来源上的合法性问题。对于这一弱点的最著名的质疑来自阿罗（Kenneth Arrow）。阿罗在写作博士论文时提出了一个很重要的问题，社会福利函数的具体形式到底是来自独裁者、宗教领袖、传统惯例还是一人一票。对于一个宪政民主的社会来说，可能的来源只能是投票式的集体选择。可是阿罗从几个看似合理的公理条件出发，竟然发现民主程序无法得出合乎逻辑的社会福利函数的具体结果（Arrow，1951/1963）。

阿罗建立的社会选择理论在缘起上受到了希克斯很大的影响，先是阿罗在研究生阶段拜读了希克斯的《价值与资本》（*Value and Capital*），然后在 1946 年的冬天在哥伦比亚大学聆听了希克斯的演讲。阅读和聆听促使阿罗潜意识里开始萌生了社会选择性质的问题。希克斯在专著和演讲中所讨论的问题是：在企业的投资决策中，如果每个股东都拥有专属的最优投资策略，那么投资的方向和数量该如何决定？阿罗意识到，这个企业决策问题实际上是一个投票权的问题（如果一股相当于一票，那么越多的股票拥有量就等同于越多张的选票），股东可以按照自己的股权比例享有投票权，而有更高持股比例的股东的决策影响力更大。于是，希克斯通过自己的书籍和演讲成为阿罗通向社会选择理论的第一个领路人。

后来在兰德公司从事政策研究时，对美、苏两个大国间博弈问题的关注促使阿罗自问：如果国家不是一个具体的个人，那么国家到底是什么，国家的符合社会整体福利最大化的决策是如何做出的，即在现实中一个国家是如何在众多的皆符合帕累托最优的资源配置方案中求得一个社会福利最大化解值的。作为一个新的学科领域的开拓者，阿罗摒弃了福利经济学的既有思路。阿罗意识到回答上述问题不能离开美国社会的现实政治经济环境："资本主义民主之下的社会选择，实质上有两种方法：投票，通常用于作出'政治'决策；市场机制，通常用于作出'经济'决策"。[①] 在美国式的社会政治经济背景下，社会福利函数的实值形式或整体偏好序要通过一人一票的政治表决程序来揭示，但问题在于："独裁和惯例的方法，在任何人的选择都具有理性这层意义上是（或应当是）理性的。如果涉及众多参与人的意志，集体选择可以具有这样的一致性吗？"[②]

在回答上述社会选择是否符合理性的问题时，阿罗遵循了新福利经济学的序数效用论，这与政治上的一人一票原则是相符的（每人的每一票代表了一个相等的集体决策权重，而效用强度对此不产生影响）。转换成函数表达的话，阿罗的研究是尝试从一个社会中的全体个人偏好序的集合 $\{R_i\}$ 中推导出社会偏好排序 R，即求解函数 $R = f(\{R_i\})$。或者说，"通过个体序确定一个实值的柏格森—萨缪尔森社会福利函数或其所依据的社会序 R"。[③]

在阿罗看来，任何一个"宪法函数（constitutional function）—社会选择规则"必须满足常识性的最弱的（伦理性）公理条件，分别是无限制定义域（条件 U），[④] 帕累托原则（条件 P），无关方案独立性（条件 I）[⑤] 和非

① Kenneth Arrow, *Social Choice and Individual Values* (2nd ed.), New Haven: Yale University Press, 1951/1963, p. 1.

② Kenneth Arrow, *Social Choice and Individual Values* (2nd ed.), New Haven: Yale University Press, 1951/1963, p. 2.

③［印］阿马蒂亚·森：《集体选择与社会福利》，胡的的、胡毓达译，上海科学技术出版社 2004 年版，第 38 页。

④ 意味着起码在逻辑上容许个人一切可能偏好的存在，甚至包括一些明显存在道德疑问的偏好，比如喜欢干预他人私生活、虐待狂、自虐狂，等等。

⑤ 无关方案独立性公理（条件 I）一直以来都是争议最大的，这一条件的作用是防止选票操纵。具体地说，如果备选方案集合中的"无关"项发生了变化（如在多轮投票中，逐一删去失败者），选举结果将会不同。从而选举结果就会依赖于选举规则。Arrow（2011）从标准经济学理论的视角，重新解释了为什么要在阿罗不可能定理中引入"无关选项独立性"（Independence of Irrelevant alteratives）条件：消费者和生产者的选择受限于预算约束和生产可能性集合。不考虑过度供给，均衡结果仅仅依赖于关于"相关的"（relevant），即"可行的"（feasible）选项的偏好。选举和立法显然也应该满足这种条件，否则当比较两个社会状态时，我们将需要个人对其他（不相关的）社会状态的偏好的信息，而这种对个人偏好信息的要求太严厉了。

独裁性。阿罗不可能定理中的四个伦理性公理和两个理性选择公理[①]所引起的投票悖论（voting paradox）[②]可以用以下的简化例子表示。

假设甲乙丙三人，面对XYZ三个备选方案，偏好排序为：

甲：X > Y > Z；乙：Y > Z > X；丙：Z > X > Y。

当三个方案两两比较时，存在三种情况：

①如果在X和Y之间选择，由于甲和丙的偏好，社会序为X > Y；

②如果在Y和Z之间选择，由于甲和乙的偏好，社会序为Y > Z；

③如果在X和Z之间选择，由于乙和丙的偏好，社会序为Z > X。

综合上述甲乙丙三人的个人偏好排序，我们按照给定投票规则所得出的社会偏好排序是X > Y > Z > X，此结果不符合理性选择的传递性公理，故而显然是一种非理性或者说悖论性质的社会排序。从福利经济学的意义上来说，阿罗不可能定理证明的是实值的柏格森—萨缪尔森个人主义社会福利函数不可能通过民主的投票过程产生，或者说宪法函数不存在。

“阿罗不可能定理”一度被视为敲响了福利经济学的丧钟，然而在布坎南看来，不可能定理的出现恰恰是社会福利函数理论发展到极致后的必然，因为整个基于社会福利函数的福利理论都是建立在错误的方法论基础之上的，一旦真的满足阿罗的“看似有理的条件只能导致政治专制而不是有效的民主”。[③]于是，布坎南从交易范式的经济学的视角出发，以方法论个人主义和主观主义为工具，对社会福利函数进行了颠覆性的批判。

社会福利函数是罗宾斯所定义的配置范式的经济学在福利领域的一个

---

① 准确地说，阿罗不可能定理中还包括两个定义什么是理性选择的公理：完备性公理——对于选择集中任意的两个要素 x_1 和 x_2，有 $x_1 \geqslant x_2$，或 $x_1 \leqslant x_2$。传递性公理——对于选择集中任何的三个要素 x_1、x_2 和 x_3，如果 $x_1 \geqslant x_2$ 和 $x_2 \leqslant x_3$，则有 $x_1 \geqq x_3$。

② 阿罗不可能定理所涉及的投票悖论可以追溯到18世纪法国的学者 Jean-Charles de Borda（1733~1799）和 Marquis de Condorcet（1743~1794）对于选举问题的研究。两人的工作分别被称为博尔达计数法（Borda count）和孔多赛方法（Condorcet method），关注的都是如何在选举中保证出现孔多赛赢家（Condorcet winner）。但是，把阿罗不可能定理仅仅视为拓展了孔多赛悖论是错误的。正确的理论发展顺序是，阿罗先是意识到能够被认同的社会福利函数一定是基于某种投票规则，然后将孔多赛悖论一般化了。

③［美］詹姆斯·布坎南：《由内观外》，载［美］迈克尔·曾伯格编：《经济学大师的人生哲学》，侯玲、欧阳俊、王荣军译，商务印书馆2001年版，第149页。

逻辑延伸。当经济理论以“配置”为中心时，求极值就是其目标。在布坎南看来，这种求解社会福利问题的方法有明显的方法论内在紧张：由于阿罗不可能定理的存在，任何对于社会福利函数的实值解值或者说具体形式的设定只能是外在的（代表了函数设计者本身的价值判断），于是，“社会福利函数这个假想的分析工具，使人们对其中明显的诉诸外部和非个人主义标准的做法不去关注。这一点与整个帕累托大厦之间的根本矛盾，既未被认识到，也被故意地忽略了”。[①] 当我们退一步假设不存在阿罗不可能定理（不存在集体选择的投票悖论），此时，社会福利函数的存在可视为隐含地假设国家/社会是一个实在论意义上的有机体（organism）——此种哲学观在经济学领域可以追溯到德国历史学派如李斯特（Friedrich List）、罗雪尔（Wilhelm Roscher）、施穆勒（Gustav Schmoller）等。国家有机体概念在哲学观上不符合方法论个人主义，也违背了民主的本质，但是其意味着一个民族国家在原则上可以做出福利问题的社会总和判断。然而，这就相当于整个社会只允许存在一个声音，且这个声音代表了能体现社会福利最大化的政策方案，从而与允许多元化意见并存的自由民主体制相悖。[②] 可见，布坎南极为反对社会福利函数方法所外在设定的伦理标准，即使这一标准是在后立宪阶段由某种投票程序所决定的。

布坎南所乐于使用的福利方法是“补偿原则”，其好处在于“补偿检验（compensation tests）具有伦理纯度（ethical purity），而社会福利函数重新

---

① ［美］詹姆斯·布坎南：《公共物品的需求与供给》，马珺译，上海人民出版社2009年版，第179页。

② 与布坎南对社会福利函数的激烈批评相对照，主流财政学的代表人物如马斯格雷夫等始终不肯放弃这一方法，不过，由于也受到了罗尔斯的影响，马斯格雷夫认为“社会福利函数应该反映关于分配公正问题的罗尔斯前提，即社会分配公正不仅由天赋的市场收益权所决定，而且需要符合一致同意的平等原则”。（参见［美］理查德·马斯格雷夫：《社会科学、道德和公平部门的作用》，载［美］迈克尔·曾伯格编：《经济学大师的人生哲学》，侯玲、欧阳俊、王荣军译，商务印书馆2001年版，第277页。）马斯格雷夫、布坎南和罗尔斯都想要在无知之幕背后解决（财政）偏好的真实显示问题，这一点上三者是一致的。但是马斯格雷夫明显没有在理论分析中真实理解和重视布坎南的立宪和后立宪的二分法，他的观点意味着社会福利函数只能运用于在立宪阶段的财政规则的选择，而实际上，主流财政学家运用社会福利函数的场景是后立宪阶段对具体财政政策的选择。

引入了附加的伦理规范（additional ethical norms）”。[①] 补偿原则意味着“卡尔多—希克斯”改善，即一种潜在的帕累托改善。但是与卡尔多（Nicholas Kaldor）和希克斯（John Hicks）的本意不同，布坎南要求补偿必须真实发生。借此，一项财政政策是否符合帕累托效率标准，其可以通过观察是否所有人都支持该政策而获得实证检验。尤其当我们把财政改革的过程视为一个从无知（ignorance）出发的发现过程时，补偿是必需的，因为只有通过补偿设置，什么是帕累托改善性质的改革路径才能被发现。

布坎南的这一福利经济学理论体现了他的两个重要的方法论准则：一是方法论个人主义，不存在所谓的国家有机体或全知全能的外在观察者，所有的选择和判断只能由实际参与行动的个体做出，研究者的观察对象也只能是这些个体的行为及其影响。二是主观主义，彻底的方法论个人主义必然是主观主义的，其意味着不存在外在赋予的客观的伦理标准或价值判断，所有的价值都是主观的，是只有个人才能具备和了解的私人信息。所以，补偿需要从个人的主观感受来定义，补偿的效果只能通过观察个体选择的变化得以确认。[②] 进一步说，这两条方法论准则又都可以归结为布坎南更深层次地对于经济学性质的理解——交易范式。当以“交易”为中心时，则“协调”才是要考察的对象。[③] 在布坎南的财政立宪理论和整个对

① James Buchanan, “Positive Economics, Welfare Economics, and Political Economy”, *Journal of Law and Economics*, Vol. 2, No. 1, 1959, p. 125.

② 两个准则凝结成了一条福利理论的结论：“没有社会价值尺度能被从个体偏好模式中建立出来，因为后者仅仅通过行为而显示”。（参见 James Buchanan, “Positive Economics, Welfare Economics, and Political Economy”, *Journal of Law and Economics*, Vol. 2, No. 1, 1959, p. 126.）

③ 除了奈特外，布坎南的“交易—协调”范式的另一个主要影响源是以哈耶克为代表的奥地利学派。（参见［美］詹姆斯·布坎南：《由内观外》，载［美］迈克尔·曾伯格编：《经济学大师的人生哲学》，侯玲、欧阳俊、王荣军译，商务印书馆 2001 年版，第 146 页。）故而，布坎南的“交易—协调”范式的福利经济学基础也是奥地利化的。“协调”的概念是在市场中定义的，“对于协调论者来说，市场会协调整合每一位追求自利的个人的个别行为，而无需政治详说的指导。他们对市场的检验，主要是和另一种制度——即政治决策——来作比较”。（参见［美］詹姆斯·布坎南：《我成为经济学者的演化之路》，载［美］伯烈特·史宾斯编：《诺贝尔之路：十三位经济学奖得主的故事》，黄进发译，西南财经大学出版社 1999 年版，第 204 页。）基于其在市场所能发挥的“协调”作用，“协调”标准提供了一个相对于主流福利标准的替代性的衡量尺度，其具有三点独特之处：主观主义；方法论个人主义；强调动态过程。（参见［美］伊斯雷尔·柯兹纳：《市场过程的含义》，冯兴元、景朝亮、檀学文、朱海就译，中国社会科学出版社 2012 年版，第 206 页、第 212 页。）

政治行为的分析中，“协调”的方式就是“补偿”，如作为一种政治交易的或明或暗地“互投赞成票”（logrolling）。[①] 这是经济学的交易范式向政治领域的延展——在方法论上称作“作为交易的政治”。

对于布坎南的批评，阿罗的回应是：布坎南根本就未考虑不可能定理中为达成集体理性所设定的公理性条件是否合理，而是武断地强调“只有个人才能做出选择，社会福利这一特定概念是不可接受的，且我所使用的‘集体理性’（我对此概念的定义是说社会选择相当于从任何给定的个体的排序的集合中得出社会排序）这一名词也被强烈攻击——因为仅有个人可以论及理性”。[②] 在阿罗看来，布坎南的这种讨论方式完全就是跳出既有学术规范后的吹毛求疵和自说自话。换句话说，阿罗认为布坎南对于“社会理性”概念的批评起码在方向上是错误的。实际上，阿罗想讨论的问题是，在市场无法解决的问题领域（如收入分配），能否通过一定的社会选择规则将异质的个体理性加总为集体理性，从而以集体决策代替市场。正如在诺贝尔演讲中所指出的，在阿罗的分析框架中，个体理性被定义为个人偏好序（preference ordering），其“不仅表现对自身消费的欲望，且体现了个人的社会态度——对分配正义的观点或对集体决策如何影响他人利益的关怀”。[③] 可见，阿罗的方法论出发点仍然是个人主义的，在这一点上他是与布坎南一致的。

---

① 维克塞尔早就指出，即使没有选票交易和金钱贿赂，潜在的协议也可能通过税收分担配置的改变而实现。（参见 James Buchanan，“Agreement and Efficiency：Response to Guttman”，*European Journal of Political Economy*，Vol. 14，No. 2，1998，p. 212.）

② Kenneth Arrow，*Social Choice and Individual Values*（*2nd ed.*），New Haven：Yale University Press，1951/1963，p. 118.

③ Kenneth Arrow，“General Economic Equilibrium：Purpose，Analytic Techniques，Collective Choice”，*American Economic Review*，Vol. 64，No. 3，1974，p. 270.

二、能力方法及其社会选择含义

（一）能力方法的主要内容

从福利经济学思想史来看，阿罗不可能定理的存在离不开人际间不可比的序数效用。于是，走出阿罗不可能定理的最直接的想法就是放松在效用上的严格假设，重新引入人际间可比的基数效用理论（Harsanyi，1953，1955；Mirrlees，1971）。在20世纪70年代，森曾经是这一理论进路的主要贡献者，但是到80年代，森开始激烈地批评基于效用的福利经济学研究方式，并在负面的意义上称它们为“福利主义”（welfarism）——社会评价仅基于个人的但是人际间可比的主观福利（森和威廉姆斯，2011）。

Sen（1985）对于“福利主义”的批评主要包括了两个层面：第一个层面是福利主义或者说功利主义传统“忽略了物质条件”①（physical-condition neglect）。福利主义只考虑主观评价而忽略了真实的物质条件。于是，福利主义可能会引发两种荒谬的情况，一是所谓的富人的困扰，富人因为其昂贵口味（expensive taste）② 无法满足（比如周幽王欲博褒姒一笑这种偏好）而感到不幸福；二是穷人的穷乐子，困境中的人们仍然会为满足了微不足道的欲望和生活中的一点点小确幸而感到幸福。第二个层面是福利主义“忽略了价值评价”③（valuation neglect）。评价什么是值得过的真正意义上的美好生活是一种需要反思（reflective）的活动，其对于主观福利论者来说并不重要，但这种价值评价过程却可以让我们理解什么才是真正的美好。正是由于福利主义或者说传统的功利主义存在如此这般的理论困难，故森在20世纪80年代提出了信息基础（informational base）更为

---

①③ Amartya Sen, *Commodities and Capabilities*, Amsterdam: North-Holland, 1985, p. 14.

② 社会选择文献中的“口味”概念可以追溯至阿罗的开山之作。Arrow（1951/1963）意识到了同一个人在私人事务和社会事务中的偏好函数可能是不同的，故其将私人领域的偏好称为“口味”（taste），将人们在公共领域的偏好定义为“价值”（value）。

丰厚的“能力方法”（capability approach）以替代前者。[①] 这一框架在福利评价上的目标是扩展人的“自由”（freedom），而自由需要通过四个递进的概念加以理解。

（1）功能（functioning）。单数的功能被用来表示个人可以达成的一种好的结果，即个人可以利用自己所能掌握的一切资源争取去实现什么目标或让自己成为什么。

（2）能力（capability）。单数的能力是一种比单数的功能含义更为丰富的概念，其与功能概念最重要的区别在于能力概念包含了个人做出选择的自由。比如说，当一个富人决定要通过节食来减肥时，他每天摄入的卡路里也许和一个靠低保生活的人差不多，于是二者通过食物所实现的功能是几乎相等的。但是，从能力的视角看，富人的能力显然比穷人高得多，前者可以自由选择摄入较多还是较少的卡路里，而后者则没有做出这种选择的机会。或者说，后者的备选方案集合里只有营养摄入不足这一个选项。

（3）功能的 n 元组合（functioning n-tuple）。功能的 n 元组合或者说复数功能（functionings）涵盖了一个人可能在生活中实现的各种各样的具体功能，如吃饭、娱乐、锻炼身体、谈恋爱、学习，等等。另外，我们可以视每个功能的 n 元组合为一种能够达到的生活状态。

（4）能力集（capability set）。能力集或者说复数能力（capabilities）由多个“功能的 n 元组合”所构成。能力集反映了个体“自由”的概念，即在各种可能的“功能的 n 元组合”（特定的生活状态）之间进行选择的“自由”。

实际上，除了森之外，很多哲学家和经济学家也都意识到了主流福利经济学的局限，并从各自的研究领域进一步巩固了能力方法的基本框架。

---

① 由此观之，森在 20 世纪 80 年代之前和之后的工作是有内在的理论逻辑的一致性的，即其一向是从信息基础的角度来思考社会选择领域的问题（尤其是阿罗不可能定理）：“阿罗提供了考察在个人条件的基础上进行社会决策的一般性方法，他的定理——以及建立在他的开创性工作上的一系列其他结果——表明：什么是可能的、什么是不可能的，关键取决于在进行社会决策时实际采用哪些信息。确实，通过扩大信息基础，就有可能得到社会和经济评价的连贯的和一致的决策标准”。（参见［印］阿马蒂亚·森：《以自由看待发展》，中国人民大学出版社 2002 年版，第 254 页。）

目前，基于能力方法的福利经济学框架至少包含三个相互支撑的组成部分（见图 2-1）：

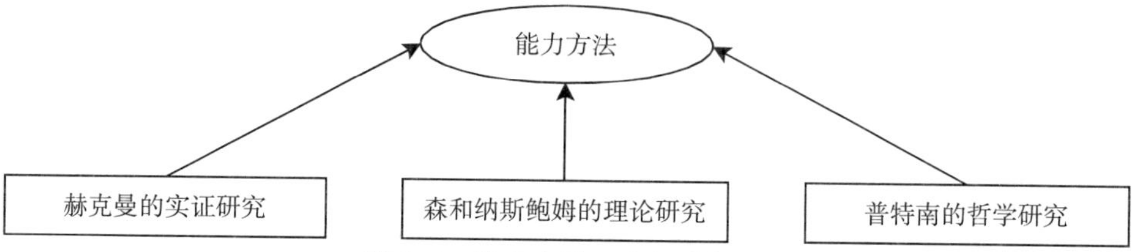

图 2-1 能力方法三大组成部分

一是森从理论经济学出发对能力方法的理论框架的奠基性贡献，著名政治哲学家纳斯鲍姆（Matha Nussbaum）是此领域的另一名重要奠基者。纳斯鲍姆的主要贡献在于提出了应优先保证的基本能力的具体清单，且论证这一清单反映了人们在罗尔斯的“无知之幕”背后可以达成的政治共识。

二是赫克曼（James Heckman，2000 年诺贝尔经济学奖得主）从应用经济学方向所做的实证研究，其从经验上分析了在成长的哪个阶段通过何种干预可以最有效地促进人的内在能力的发展。以“自我生产”（某些能力的提高会带动其他能力的发展）和“动态互补”（同一能力在不同时点上的自我增值）的标准来看，实证研究发现对儿童（尤其是 0~3 岁的幼儿）能力的早期投资回报率极高。森和纳斯鲍姆帮助赫克曼丰富了其研究的理论含义，而赫克曼的实证研究则为森和纳斯鲍姆的理论提供了经验支撑。

三是普特南（Hilary Putnam）在经济哲学层面对能力方法的根基所形成的保护。普特南的研究对于能力方法的意义在于夯实这一新的福利经济学框架的哲学基础。正如普特南在自述写作目的时所说，其工作是“为了提供一种不同于逻辑实证主义的哲学语言，因为逻辑实证主义意味着（阿马蒂亚·森的福利经济学）事业的不可能性”。[①] 在能力方法的框架中，“什么值得珍视”“何谓有尊严的生活”“选择权和能动性相对于物质资源来说

① Hilary Putnam and Vivian Walsh，“Introduction”，in Hilary Putnam and Vivian Walsh，eds. *The End of Value-Free Economics*，New York：Routledge，2011，p. 3.

为何重要”，这些问题都既有事实成分，更涉及价值维度，故逻辑实证主义的事实/价值二分与能力方法是相悖的。

（二）能力方法与局部非完备排序

能力方法不仅是一种生活质量的福利评价指标，其在社会选择领域代表了森尝试破解以阿罗不可能定义被代表的诸种社会选择悖论的努力——方式是使用富含更多内容的信息基。阿马蒂亚·森承认，他的研究从阿罗[①]和布坎南那里都吸取了学术养分，虽然两者理论中的福利测度标准都仅是个人的主观效用。在 1995 年的美国经济协会主席演讲中，森概括了两位先贤的学术联系：布坎南对阿罗的批评“在社会决策机制[②]上极其恰切，但在社会福利判断[③]上则相对不那么确切”。[④]

我们可以按照能力标准为全部可能的公共政策备选方案排序，由于能力方法包含了更多的信息基础，故出现各种社会选择的不可能定理的概率大为降低了。可是，如果我们仍然按照社会选择的阿罗式思路去探求社会福利函数的全局最优解，则即使引入了能力衡量去取代序数效用衡量，仍然有可能出现各种形式的不可能定理。为了进一步降低出现不可能性定理的概率，阿马蒂亚·森认为，对于很多公共政策决策来说，掌握全局的完备排序是没有必要的，只需要“局部非完备排序”（partial incomplete ordering）便已经足够。

按照 Sen（2009）的观点，我们只需要寻求“好”（good）的社会状态和分配结构，而不必强求找到“最好”（best）的社会状态和分配结构。也就是说，我们并非需要找到各种社会状态的完备排序，只需要得到令人满意（satisfactory）的方案就够了（Simon，1955）。这就转换了阿罗不可能定

---

① 森与阿罗的关系可能更近一些，两者曾经与哲学家罗尔斯（John Rawls）在哈佛大学合作开设一门课程。

② 森此处指的是布坎南使用交易范式从而引出了人际间在集体事务价值观上的互动公共讨论。

③ 森此处指的是布坎南单纯看重程序，却忽略了集体选择的结果的福利意义，从而在福利判断上同结果功利主义者一样只使用了很有限的信息，虽然程序主义者和结果主义者重视的信息类型是相反的。

④［印］阿马蒂亚·森：《理性与自由》，李风华译，中国人民大学出版社 2006 年版，第 263 页。

理所规定的社会选择理论的传统思路——追求所谓的完备序的社会偏好。当以社会选择理论作为正义问题的分析工具时，我们完全没有必要低估局部序在正义分析中的功用，尤其是当关注焦点不再是绝对的正义，而是集中于（按照能力视角定义的）明显的非正义时（injustice）。[①] 于是在讨论现实的公共政策问题时，聚焦于局部排序可以节约信息并增强选择的可识别性。在面对众多涉及分配正义的公共政策方案时，我们也许无法知道哪一个方案是最优的，或者说理论上的最优方案由于现实中的约束条件而无法达成。此时，我们只需要知道一种局部排序——了解哪些方案属于较差的选择或者会导致（以能力来衡量的）明显非正义的结果——就可以做出公共政策判断。例如，我们肯定要首先将可能会引致马尔萨斯陷阱的方案从可选项的集合中剔除，而根据我们现有的经济学知识和历史经验教训，这种会导致饥荒的资源配置方案是不难被识别的。

无论是以能力作为福利衡量尺度还是引入局部排序的标准，森在方法论上的诉求都是要让社会选择更加回归现实、回归一般常识。森尤其反感社会福利函数和“无知之幕”之类的先验性质的柏拉图主义模型。虽然没有正式引用行为经济学的文献，但森通过把自己的研究追溯到亚当·斯密的《道德情操论》，实际上已经展开了对理性和情感之间的冲突的分析，从而在当前主流的关于分配正义问题研究的康德传统之外，重新找回了休谟—斯密的经验主义传统。不过客观来说，康德式的先验模型与斯密式的经验主义模型之间的关系可能并不是互替的，而是能够形成有益互补的。先验模型的作用并不在于提供关于生活场景和人类行为的所有真实的细节，而是为理解生活和行为提供一个基准参照系。这个基准参照系可能因为过于完美而失真，但这并不妨碍其成为研究现实情况的一个有益起点或

---

① 情形一：已知选项 x 优于 y 和 z 之上（y 和 z 都存在明显的非正义），不需要排序 y 和 z，据此我们就可以追求 x。情形二：如果只确定了 x 和 y 都优于 z（只有 z 属于明显的非正义），而无法对 x 和 y 排序，那么我们不能做出符合正义的唯一选择，但我们显然可以为了正义的理由毫不犹豫地删除选项 z。

者对照组。这就如同行为经济学的研究一样，完备理性的模型肯定是不真实的，但有限理性的模型却可以从修正完备理性模型作为研究起点，并借完备理性模型来判断人的理性的有限程度（Thaler，2016）。

于是，一方面，我们可以将柏拉图和罗尔斯式的先验社会正义模型视为判断人的选择的正当性的基准参照系；而另一方面，对分配正义问题的讨论不能脱离现实生活，即不能只是基于理想化的模型来套用于现实问题，从而导致削足适履。只有同时兼顾这两个方面，关于分配正义和社会福利的研究才更具真实性和有用性。接下来我们就将发现，当不存在先验的正义标准作为规定性参照系时，人际间偏好的过度异质性可能会导致协商对话无法达成令人满意的均衡。

（三）能力方法与人的价值观的异质性

新古典经济学假设所有人都是同质的，从而可以用代表性个体模型来描述人的选择。与之不同，能力方法强调人与人之间的异质性，并对异质性的类型和影响做了区分和研究。

能力方法所讨论的第一种异质性是价值观的多元化。阿罗不可能定理产生的一个原因就是其假设偏好的无限制定义域，这相当于允许所有逻辑上可能的价值观的共存——包括过于昂贵的偏好（如东罗马皇帝查士丁尼对中国丝绸的喜爱）、不适于自己身份的偏好（如明熹宗朱由校对木匠事业的热爱）以及既害人又害己的偏好（如周幽王对于幽默的理解）。无限制的偏好或者说过于多元的价值观是导致社会选择不可能性的原因之一，故走出困境的一个直觉想法就是在社会选择的备选方案中对某些明显不合理的偏好加以限制（等同于对备选方案的集合进行了预先筛选）。

那么，如何对价值取向进行预先的筛选和限制呢。受其导师奈特（Frank Knight）和布坎南的影响，森认为可以通过对话协商来求得价值观上的共识，或者至少缓解因价值观差异所导致的冲突。但是在现实的协商民主制度下，对话交流所能达到的收敛价值观差异的效果是有限的，因为总是存在两类严重的限制性因素："一种限制可称作动机上的约束，即对话参与者必须付出的费用造成参与者意愿的限制。另一种是认知的限制，即对话参与者是否有可靠的认知能力来分辨和预见备选方案的一般运作结果”。[①] 于是为了能达成有益的对话交流的效果，就既需要对话参与者有高尚的道德情操和超越私人利益的价值追求，也需要对话参与者有完美的理解和认知水平，甚至还要有接受自身观点被驳倒的宽广胸怀[②]（否则将只有争吵而不存在说服）。这种全知全善全能的超人在现实中是不可能存在的，且即使假设有这种超人存在，那么对于森来说也是一种方法论的失败，因为完美的代表性个体本就是他所反对的新古典经济学的模型建构起点。事实上，阿马蒂亚·森也承认：“激进的种族主义者和性别论者因为公共讨论而有所改变的希望是非常渺茫的。”[③] 不过森似乎接受了这种议而不决的状态，并认为我们不至于对这种对话困境过于苦恼，因为始终无法化解冲突的议题可以通过社会选择来加以解析。Sen（2000）指出：“公共选择理论关注讨论和谈判在达成共识过程中的角色，而社会选择理论的贡献是指出在仍旧无法达成一致性协议的领域，什么是可接受的妥协。”[④]

总而言之，正如阿马蒂亚·森的祖国印度[⑤]当前的困境所显示的，协商民主客观来看只是治理现代化的必要条件而非充分条件。森恰恰没有回答应该如何避免对话和交流的低水平陷阱，他只是对这一陷阱的后果表示了一种乐观态度。如果一个社会无法按照协商和交流的方式达成普遍的共识或各方都可以妥协的方案，此意味着该社会现存的对话交流机制是失败的。那么，相应的交流协商制度的改革应该从何处着手呢？现有的实验研究发现，对话交流在公共品自愿捐献时的有效性取决于两项制度安排：一

---

① ［德］维克多·范伯格：《经济学中的规则和选择》，史世伟、钟诚译，山西人民出版社 2011 年版，第 240 页。

② 这等同于要求对话参与者有类似于君子般的个人品质，正如孔子在《论语·为政》中所说的：“君子周而不比，小人比而不周”。

③ Amartya Sen, *The Idea of Justice*, London: Penguin Books, 2009, p. 385.

④ Amartya Sen, “Social Justice and Distribution of Income”, in Anthony Atkinson and François Bourguignon, eds. *Handbook of Income Distribution*, Vol. 1, Amsterdam: North-Holland, 2000, p. 77.

⑤ 由于存在根深蒂固的种姓制度和对于妇女的歧视，印度的民主对话在不同阶层之间是相互隔绝的。于是，对话的低水平陷阱的形成原因更可能是源于对话机制的结构性问题，而不是对话的次数问题。有趣的是，按照森（2007）以及森和德雷兹（2015）的考察，公共讨论的重要性在印度历史上早就得到了充分的认识和实践。

是对话必须是开放性的，而非封闭性的。也就是说，对话交流必须在所有的社会团体和利益阶层之间保持开放性的互动，而不能只是限于各个团体内部的封闭性交流，此机制可以在促成 Sen（2009）所赞同的开放的中立性（opened impartiality）的同时避免封闭的中立性（closed impartiality）。[①] 二是交流必须是一种长效化机制，即必须形成稳定的多轮可重复的交流过程。唯有如此，方能抑制作为一种政治协商机制的对话所达成的（显性或隐性的）共识的影响随着时间的延长而边际效果递减，从而保证交流效果的稳定性（汪毅霖和王国成，2016）。以上两种制度安排也许是未来在理论和实证方面拓展 Sen（2009）的研究的可考虑的起点。

（四）能力方法与人的转换机能的异质性

能力方法视野下的第二种个体异质性是个人将物质资源转化为自身享受的机能的异质性。这种异质性可以是源于个人的生理和心理的，也可以是来自社会中的文化和宗教因素的，还可以是外在环境方面的。于是“在实践中，以实际收入作为人际间比较的基础的最大困难在于人的异质差异性，如年龄、性别、特殊天赋、残障程度、易患病程度等”。[②]

“转换机能”（convert ability）的异质性意味着在将商品转换为能满足自身需要的功能时，不同类别（可按照新陈代谢、生理状况、性别、阅读技巧、智力等标准分类）的个体的表现会存在显著差异，如残疾人的转换机能显然弱于正常人，旧社会妇女的转换机能显然弱于当代妇女。同时，同类个体在有差异的社会环境和文化背景下会展现出全然不同的转换机能，如某些国家的女性可能因为宗教原因而被剥夺了参与体育活动的机

① Sen 反对封闭的中立性，此概念有些类似于所谓的“山头主义”“地方主义”。

② Amartya Sen, “Social Justice and Distribution of Income”, in Anthony Atkinson and François Bourguignon, eds. *Handbook of Income Distribution*, Vol. 1, Amsterdam: North-Holland, 2000, p. 78.

会。所以除非是孤岛中的鲁滨孙，[①] 每个人的自由不仅依赖于他的智力和体力，还取决于外在的社会性因素（如文化、宗教，如某些宗教极端派别不允许妇女参加社会活动）。另外，转换能力还受到环境因素（如气候，基础设施）的影响。举例来说，一个城市是否有足够多并得到有效维护的对残疾人友好的公共基础设施会极大地影响残疾人在社会生活中的转换机能。所以，转换机能至少取决于个人特征、社会因素和环境因素三个方面（Robeyns，2008）。

在2009年出版的《正义的理念》（*The Idea of Justice*）中，森一方面肯定了罗尔斯重视人际间的价值观的多样性，另一方面则批评罗尔斯忽略了人际间在转换机能上的多元化。由于这种忽略，当一个人（比方说因为衰老、残疾等原因）出现转换机能的降低从而导致该人福利水平下降时，罗尔斯的两个正义原则无法为必要的辅助提供道德支持。森的这一批评从其在20世纪80年代建立起了能力方法的框架后就被反复强调，而森的学术影响力和两人的亲密私交[②] 意味着森的批评必然会被罗尔斯所知晓。于是，罗尔斯在其临终著作《作为公平的正义：正义新论》（2001年出版）中重点回复了森的上述批评。罗尔斯辩解道：转换机能是一个次级的问题（因为过于极端），其不属于应该在原初状态下被讨论的问题，对它的讨论应该被后置于“立法阶段”（legislative stage），即要先有正义原则再有对转换机能的关注。罗尔斯认为，两个正义原则在处理转换机能这类主题时“依赖于各种信息，如什么疾病在流行以及它们的严重程度，事故的发生

---

① 鲁滨孙模型是西方经济学教科书中非常喜欢使用的“玩具模型”。马克思在《资本论》中就从丢失了人的社会属性和生产关系属性的角度批评了鲁滨孙模型，这在理念上与森批评主流福利经济学忽视了人的转换能力是有一致之处的。正如马克思所说：庸俗经济学家“政治经济学喜欢鲁滨逊的故事”，这种片面的逻辑抽象导致庸俗经济学“用物的形式掩盖了私人劳动的社会性质以及私人劳动者的社会关系”。（参见马克思：《资本论（第一卷）》，中央编译局译，人民出版社2004年版，第93-94页。）实际上，森的观点受马克思影响很深，他在多部著作中都正面引用了马克思的观点。这可能与森的受教育背景有关系，森20世纪60年代在剑桥大学攻读博士的时间，正是剑桥大学左派经济学较为兴盛之际，森受到了包括其导师多布（Maurice Dobb）在内的左派经济学家的很大影响。

② 森曾经与罗尔斯和阿罗在哈佛大学开设一门接力性质的课程，且森继承了罗尔斯在哈佛大学的教授职位。

频率及其原因，以及其他一些东西。在立法阶段，这些信息是可以得到的，从而在这里能够着手处理保护公共健康和提供医疗照顾的政策问题”。[①] 基于这种信息的可得性的理由，罗尔斯的模型在无知之幕背后“把具有这样严重社会缺陷的人作为极端情况加以抛开”，[②] 从而在原初状态下假设不存在“公民需要医疗照顾方面所存在的差别”。[③]

可是实际上，罗尔斯认为转化机能差异是一种少见的极端情况的想法，是很不符合生活直觉的。由于人的个体间异质性，在将商品、资源甚或基本善转换为一定的生活质量时，人际间存在显著的差异实际上是一种常态。如果在讨论正义原则时不考虑这种差异，虽然在模型处理上变得更为简洁，但是可能会影响模型结果（两个正义原则）本身的说服力。即使我们退后一步，假设暂时忽略转换机能差异不会影响正义原则的说服力，但这种差异也不见得会在“立法阶段”就得到有效纠正，因为我们此时必然会面临信息不对称、不完全等问题，而不是罗尔斯所假设的在立法阶段即可获得与新古典经济学环境完全一致的完备信息。于是如果非要遵循罗尔斯将转换机能问题拖后解决的思路，则可能出现一种看似符合正义却实际上非正义的情况：与资源平等乃至基本善的平等（后者是罗尔斯认同的诉求）相伴出现的是实际生活质量的显著不平等，例如残疾人拥有与普通人相等的资源是远远无法满足对美好生活的向往的。也就是说按照能力的视角来看，这种状态就是典型的非正义。

我们可以认为，如果考虑了转换机能的差异，那么收入再分配和基本公共服务供给的标准将会违反哈耶克和布坎南所坚持“普遍性”（generality）的原则——“只有当政治行为适用于所有人，而不受某种具有支配地位的

---

① ［美］约翰·罗尔斯：《作为公平的正义：正义新论》，姚大志译，中国社会科学出版社 2011 年版，第 283 页。

② ［美］约翰·罗尔斯：《作为公平的正义：正义新论》，姚大志译，中国社会科学出版社 2011 年版，第 279 页。

③ ［美］约翰·罗尔斯：《作为公平的正义：正义新论》，姚大志译，中国社会科学出版社 2011 年版，第 281 页。

联盟或某个有效的利益群体成员资格的限制之时，这个标准才得以实现”，[①]因为森的观点意味着一个社会需要对转换机能较弱者实施有倾斜的扶持。

例如，我们以基本公共服务为例，从现实的经济层面看，基本公共服务的外延要比纯公共品宽泛得多。也就是说，基本公共服务既包括行使资源配置职能的纯公共品（如安全、环保），也包括行使再分配职能的准公共品（如教育、医疗、养老）和发挥经济建设作用的准公共品（如基础设施）。从普遍性受益的角度看，只有纯公共品勉强符合要求。但是显然，政府因为不符合普遍性原则而取消所有的准公共品的提供，古今中外皆无耳闻，因为基本公共服务的准公共品部分恰恰与普通百姓，尤其是社会弱势群体的生活联系最紧密。这些弱势群体可能不关心公共服务的资源配置职能，因为他们也许就是市场竞争的失利者；他们可能也不关注增长型的公共服务，因为经济增长的“涓滴效应”（trickle-down effect）可能并不存在或过程特别漫长。所以对社会弱势群体来说，只有再分配型的公共服务才是他们所关心的。然而，恰恰是这种公共服务最不符合受益的普遍性原则。如果因此就压缩某些方面（比如减少老年人和残疾人在医疗上的优惠）的分配型公共服务，在伦理上很难接受。

所以，马斯格雷夫（2000）在普遍性原则问题上对布坎南所提出的批评是有道理的，在多数情况下，“情况相同的人应该受到相同的对待，这是一个值得追求的目标”，但在另一些情况下，“情况不同的人则应该受到适当的区别对待，……，也是一个值得追求的目标”。[②]

与其好高骛远地追求彻底的普遍性，不如脚踏实地实现有差别的普遍性。否则，难道我们要对生活不能自理的老人和残疾人实施无差别待遇吗？在这一问题上，罗尔斯犯了与布坎南一样的错误，在标准的“无知之幕/不确定性”的设置下只考虑了代表性个体的目的差异（且通过无知之

① [美] 詹姆斯·布坎南、罗杰·康格尔顿：《原则政治，而非利益政治——通向非歧视性民主》，张定淮、何志平译，社会科学文献出版社 2004 年版，前言第 1 页。

② [美] 詹姆斯·布坎南、理查德·马斯格雷夫：《公共财政与公共选择：两种截然不同的国家观》，类承曜译，中国财政经济出版社 2000 年版，第 176 页。

幕把这一差异的影响抹消掉了)，而忽略了人际间的转化率的差异。

忽略了转换机能还导致了罗尔斯的理论的另一个漏洞。罗尔斯认为，应该依据差别原则优先辅助的弱势群体——《正义论》中称为最不利者（least advantaged）或最不幸的人群（least favored group）——可按照两个标准来划分：一是遵循阶级标准或者说社会阶层的标准，即可将非熟练工人或与之地位相当者视之为待辅助群体；二是相对收入或相对财富的标准，如可将自身收入不到全部人口的收入中位值的一半的人都归于待辅助群体。但是，按照上述阿马蒂亚·森对罗尔斯的批评及其提出的转换机能概念，弱势群体不能仅依据社会定位或绝对收入水平来定义，而是应该定义为那些绝对收入相对较低，同时转换机能又相对较弱的人群，也就是说弱势群体应该按照纳入转换机能后的能力来定义。例如，据中国残联最新统计的数据显示，我国目前有8500万以上的残疾人口，其中仍有1500万以上的残疾人生活在国家级贫困线以下。但我们日常很少接触到他们，恰恰是这群最需要被帮助融入社会的人，由于各种个人的、社会的、环境的因素（如隐性的歧视或基础设施的不完善）被与健全人隔离了。类似地，慢性病患者、留守儿童、孤寡老人等或者收入水平较低，或者转换机能较弱，甚至同时具备两种劣势特质，故他们都是所谓的能力贫困者。

当我们按照纳入转换机能的能力定义了所谓的弱势群体后，我们会随之遇到一个新的公共政策问题——如何帮助他们实现能力脱贫。现实地说，弱势者的状况的改善不可能一蹴而就，其受到很多方面的约束：

约束之一是一国政府的财政支付能力。如果所有的辅助弱势者的成本都来自财政支出，则其数额可能会超出政府财产的汲取能力或导致过高的税负水平，从而危害经济的长期发展。同时，政府承受过度的财政压力的一个隐含危害是产生一种诱因，令政府的财政汲取行为发展至对公民福利和权利的侵犯：一如“多数人的暴政”——多数联盟通过多数票决策制侵占少数联盟的利益；再如“财政幻觉”——政府通过操纵具体的财税征收方式令公众所感受到的税收痛苦最小化，公众无法通过选票对此做出有效反应；又如“时间不一致性”——当期具有投票权的人们可以通过增发债券扩大当前财政消费，而让未来的人们负担债券的成本，等等。为了避免上述情况的出现，布坎南提出，“给定任何一组政治决策规则，都可能存在着一些对该规则下集体决策结果的范围起到限制作用的财政规则或制度(fiscal rules or institutions)”，①建立现代化的国家治理体系的目标就是要发现和构建这类规则。

约束之二是再分配之后的激励问题。一般来说，一个社会中的个人的生产性激励与该社会的所得税水平和转移支付水平都成反比。由于个人的生产技能是一种私人信息，人会理性地在高税负水平下降低工作努力程度，这可以通过假装为低生产技能者来实现（比如改革开放前的人民公社的农业生产模式可以视为是征收了100%的边际税，从而经常性地出现农民在集体土地上的“出工不出力”的现象）。相应地，不仅高生产技能者会对激励做出反应，低收入者或低生产技能者（两者并不一定完全一致）同样如此。在转移支付很高的情况下，低收入者或低生产技能者会理性地选择干脆不工作或放弃提高自己的生产技能。也就是说，辅助弱势者的制度可能会起到养懒人的效果，这在欧洲的一些高福利国家是不罕见的。正如小密尔所说：“在政府现有职能之外的每一增加，都足以更加扩大散布其对人们希望和恐惧心理的影响，都足以使得活跃而富于进取性的一部分公众越来越变成政府的依存者，或者变成旨在组成政府的某一党派的依存者。”②

约束之三是对于人的主观能动性（agency）的消极影响。大规模的政府性辅助项目的结果可能会挤出或侵蚀人们为自己的行为负责任的意识，长期可能会使一个社会中的很多人丧失对个人选择和生活态度的关注。这种挤出效应违背了小密尔所认为的自由的重要的意义之一：“作为对于他们的个人的精神教育的手段和方式来说，这样可以加强他们主动的才能，可以锻炼他们的判断能力，还可以使他们在留给他们去对付的课题上获得

① [美] 詹姆斯·布坎南：《公共物品的需求与供给》，马珺译，上海人民出版社2009年版，第145页。
② [英] 约翰·密尔：《论自由》，许宝骙译，商务印书馆1959年版，第131页。

熟识的知识。”[①]

正是因为在实现能力脱贫的问题上要面对上述多项约束，作为主流经济学的社会福利函数的理论捍卫者的 Dasgupta（2005，2007，2009）对于森的能力方法提出了一条关键的批评意见：能力方法没有为各种能力的重要程度排序，即在有限资源的约束下，如何在全部能力的集合中进行选择，从而权衡各种能力的取舍。[②]

实际上，能力方法的新近研究不仅意识到了诸能力间需要权衡取舍（Dixon and Nussbaum，2012），并且已经给出了非常明确的解决之道："有一些能力应当居于优先地位，而赋予优先性的一种理由就在于该项目所具有的孵化性，或是它有可能消除腐蚀性劣势。……最好的方式经常是选择出一种尤其有孵化力的运作，然后将我们的稀缺资源分配在上面”。[③]孵化性运作是指一种能力，其能够促进其他能力；腐蚀性劣势则相反。无独有偶，2000 年诺贝尔经济学奖折桂者 Heckman（2007）也从人类能力形成的视角提出了“自我生产”（self-productivity）[④] 这一类似概念。

孵化性运作的代表是所谓的基本能力（basic capability）。森（2008）所定义的基本能力[⑤] 是指“得到足够的营养、保持健康，等等，并且所有

---

① [英] 约翰·密尔：《论自由》，许宝骙译，商务印书馆 1959 年版，第 130 页。

② 能力方法的哲学领域奠基者纳斯鲍姆也批评了森对于权衡问题的忽略，其指出，能力方法意识到了各项权利间发生冲突的可能，也注意到为了保护他人的权利而需要对某些个体的权利加以限制。在进行权衡时，需要维护所有人的权利的最低门槛（minimum threshold），那种会导致某些人落入门槛水平之下的权衡是基本正义（basic justice）的明显失败。（参见 Rosalind Dixon and Martha Nussbaum，“Children's Rights and a Capabilities Approach：The Question of Special Priority”，*Cornell Law Review*，Vol. 97，No. 3，2012，p. 554.）

③ [美] 玛莎·纳斯鲍姆：《寻求有尊严的生活——正义的能力理论》，田雷译，中国人民大学出版社 2016 年版，第 32 页。

④ Heckman（2007）将诸能力间的横向的自我增值称为“自我生产”（self-productivity），其意指某些能力的提高会带动其他能力的发展；而同一能力在不同时点上纵向的自我增值被称为“动态互补”（dynamic complementarity），其指某一阶段的能力投资会促进随后阶段的能力投资的效果，以及早期的能力投资需要有后期投资的跟进才能维持效果。“自我生产”和“动态互补”意味着对儿童能力的早期投资回报极高，以至于超越了平等和效率的权衡。

⑤ 森认为，基本能力“同背后的关注与价值相关，据此来判定某些可界定的功能性活动是重要的，而其他的则是微不足道和忽略不计的”。（参见 [印] 阿马蒂亚·森：《能力与福祉》，载 [印] 阿马蒂亚·森、[美] 玛莎·努斯鲍姆编：《生活质量》，龚群等译，社会科学文献出版社 2008 年版，第 37 页。）

人无疑都非常重视他们”。[①] 纳斯鲍姆（2016）的定义是：“基本能力就是个人固有的内在潜能，它让后期的发展和训练成为可能”。[②] 显而易见，纳斯鲍姆（Matha Nussbaum）的定义结合了2000年诺贝尔奖得主赫克曼（James Heckman）的工作，[③] 从而拓展了森的概念，其政策指向非常明确：具有孵化性的基本能力是应该（向弱势群体）优先投入资源的领域。这是经济学研究中缠结的典型例证：通过实证研究确认何种能力投资——如对（残障）儿童能力的早期干预——最具孵化性，可帮助我们做出对于目标的选择（Heckman and Corbin，2016）。

（五）能力方法中的自由选择问题

能力方法建立在对福利主义即功利原则的超越性批判之上，且考虑到了人际间的价值观异质性和转换能力异质性，故在信息基础和理论逻辑上是较为丰富和完善的。[④] 可实际上，一旦当我们按照能力概念来定义社会福利时，我们在社会选择领域仍有需要认真对待的理论困难。

能力方法把结果主义和过程关注熔为一炉，故其将“自由”定义为个人可以在各种值得过的生活方式之间自主做出“选择”（所以个人替自己做主的权利和“选择集”的大小都很重要）。但是，一个人可以开放地选择什么严重依赖于其他人的选择。一般而言，一个社会中的人口数N越大和权力占有越不平等，则不同个体的选择的相互依赖性（可视为路人甲的选择给其他人造成的外部性）就越明显。为了易于理解，我们来考察一

---

① [印] 阿马蒂亚·森：《能力与福祉》，载 [印] 阿马蒂亚·森、[美] 玛莎·努斯鲍姆编《生活质量》，龚群等译，社会科学文献出版社2008年版，第37页。

② [美] 玛莎·纳斯鲍姆：《寻求有尊严的生活——正义的能力理论》，田雷译，中国人民大学出版社2016年版，第17页。

③ 纳斯鲍姆（2016）将赫克曼所研究的能力（包括身体健康、认知能力、非认知能力）称为“内在能力”（internal capabilities）。

④ “能力”（capability）共有四种定义方式：福利成就（well-being achiervment）、能动性成就（agency achiervment）、福利自由（well-being freedom）和能动性自由（agency freedom）。其中，“能动性自由”（Sen，2009）的定义是最完整和相对于传统福利观点最具颠覆性的关于“能力”的解释。这一定义一方面关注“能动性”，即个人对于自我设定的目标和行为规则的重视超越了福利追求；另一方面强调“自由”所蕴含的责任——自由无法脱离个人责任存在，因为自由意味着我们需自主选择要过的生活且为自己的选择所带来的结果担责（森，2000；Sen，2009）。

个人数 N = 2 的最简单的情景（当 N > 2 时社会互动的影响一定更强），从而可以用经济学中常见的埃奇沃思（Francis Edgeworth）方框图来说明社会互动对于能力的影响（见图 2-2）。[①]

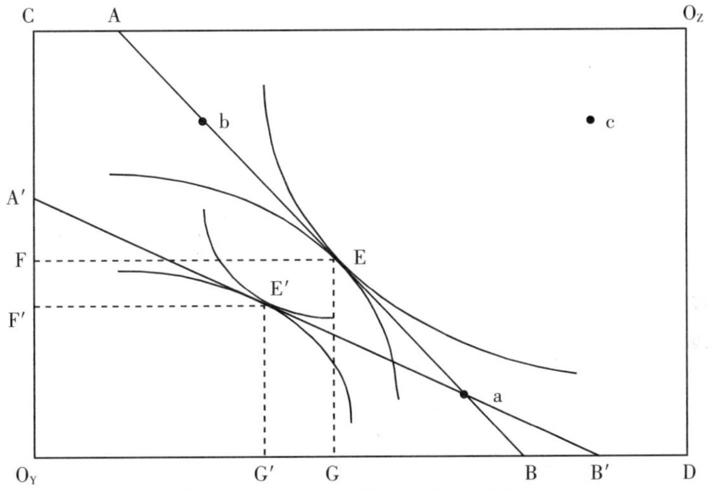

图 2-2　社会互动对能力的影响

由图 2-2 可见，在一个最简单的只有两人（Y 表示俞伯牙，Z 表示钟子期）和两种商品的纯交换经济中，一般均衡点为 E 点。商品的相对价格由直线 AB 的斜率给定，个人 Y 和 Z 的初始禀赋点为 a 点。按照经济学基本原理，人们可以在各自的预算约束集合（在图 2-2 这样的二维空间中为约束线）中做出有利于自身福利最大化的选择。于是 O_YCAB 是俞伯牙的可选择空间，O_ZDBA 是钟子期的可选择空间。但是，这种名义上的可选择空间是虚幻的，因为每个人的实际可选择空间都依赖于他人的选择。如果

① 我们在图 2-2 的模型中考虑的只是“福利自由”（well-being freedom），而不是能力方法最终强调的“能动性自由”（agency freedom）。福利自由体现的是促进个体的自我福利的自由。能动性自由反映了促进个人有理由去珍视的目标和价值的自由，它不再把人视为福利的容器，而是要重视人的自主判断和优先权。能动性自由的首要兴趣在于个人对于价值的感知：如果一个人认为一些目标或者行为规则比福利更为重要，他恰恰体现了所谓能动性（于是才可以解释大公无私等“异象”）。所以在图 2-2 的模型中，“福利”仍然是按照“能力”或者低一级的“功能”标准来定义的，但“自由”只与选择机会的存在与否和内容多寡有关，而不涉及对于应该选择什么的价值反思。

钟子期坚持要选择 E 点所代表的商品组合（这符合钟子期的最大效用），那么俞伯牙实际上是不可能选择 b 点所代表的商品组合的。于是在那种情况下，俞伯牙的可选择空间仅仅是 O_YFEG，而 $O_YFEG << O_YCAB$。

以上我们都假设相对价格不变（故均衡点也不变），故可选空间被压缩虽然减少了俞伯牙的选择范围（俞伯牙以能力表示的福利肯定是下降了），但从结果主义的视角看并没有降低俞伯牙以效用表示的福利。现在我们考虑一个更现实的情况：在非完全竞争市场，少数交易者具有市场权力（power），可以在不同的程度上影响相对价格。据此，我们现在设定钟子期是一个垄断市场上的价格制定者，他现在选择将原本以 AB 的斜率来表示的相对价格调整为更有利于自己的 A′B′。此时，一般均衡点变为了 E′点，且从无差异曲线看钟子期的效用显然提高了。钟子期影响价格的行动或者说选择行动使市场权力严重影响了俞伯牙的可选择空间，后者的可选择集被进一步压缩到了 $O_YF'E'G'$。由于 $O_YF'E'G' << O_YFEG << O_ZDBA$，钟子期的选择显然通过缩窄俞伯牙的选择空间，从而使俞伯牙以能力定义的福利水平（无论从结果的角度看还是从选择过程的角度看都）降低了。

图 2-2 所展现的每个人的相互依赖的选择会影响自由的问题，森并非没有意识到，但他只是笼统地将它们归于影响自由的社会性因素（Sen，2009；Robeyns，2008）。然而，选择的相互依赖性骤增了以提高能力为目标的公共政策的操作难度，其中一个较大的困难是，选择的相互依赖使我们难以按照“责任原则”（accountability principle）进行完全准确的价值判断（Decancq et al.，2015）。例如，一个人陷入贫困到底是因为自身不够努力，还是说这是由于他人或社会因素影响而导致的结果呢。乃至于说，就算这个人真的在学习和工作上努力不足，此人的这一选择也可能是受他人选择或曰外界因素影响的结果（比如，他从小就生活在贫困甚至多暴力的社区，从而受到周围人的不良生活方式和思维模式的影响）。图 2-2 中还存在一个反向的涉及“责任原则”的问题：按照效用最大化的目标来说，更富有权力的钟子期可以选择 E 点甚至 E′点所代表的商品组合。也就是说，钟子期的能力集（capability set）远大于俞伯牙。可是在现实中

仍然存在的一种可能是（例如，由于有限理性和有限意志力）钟子期在一个既大且优的能力集中选择了一个很差的方案（以 c 点所代表的商品组合），故钟子期从结果角度所测度的效用可能反而低于俞伯牙。那么此时，钟子期该在多大程度上为自己的错误选择负责呢，而社会机构是否应该对这种错误进行事前提示或事后救助呢？关于此类复杂的伦理问题，社会选择的理论研究很难给出确定答案。此时，实证社会选择研究起码可以从日常经验的维度提供一些辅助性的启示，告诉我们在各种复杂情景下“责任原则”关于分配正义的影响在多大程度上是稳健的——这关系到该原则在社会选择视角下是否值得作为分配机制必须满足的公理性前提或可接受的特征。

第三节　社会选择的实证之维

一、实证社会选择的起源、学术价值与方法论

实证社会选择的开山之作是 Yaari 和 Bar-Hillel 于 1984 年在《社会选择与福利》杂志第一卷第一册作为篇首论文发表的《论分配的合正义性》。在这篇论文中，两位作者开宗明义地点明了实证社会选择要以分配正义为研究重心——“本文是关于分配正义的探索性研究”。[①] Yaari 和 Bar-Hillel（1984）也明确意识到了实证社会选择所采用的问卷实验方法可能引起激烈的方法论争议：“如何有效地研究像分配正义这样的概念本身就是一个有争议的问题，并且我们也意识到了此处使用的方法对于实质性批评是开

① Menahem Yaari and Maya Bar-Hillel, “On Dividing Justly”, *Social Choice and Welfare*, Vol. 1, No. 1, 1984, p. 1.

放的。无论如何，我们希望我们的研究对于分配正义这一主题富有启发性，最好也能间接地增强我们所用方法的学术合法性”。[①]

Yaari 和 Bar-Hillel（1984）利用问卷实验的方法，以分配正义为问题域，讨论一个在社会选择理论研究中非常重要的主题——“信息”（Sen，1995，2011；森，2002）。作者在文中假设：在待分配的标的品[②]上不存在任何的信息的复杂性（实际上作者假设待分配的是两种水果），故信息的复杂性唯一地来自分配中的事件相关者的个体特征。这些个体特征包括需要（need）、口味（taste）、信念（belief）、禀赋（endowment）、努力（effort）、权利（right），等等。

Yaari 和 Bar-Hillel（1984）的重要性还在于该文在方法论上最先阐述了实证社会选择与社会选择理论之间的方法论关系。作者将罗尔斯的“反思均衡”（reflective equilibrium）的概念加以转化性应用，以阐述关于分配正义问题的一种合理的研究程序，这一程序是以社会选择理论的建模思路为基础的。整个迭代重复的自我纠错程序如图 2-3 所示。

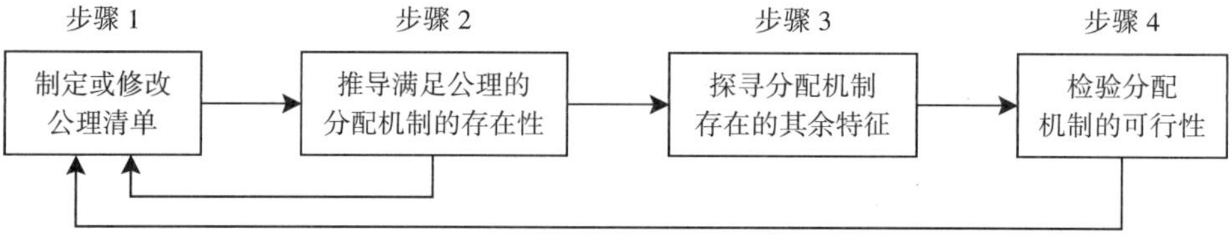

图 2-3　分配正义的社会选择研究程序

第一步，我们要列出一张关于分配机制应该满足的（伦理性质的）清单，这些性质可以被视为（伦理性）公理（axioms）。这是社会选择理论的建模起点。

① Menahem Yaari and Maya Bar-Hillel, “On Dividing Justly”, *Social Choice and Welfare*, Vol. 1, No. 1, 1984, p. 1.

② 不过，Yaari 和 Bar-Hillel（1984）也指出，待分配的标的物不一定是好东西，也可能是与义务相关的坏东西，如兵役、徭役、纳税义务，等等。还有一种可能是待分配的东西好坏参半，如到污染较重的工厂或到较为危险的地区工作的机会。

第二步，我们要回答是否存在一种分配机制满足所有这些公理。如果并不存在这种分配机制，则应该修订公理清单，并重新回答是否存在可满足新清单上全部公理的分配机制。如果真的存在那样一种满足所有公理的分配机制，则需要进一步找到并描述出满足公理清单的全部此类分配机制。这一步与证明阿罗不可能的思路是一致的。

第三步，对于我们找到的那些满足公理条件的分配机制，我们需要去探究这些分配机制（除了公理条件之外）还拥有哪些性质（也许是伦理上不可欲的特征）。

第四步，我们要对从分配机制中所发现的那些其余特征进行检验。如果那些进一步发现的特征会令分配机制不可行（通不过伦理判断的检验），则上述整个研究过程需要重启（返回到步骤 1），直到反思均衡（或许会）最终实现。

在 Yaari 和 Bar-Hillel（1984）看来，分配正义的研究可被视为寻求一套均衡状态下的正义原则的集合，满足此集合中全部原则的分配机制不再需要有任何改变和完善——进一步修改这些公理性的正义原则将被视为是弊大于利。在求解分配机制的反思均衡的过程中，分配机制本身的可行性（tenability）问题很关键。所谓的可行性关系是一个最终引出了实证社会选择的方法论问题——如何检验一种分配机制是否具有不可接受的（伦理上的）破坏性。[①] 检验的方式当然要符合一般的科学哲学中的方法论准则——“拿证据来”。在关于分配正义的社会选择研究中，我们要面对的证据主要是可观察的伦理判断和道德直觉。于是，一项分配机制将被视为不可行，若该机制所含的特征显著地不符合可观察到的伦理判断。此时，伦理判断应该来自处于中立的立场上的私人利益无涉者，故我们需要设计一种类似于斯密的中立观察者或罗尔斯的无知之幕的情景。

① 不过，分配机制即使与某一甚至某些伦理判断相冲突，也不见得就一定会被放弃。因为该分配机制可能有更大的好处，从而令这一机制的总收益仍然大于（包括伦理成本在内的）总成本。此时，这种分配机制就不是不可接受的。

对于 Yaari 和 Bar-Hillel（1984）来说，直到这时（图 2-3 中的步骤 4），实证社会选择才正式登场。实证社会选择让被试者在问卷实验中做出某些可以视为证据的伦理判断（通过回答问题时的选项来表示），并将这些证据用于检验若干（具有不同伦理特征的）分配机制在现实政策实践中的可行性，从而将全部逻辑可能的分配机制的集合浓缩为仅包含现实可能的分配机制的集合。于是按照 Yaari 和 Bar-Hillel（1984）的设想，实证社会选择的作用仅发生于图 2-3 中的步骤 4。

实际上，实证社会选择发挥检验作用的场域不止于步骤 4。Gaertner 和 Schokkaert（2012）指出，实证社会选择在图 2-3 中的步骤 1 就可以起到检验作用，因为当我们制定或修改那些作为推理前提的公理性正义原则时，我们也需要以经验性的伦理判断为依据。通过在步骤 1 的检验，我们可以在制定公理清单时不必完全依赖于经济学家的内省，而是有较为可靠的经验依据。同时，在由步骤 2 返回步骤 1 即需要修改公理清单时，我们可以借由经验上的证据获知哪些公理化原则之间存在冲突，或者哪一个原则在伦理上不可接受为公理，而这些易引发冲突或在伦理上不可行的公理原则是需要优先删除或重新定义的。于是，实证社会选择在步骤 1 的功能相当于为社会选择的理论研究提供了有经验支撑的较为可靠的逻辑起点。

在原则上，实证社会选择能够在图 2-3 中的步骤 1 和步骤 4 分别检验公理前提的合理性和符合公理前提的分配机制的可行性，这一切都看上去很美。然而，实证社会选择的主要研究方法——问卷实验——是否具有学术上的合法性呢？在作为学科起点的 Yaari 和 Bar-Hillel（1984）中，两位作者坦言已经意识到将面对方法论的挑战。在首篇实证社会选择论文发表近 10 年后，两位作者对实证社会选择的方法论合法性有了更深入的思考和更有力的辩护（Bar-Hillel and Yaari，1993）。

实证社会选择想要通过问卷实验中的假设性问题来探知广大被试者的

伦理直觉,[①] 这种方法在心理学和语言学的实验中是非常普遍的。那么，对于研究分配正义等社会选择问题来说，通过问卷实验中的假设性问题来引出直觉化的伦理判断为什么在方法论上合理呢？这是因为，实证社会选择仅仅关注人们头脑中的伦理判断和正义原则，而不关注人们的实际行为是什么。实际行为不可避免地将被政治、经济、社会等方面的策略性考虑所污染，故人们的实际行为极有可能不同于他们认为应该做的选择。[②] 这相当于休谟的铡刀从反向实证社会选择版本。休谟的铡刀提出不能从应然判断推导出实然判断，而实证社会选择认为不能从人们的实际行为来总结人们应该怎样做出伦理判断。但是，应然与实然的差异并不会威胁实证社会选择的方法论合法性，因为实证社会选择恰恰是仅聚焦于应然问题，并希望依据应然的伦理判断和正义原则来纠正公共政策领域的实际行为和结果的偏差。

综上所述，实证社会选择的学术价值和方法论合理性在于：实证社会选择可以检验各种分配机制的伦理前提的合理性，同时也可以检验符合一定公理化伦理前提的分配机制的政策后果的可欲性，从而搭建起沟通社会选择的实然维度与应然维度的桥梁。基于假设性问题的问卷实验的方法论合理性则源于实证社会选择恰恰只关注被试者的主观伦理判断，而不在意他们在现实中的真实行为。与自身利益无涉的假设性问题正好最适于考察被试者的直觉判断，而一旦引入货币等激励因素反而会令被试者丧失中立的立场，导致其伦理判断偏离公道。

---

① Bar-Hillel 和 Yaari（1993）把实证社会选择的直觉性方法称为“经验哲学”（empirical philosophy）。传统的政治哲学研究中学者提出正义判断要依赖于其个人的直觉，实验相当于把直觉的来源极大地扩大化了。

② 多数被试者认为应该做出的选择可能不同于政治哲学家的设想。这种不一致性可能来自被试者的人口社会学特征，不过，其恰恰是实证社会选择工作的魅力之一。被试者做出的经验上的判断可以让关于分配正义的研究不再只能依赖于政治哲学家的演绎逻辑甚至是学者的合逻辑的空想。

二、实证社会选择研究综述

自 20 世纪 50 年代初社会选择这一学科产生之后，早期的实证研究非常罕见（Downs，1957），[①] 阿罗不可能定理和之后的若干不可得定理都以纯数理逻辑的推导为研究方法。社会选择研究领域偏重理论而忽略经验分析的倾向从 20 世纪 80 年代开始有了根本性的转变。很大程度上是受到罗尔斯在 1971 年发表的《正义论》的影响，[②] 经济学家自 20 世纪 30 年代的罗宾斯批判后重新燃起了对分配正义问题的兴趣。社会选择的研究者此时开始意识到，罗尔斯所提出的正义原则是可以纳入社会选择的理论框架的，且关于分配的正义原则的经验分析将为社会选择的发展带来新的契机（见图 2-3 及上文的分析）。

正如前面所讨论过的，实证社会选择兴起于 20 世纪 80 年代（Yarri and Bar-Hillel，1984；Frohlich et al.，1987），其致力于在经验维度上拓展 Arrow（1951/1963）所开创的社会选择的框架，从而将边沁（Jeremy Bentham）、哈萨尼（John Harsanyi）和罗尔斯等在政治哲学和福利经济学领域的工作实证化。实证社会选择近年来又涌现了大量的研究成果，其中以 Know（2003）、Gaertner 和 Schokkaert（2012）所提出的框架最有学术影响力，而在应用领域，Fleurbaey 和 Maniquet（2018）的综述则主要关注与最优所得税相关的实证社会选择的文献，以及其他关于分配正义的经济学研究。其中，Konow（1996）的研究主要关注“责任原则”（accountability principle）——个人是否应该为自己的现状负责，而 Gaertner 等（2002）、Gaertner 等（2007）和 Amiel 等（2009）的研究都以 Sen（1973）的平等公理（equity axiom）——罗尔斯的差别原则的一种变形——为中心。不约而

① Downs（1957）是作者在阿罗指导下撰写的博士论文。

② 这种影响在整个社会科学界都非常广泛和深远。自《正义论》发表后，所有与正义相关的讨论都要以罗尔斯的观点作为起点，即使你的观点与罗尔斯完全相左也不例外。政治哲学界戏称此文为“罗尔斯产业”（Rawls' industry）。

同地，实证社会选择的研究多数都按照斯密和哈萨尼所阐发的中立观察者的思路来设定被试者的身份。为了令被试者在选择时能够处于中立立场，Gaertner 等（2002）和 Gaertner 等（2007）设计了两个版本的问卷实验，Amiel 等（2011）还进而拓展了实验中被试者所处的立场的类型，进而考察不同立场对被试者决策的影响。

综合已有文献可知，“情景依赖”和“福利信息”两个方面构成了近年来实证社会选择的研究热点。

一方面，实证社会选择的研究证明了“情景效应”（contextual effect）或曰“情景依赖”（context dependence）的存在（Konow，2000，2003），从而在一定程度上可以解释正义原则的多元化（pluralistic）。“情景”在实证社会选择的文献中有两类含义：一种是从整体化的客观共性出发，将其视作被试者所处的文化、国家历史及政治经济情势（Gaertner and Schokkaert，2012）。另一种理解更强调被试者自身的个体化内容，如个人经历、个性及相应的各种心理因素（Konow and Schwettmann，2016）。

为了分析整体化的“情景”差异的影响，实证社会选择主要采用多期的跨国跨文化比较的方法。如 Gaertner 和 Jungeilges（2002）比较了西欧和东欧的大学生被试者的表现，发现两者之间存在非常显著的差异，东欧被试者对于保障基本需要和保护人权的重视程度远逊于西欧被试者。又如 Gaertner 和 Schwettmann（2007）以德国、奥地利和斯洛文尼亚的大学生为被试对象，开展了为期 15 年的持续研究发现：实验结果在不同国家之间有明显的文化差异，但在跨期结果上存在收敛性。

当我们考虑的是个体化的“情景”差异时，一种思路是考察人口学特征的影响力，另一种则是考察个体心理的影响。关于人口学特征（如性别、专业、年龄、种族乃至美貌程度）的影响，公认的观点是总体看影响力较弱，但是被试者的某些人口学特征的影响有时在统计上显著（Camerer，2003）。现有文献较多研究的是性别差异，一般发现男性更在意效率而非平等，女性更容易受情景变化的影响（Croson and Gneezy，2009）。还有一种个体化的“情景”定义基于心理学或行为科学层面，此时情景依赖的影响几乎等同于行为经济学中的框架效应（framing effect）。在 Kahneman 等（1986）关于商业伦理的研究中，作者发现当实际收入不变而只是名义收入发生了变化时，被调查者的公平感会有特别明显的落差，如此巨大的感知差异只能根据问题描述的框架的不同来解释（Teversky and Kaheman，1979）。

另一方面，从这一研究方向诞生以来一直延续的一条重要的学科发展路径是：实证社会选择证实了信息对于福利经济学视角下的伦理判断非常关键（Sen，1995，2009），并不断地对信息的内容进行深入挖掘。

首先，公平判断对于可获知的信息的类型（包括需要、口味、效率、贡献、所有权等）具有敏感性（Yarri and Bar-Hillel，1984；Gaertner and Schokkaert，2012）。当表示不同价值诉求的多种信息同时存在时，人们并不是只关注单一的信息，而是在多种价值诉求之间进行权衡取舍。随着情景不同，人们给各种价值诉求所赋予的权重会有所变化。

其次，公平判断关注与个人责任有关的信息（Cappelen et al.，2007；Konow，1996）。收入分配的决定因素可分为两种：一种个人可按照自身意愿控制的变量（discretionary variables），另一种则是不受个人控制的外生变量（exogenous variables）。当低收入源于可控变量，故个人应该为此负责时，多数人倾向于不支持再分配（Cappelen et al.，2013）。Fleurbaey 和 Maniquet（2010）认为，责任原则在实证社会选择的最初文献（Yarri and Bar-Hillel，1984）中已经有所暗含，因为人们需要为自己的口味（taste）负责。近年来的很多研究关注“责任”与其他目标的冲突，Faravelli（2007）发现，当效率源于不同的努力程度时，人们倾向于支持奖励生产率更高者，但当低生产率因残疾所导致时，最大最小原则得到最多的支持。Gaertner 和 Schwettmann（2007）将责任与基本需要联合起来考虑。他们区分了两类致残原因，一是天生残疾，二是后天从事危险运动。当残疾原因是后者时（此时残疾者需要为自己的现状负责），补贴的支持率明显下降。于是，责任原则——“应得”（desert）概念的一种形态——在实证社会选择的文献中被认为会显著影响人们的分配正义判断。

再次，由于多种信息同时影响人们的公平判断，故分配正义并不遵循任何的绝对化原则（如差别原则、平均主义、效率优先等），而是表现为一种折中状态——保障弱势者底线收入水平后的效率最大化（Frohlich et al.，1987；丁建峰，2010）。因此，虽然多数实证社会选择的实验都将被试者所处之状态设定为罗尔斯的“无知之幕”（Michelbach et al.，2003）或亚当·斯密—哈萨尼的中立观察者（Konow，2009），但得出的实际结果与理论上的理想化结果有明显差异（Amiel et al.，2011；汪毅霖，2015）。

综上所述，目前从实验内容、设计和采用的方法来看，实证社会选择的研究文献的特征可做如下归类（见表 2-1）。

表 2-1　实证社会选择文献的分类特征

实验内容	实验设计	典型文献
激励	无货币激励的准实验	Yaari 和 Bar-Hillel（1984）、Konow（1996）、Gaertner 和 Jungeilges（2002）
	有货币激励的标准实验	Frohlich 等（1987）、Konow（2000）、Cappelen 等(2013)
问题设置	被试者直接在具体的分配正义原则之间进行选择①	Frohlich 等（1987）、Cappelen 等（2007）、丁建峰（2010）
	被试者间接在各种分配方案之间进行选择②，这些方案各自代表了不同的正义原则	Yaari 和 Bar-Hillel（1984）、Gaertner 和 Schwettmann（2007）、Konow（1996）、Konow（2009）、汪毅霖（2016）
被试者	大学生	Yaari 和 Bar-Hillel（1984）、Konow（2000）、Amiel 等（2009）、Amiel 等（2011）
	非大学生	Dolan（2009）、Tsuchiya（2009）
	大学生与非大学生的混合	Konow（1996）、Konow（2001）
其他设置	行为经济学中的因素③	Konow（2000）、Konow（2001）、Gamliel 等(2006)、Gamliel 等（2010）
	被试者的人口学特征④	Frohlich 等（1987）、Michelbach 等（2003）、Gaertner 和 Schwettmann（2007）
	跨国的横向比较和/或跨时段的纵向比较	Gaertner 和 Jungeilges（2002）、Gaertner 和 Schwettmann（2007）、Rey-Biel 等（2011）

① 如最大最小原则，功利主义总和最大化原则，底线正义基础上的总和最大化原则，等等。
② 如效率、需要、信念、功德、应当、主张权等。
③ 如框架效应、参照系效应、门槛效应。
④ 如收入阶层、性别、年龄、意识形态。

由表 2–1 我们可以知道：实证社会选择的研究目前正呈现出一种“百花齐放，百家争鸣”的状态，在研究方法（包括实验内容和设计）上非常多元化。第一，在激励问题上分为“无货币激励”和“有货币激励”两种类型；第二，在问题设置上分为被试者直接选择正义原则和被试者间接选择分配方案两类；第三，在被试者的使用和招募上分为“大学生”“非大学生”和混合被试三种情况，非大学生的被试者可能来自公开招募，也可能来自随机电话抽样采访或网上问卷；第四，有限理性、有限自私、有限意志力等行为经济学因素被广泛引入讨论；第五，被试者的人口学特征，尤其是性别差异问题被作为情景依赖的一种类型被纳入讨论；第六，跨国的横向比较和跨时间的纵向比较被越来越多地采用。

除了上述与实证社会选择直接相关的文献外，我们还需要讨论关于不平等厌恶的问卷实验的研究工作，因为它们是本书第五章的文献基础。

自 Atkinson（1970）提出了含“不平等厌恶”的社会福利函数之后，一个随之而来的任务就是将此规范性的理论工作实证化，以便能够构建和优化“不平等厌恶”的经验测度方法。由于信息不对称和存在隐瞒真实偏好的动机，个人对于社会问题的偏好信息无法通过他们的行为显示，故测度不平等厌恶的一个直觉性的想法就是通过问卷实验来直接询问被试者。已有的问卷实验研究的理论基础都是 Atkinson（1970）的社会福利函数，且基本上都采用 Okun（1975）的“漏桶”（leaky bucket）模型。

在基于“漏桶”模型的不平等厌恶的问卷实验中，最早的工作来自 Glesjer 等（1977）和 Gevers 等（1979）。这两篇有共同作者的文献发现：随着被试者对高收入水平的越发关注，不平等厌恶的绝对量值和离散程度都会提高。但是，这两篇论文所设计的系数计算公式与其说是在测度不平等厌恶，不如说是在衡量不平等，因为文中的计算公式强调的是绝对收入水平的差异。

在不平等厌恶的问卷实验方法诞生的同时，也有很多经济学家采用了从一国的实际税收结构倒推不平等厌恶水平的方法。如 Stern（1977）按照“均等牺牲”（equal sacrifice）假设评估了英国的税收体系，发现英国社会的不平等厌恶水平在 2 左右。Christiansen 和 Jansen（1978）通过挪威的税收体系估计了其中隐含的社会偏好，认为挪威社会的不平等厌恶水平约等于 1。税收结构倒推法的理论假设是：税收结构是按照民主程序决定的，且民主程序的结果可以真实反映关于不平等厌恶的社会偏好。但是这种理论假设有严重的方法论问题：阿罗不可能定理（Arrow，1951，1963）早已证明：在满足几个公理性伦理假设的前提下，任何集体选择程序都无法得到逻辑一致的社会偏好。并且，很多非西方国家的公共政策决策过程与西方式民主制度有很大的不同。

随着世界范围内微观调查数据的日益增多，近年来又有经济学家基于主观幸福感和收入的函数关系，利用极大似然估计来测算一个社会的不平等厌恶系数（Laydard et al.，2008；Gandelman and Nernandez-Murillo，2014）。此类研究发现不平等厌恶水平在 1 左右或者在 1.19~1.34。微观计量在样本代表性上的优势是毋庸置疑的，但是这种方法不仅依赖于在计量模型上对函数关系的一些较强的假设，还存在另外一些理论疑点：第一，微观数据中的幸福感是再分配政策实施后的事后感受，而预期效用则是决定是否进行再分配的事前依据，所以用幸福感代表效用肯定是有偏误的。第二，微观调查数据不会为研究不平等厌恶专门设计问题，所以利用微观计量方法无法探知影响不平等厌恶的因素。

为了克服按照实际税收结构或微观调查数据推导时的方法论局限，经济学家在世纪之交再度开始广泛使用问卷实验的方法。[①] 在实验中，被试者往往处于中立观察者或无知之幕的假想状态，他们对分配调整过程中效率损失的容忍度可揭示其不平等厌恶水平。Amiel 等（1999）设计了一个“漏桶”实验，询问在一定数量的财富从富人向穷人转移时，被试者认为

① Clark 和 D'Ambrosio（2015）指出，相对于其他方法，实验可以更好分析关于不平等的态度的比较成分和规范成分。不平等厌恶系数值在不同实验中的估算结果之所以差异较大，原因有二：第一，不同的实验设计会令不一样的偏好（如对效率的关注或对平等的关注）更为显著；第二，改变收入分配的方式几乎无限，即使基尼系数等客观不平等指标的最终结果一致，从高收入者或者从中等收入者转移收入给低收入者对于主观不平等偏好的影响是完全不同的。

最高可接受的漏损率是多少。研究发现不同组的被试者的不平等厌恶水平的中位值仅在 0.1 和 0.22 之间。然而，之后的问卷实验研究所得出的结果与 Amiel 等（1999）中的结果相差很大。Johansson-Stenman 等（2002）让被试者想象他们是在替自己未来的孙辈做出选择。实验设计是给出一个初始的分配状态和一组备选的分配状态，诸备选状态的区别是收入差距越小的方案平均收入水平也越低。通过让被试者决定哪一个备选状态与初始状态在社会福利上等价，实验得出不平等厌恶水平的中位值在 2 和 3 之间。Carlsson 等（2005）试图引入彩票的设计来区分风险厌恶和不平等厌恶，发现不平等厌恶的中位值在 1 和 2 之间，仍然远高于 Amiel 等（1999）所得 0.1~0.22 的结果，反而接近于按照实际税收结构或利用微观计量方法所得出的结果。

Pirttlia 和 Uusitalo（2010）试图解释既有的实验结果的不一致，其认为结果的非一致性源于实验中特定环境的差异：Amiel 等（1999）设计的是一种“纯粹的漏桶情景”，实验中直接询问被试者在征税和转移支付过程中可接受多大的效率损失。Johansson-Stenman 等（2002）和 Carlsson 等（2005）采用的则是“收入分配的漏桶情景”，被试者在各种收入分配方案——各方案中平均收入水平越高则收入差距越大——之间展开平等与效率的权衡。显然，Amiel 等（1999）给出的是一种“显性漏桶”，Johansson-Stenman 等（2002）和 Carlsson 等（2005）所给出的则是一种“隐性漏桶”。实验设计上的这一差异会对被试者的选择造成影响，因为“显性漏桶”明显会带给被试者以更直观的损失感受。[①] Pirttlia 和 Uusitalo（2010）[②] 中的两

① 一个人可能会强烈支持通过税收等手段实现收入再分配，并愿意为此承担效率损失，但他可能不会同意在街头直接从富人身上拿走 100 元给穷人，并眼睁睁看着 100 元缩水为 50 元。

② 与上述研究广泛使用大学生为被试者不同，Pirttlia 和 Uusitalo（2010）使用的是以邮件调查方式采集的数据。采集邮件调查数据的目的是令数据集来源更加广泛，从而实验结果可以有更强的外部有效性。但是，这种数据采集途径也存在相应的方法论问题：一是回复率太低（45%），愿意回复邮件者存在自选择问题，故实验数据并不一定具有样本代表性；二是为了提高回复率，只能在邮件中设计很简单的问题，故实验设计向深度挖掘的潜力较为有限；三是什么样的人愿意参加问卷调查可能存在自选择的问题（比如说，可能具有某些年龄、性别和职业等个体特征的人更愿意参加调查，而其他特征的群体在调查中没有体现出足够的权重）。

个对照实验局的结果印证了之前的研究结论——在“（工资）收入分配的漏桶情景”下的不平等厌恶水平（中位值大于3）要显著远高于在“纯粹的漏桶情景”下的不平等厌恶水平（中位值小于0.5）。

关于不平等厌恶的问卷实验研究尚未回答的问题之一是“收入分配差距原因”的信息是否会影响不平等厌恶的系数值。欲在经验维度研究此问题，我们可以借助于实证社会选择（empirical social choice）的方法，具体的实验设计见本书第五章。

第三章 分配正义中的自我责任与价值冲突

第一节 问题提出

除几部论文集和后世学者整理的课堂讲稿之外，经济学鼻祖亚当·斯密一生只有两部重要的著作问世，一是1759年出版的《道德情操论》，二是1776年出版的《国富论》。如果稍嫌简化地概括的话，《道德情操论》可以视为主要研究社会正义问题，而《国富论》则聚焦于对经济效率的思考。于是可以说，经济学这门科学从其诞生之日起，其要解决的核心的公共政策主题就是如何在分配正义与经济效率这两大原则之间求得一种理想化的权衡，这一问题也许可以算得上是经济学的基本问题（汪丁丁，2014）。

然而，从20世纪30年代开始，关于分配正义这种伦理问题的讨论被从经济学中剔除了，经济学变成了一门工程技术性学科，只关注目的给定条件下的最优手段选择。经济学之所以发生这种研究主题的切换，从思想史轨迹上看是源于经济学自身长久以来的物理学崇拜，而直接推力则是罗宾斯关于基数效用论的批评，两者都可归结为经济学家欲让本学科变成一门硬科学的渴望（汪毅霖，2016）。

于是在“二战”后，经济学界对于分配正义的讨论一度贡献寥寥，与此相关的工作仅有社会选择理论（Arrow，1951，1963）、公共选择理论（Buchanan and Tullock，1962）和复兴功利主义的努力（Harsanyi，1953，1955）。经济学家变成了分配正义这一论域中的沉默者，让人几乎忘记了经济学原本脱胎于道德哲学。与经济学圈的状态完全相反，政治哲学界在“二战”后对分配正义问题进行了深入的研究，取得了以罗尔斯的《正义论》为代表的突出成果。大体而言，这些政治哲学研究成果从价值取向上可以分为两类：

第一种价值取向是以“需要”为研究主题。“需要”向来是政治和学术领域的左派所关注的对象。“二战”后，经济学家所感兴趣的关于“需要”的研究以罗尔斯、阿马蒂亚·森和西方马克思主义者的工作为代表。不同研究者对于“需要”的具体所指有不同的界定（代表性的有罗尔斯的基本物品标准和阿马蒂亚·森的基本能力标准），但根本的政策诉求都指向了基本需要上的平等。以“需要”为价值取向在马克思的思想中可以获得理论支持，在《哥达纲领批判》一书中，马克思提出在“共产主义的高级阶段”可以且应该实行按照“需要”分配——所谓“各尽所能，按需分配”。①

第二种价值取向是以“应得”为研究主题。关注“应得”的研究者一般来说会被视为学术界的右派或者说自由主义者。“二战”后，引起经济学家关注的关于“应得”的研究以诺奇克的《无政府、国家和乌托邦》为代表，布坎南自20世纪50年代开始的公共选择和立宪经济学研究也产生了巨大的影响。“应得”的研究一般来说会从起点正义和过程正义的角度讨论分配正义问题，认为如果收入的来源符合“获得的正义原则”（principle of justice in acquisition）和“转让的正义原则”（principle of justice in transfer），那么政府就没有理由加以干涉。关于“应得”的研究同样可以在马克思的《哥达纲领批判》中找到学术合法性的支撑。马克思认为在“共产主义社会第一阶段”，当“劳动所得”和“需求”发生矛盾时，应该

---

① [德] 卡尔·马克思：《哥达纲领批判》，中央编译局译，人民出版社1965年版，第14页。

坚持“按劳分配”，即多劳多得的应得原则。

随着实证社会选择研究在 20 世纪 80 年代的崛起，经济学家终于不再仅仅只是一个分配正义研究中的旁观者或至多是个批评者，而是开始扮演理论建设者和验证者的角色。在相关研究中，基于本学科的思想传统与学术训练，经济学家更为看重的是效率问题，或者说是分配正义与经济效率的关系。在“应得”与“需要”两种研究进路的两面夹击下，仍然有很多坚持功利主义原则的哲学家和经济学家在不懈地为功利主义进行辩护和修正，其中尤其是哈萨尼在 20 世纪七八十年代以后的工作在经济学界最具影响，而收入的功利主义观点可以直接转化为效率优先的主张。

另外，经济学家近年来的研究还尤其关注“责任原则”（accountability principle）。在实证社会选择领域，“责任原则”的含义是个人所获得的收入应当依赖于他能掌控的变量（如工作和学习的努力程度），而不应当依赖于那些他无从控制的变量（如天生的健康水平和先天智力）。换句话说，“责任原则”意味着个人需要对内生的变量负责，而无需对外生的变量负责（Know，1996，2000）。面对某个既定的收入分配格局，个人“责任”在其间所起的作用是无论右派抑或左派思想家都会加以认真对待的问题，只不过双方的态度截然相反：右派思想家强调个人需要对自己的行为负责，故劣势的收入状况可能是某个人“应得”的；左派思想家则关注“责任”问题的相反面，即个人不应该因自己无法控制的原因而陷于困境（森，2006），相关的原因可能是个体生理性的（如天生的残疾），也可能是社会性质的（如资本主义生产关系所造成的资本家对工人的剥削）。

基于晚近的实证社会选择领域的研究成果，我们将在本章中尝试讨论“效率”“应得”“需要”和“责任原则”这些实证社会选择文献中的核心概念在中国的应用。我们希望能够考察“责任原则”对于中国的大学生被试者在分配问题上的影响力，并且检验中国大学生被试者在同时面对“效率”“应得”“需要”等多项价值诉求时如何进行权衡取舍。

本章随后部分的结构安排如下：第二节是理论框架，我们将要回顾与收入分配正义有关的理论分析；第三节陈述实验设计，并提出待检验的假设；第四节将讨论实验所获得结果；第五节是小结和附录。

第二节 理论框架

对于评判一项公共政策尤其是分配政策来说，“柏格森—萨缪尔森社会福利函数”所能提供的信息并不充分。并且阿罗不可能定理证明，社会福利函数的实值形式是无法通过合理的集体决策程序获得的。于是，经济学家的一种常用处理方式是先假设一种类型的实值社会福利函数的存在，然后再去讨论该函数背后的经济效率和分配正义方面的意义。

最为常见的是边沁社会福利函数，其一般化的数学表达式为：

$$W_B = \sum_{i=1}^{n} \alpha_i U_i，其中 \sum_{i=1}^{n} \alpha_i = 1 \tag{3-1}$$

而在一个二人世界中（比如说亚当和夏娃），边沁社会福利函数的数学表达式则为：

$$W_B = \alpha_1 U_1 + \alpha_2 U_2，有\ \alpha_1 + \alpha_2 = 1，且\ \alpha_1 = \alpha_2 = \frac{1}{2} \tag{3-2}$$

上式经过正仿射变换后为：

$$W_B = U_1 + U_2 \tag{3-3}$$

另一种比较常见的函数形式是罗尔斯社会福利函数，其一般化的数学表达式为：

$$W_R = \min(U_1，U_2，\cdots，U_n) \tag{3-4}$$

而在一个二人世界中（比如说鲁滨孙和星期五），边沁社会福利函数的数学表达式则为：

$$W_R = \min(U_1，U_2) \tag{3-5}$$

由上述公式可知，边沁社会福利函数所计算出的福利水平是全部个体的效用值的算术加总，而每个人都具有等额的权重。罗尔斯社会福利函数是字典式（lexographic）函数，其只关注最不利者或曰最不幸人群的效用水平（这类人的权重为 100%），其他人的效用对社会福利不产生影响（权重为 0）。边沁社会福利函数和罗尔斯社会福利函数[①] 在分配正义方面的内含差异可以从图 3-1 中窥见。

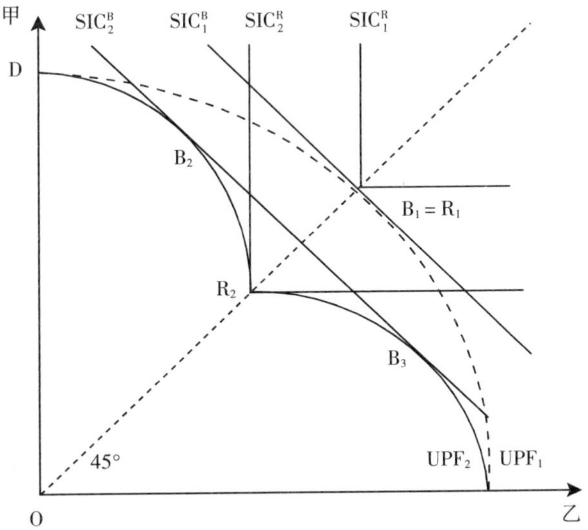

图 3-1　较小漏损与边沁和罗尔斯式再分配

在图 3-1 中，横轴和纵轴分别为个体乙和个体甲的效用水平，我们假设二人有同质的个人效用函数。UPF_1（用虚线表示）是理论上能够实现的最大社会效用的可能性边界。再分配的在经济效率上的副作用主要表现为

① 除了边沁和罗尔斯的社会福利函数外，另一种可能更常见的社会福利函数是纳什式的，其以 1994 年诺贝尔经济学奖获得者纳什（John Nash）命名。在二人世界中，纳什社会福利函数一般被写为 $W_R = U_1 \cdot U_2$。该函数与边沁式函数一样，可以满足每个人权重相等的性质。同时，该函数还有边沁式函数和罗尔斯式函数都不具备的特征，即纳什式函数的凸性（边际替代率递减）本身就表现了社会决策者对于不平等的厌恶程度。

“漏桶”（leaky bucket）效应。[①] 正是因为漏桶效应，再分配使 UPF_1 无法实现，内收后的社会效用可能性边界 UPF_2（用实线表示）才可确实达到。UPF_2 相对于 UPF_1 的内收部分表示源于再分配的漏损程度。仍然是在图 3-1 中，SIC^B 和 SIC^R 分别表示边沁社会福利函数和罗尔斯社会福利函数所对应的社会无差异曲线。前者反映了收入的功利最大化原则，后者则反映了“最大最小原则”或者说“差别原则”。

在再分配问题上，各类社会福利函数和相应的社会无差异曲线愿意承受的效率损失即漏损成本是有差异的。效率损失的承受力差别源于以边沁为代表的古典功利主义者只关注“收入不平等在形成总效用方面的无效率性（反映由于个人收入的不平等而造成的总效应的损失）”，而罗尔斯主义者除此之外还关注“收入不平等在导致效用不平等方面的不公平性（反映了源于与收入不平等相联系的个人效用不平等的社会福利损失）”。[②]

从图 3-1 可知，SIC_1^B 和 SIC_1^R 与在 UPF_1 上在同一个均衡点上相切（均衡点为 45 度线与社会效用可能性边界的交点），故有 $B_1 = R_1$。于是可知，若无再分配的效率损失，则边沁社会福利函数和罗尔斯社会福利函数会给出相同的最终分配方案。

在图 3-1 中，SIC_2^B 与 UPF_2 的切点为 B_2 和 B_3，当初始分配点为 D 点时

---

① 出现再分配漏损的原因可以是多方面的。例如，当向商品的交易征收间接税时，无论是消费税（消费者是名义上的税负承担者）还是销售税（生产者是名义上的税负承担者）都会造成消费者剩余和生产者剩余的净损失（两种剩余损失的比例由需求和供给的价格弹性决定），交易税的税率越高则社会剩余的净损失越大。或者，当直接向个人的收入征税时，会发生在工作和闲暇之间的替代（闲暇和收入一样具有正效用，政府却无法对其征税），当在社会大多数人的效用函数中闲暇的价值普遍偏大时，再分配的效率损失就会较大。政府在理论上当然可以试图去搜集相关的个人能力信息，并通过向潜在生产能力征税而获得一种理论上的无“奥肯漏损”（无静态效率损失）的税收收入。但是，搜集信息在实践中几乎无任何可行性：一则这类私人信息的搜集成本太高甚至是完全无法获得的；二则每个人（无论是高能力者还是低能力者）都有动机通过自我贬低的虚假汇报和显示自己的能力来少交税或多获得补助。这意味着以潜在工作能力为税基的税种并不会想当然地像对无供给价格弹性的物品征税一样不产生任何扭曲性的税收超额负担。所以，政府只能对支付能力（ability to pay）征税，而无法对赚取收入的能力（ability to earn income）征税，即征税对象只能是个人现实中赚得的实际收入，而不能是个人按照其能力所可能赚到的最高理论收入。

② [印] 阿马蒂亚·森：《论经济不平等/不平等之再考察》，王利文、于占杰译，社会科学文献出版社 2006 年版，第 96 页。

(意为全部财富归甲所有)，则再分配的均衡会在 B_2 点处实现。也就是说，当存在再分配的效率损失时，边沁社会福利函数会因为顾忌漏损而不愿意实施完全结果平等的再分配。从图 3-1 还可知，SIC_2^R 与 UPF_2 的切点为 R_2 点。按照边沁社会福利函数的标准，R_2 点的社会整体福利水平低于 B_2 点，而以罗尔斯社会福利函数计，R_2 点的社会整体福利水平反而高于 B_2 点。于是可知，罗尔斯社会福利函数对于分配结果的完全均等具有极强的敏感性，相反则对再分配的效率损失敏感性极弱（弱于边沁社会福利函数）。

图 3-2 与图 3-1 的差别在于再分配的效率损失在后者的情形下更高。从图 3-2 可见，边沁社会福利函数此时拒绝进行收入再分配，SIC_1^B 与 UPF_2 所构成的均衡点 B_2 与初始禀赋点 D 点重合。然而，罗尔斯社会福利函数仍然要求完全结果平等的再分配，此时均衡点仍在 45 度线上——为 SIC_1^R 与 UPF_2 所构成的 R_2 点。

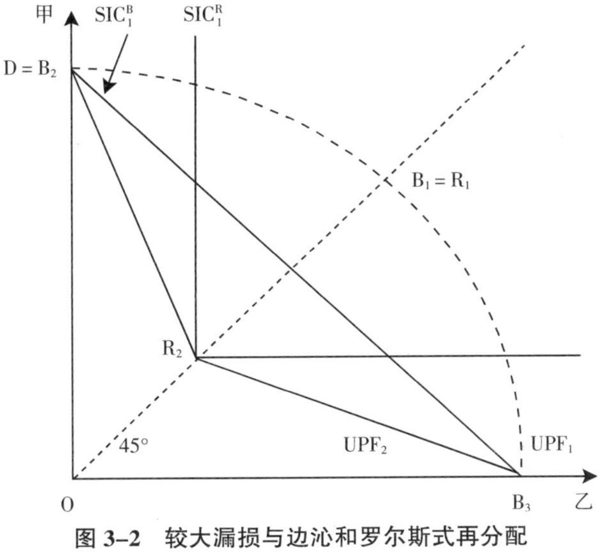

图 3-2 较大漏损与边沁和罗尔斯式再分配

图 3-3 超出了静态效率的范畴，描述存在动态效率（有经济增长）的情况，实线的 UPF_1 和虚线的 UPF_2 分别表示当期和下一期的社会效用可能性边界。

假设甲具备一种乙所没有的生产技能，他可以利用当期收入创造更多的未来收入流，① 则 E_1 点就是符合动态效率的分配状态。当再分配不会引起效率损失时，无论是边沁社会福利函数还是罗尔斯社会福利函数都会乐于在当期维持 E_1 点的初始分配。② 因为下一期的均衡 $B_1 = R_1$ 与较之当期的均衡 $B_2 = R_2$，以边沁和罗尔斯标准所测度的社会福利水平都要更高。

存在漏损会让分析变得略为复杂，尤其当 UPF_1 和 UPF_2 所对应的再分配效率损失有差异时。假设 UPF_1 存在较小的漏损，UPF_2 存在较大的漏损，此时边沁式 SIC_1^B 所达成的福利水平在两类漏损发生时相等（但是均衡点不同，分别为 B_3 和 B_5）；与此不同的是，由于 SIC_2^R（均衡点为 R_3）代表的社会福利水平大于 SIC_1^R（均衡点为 R_4），罗尔斯主义者会倾向于发生动态增长之前的社会状态。

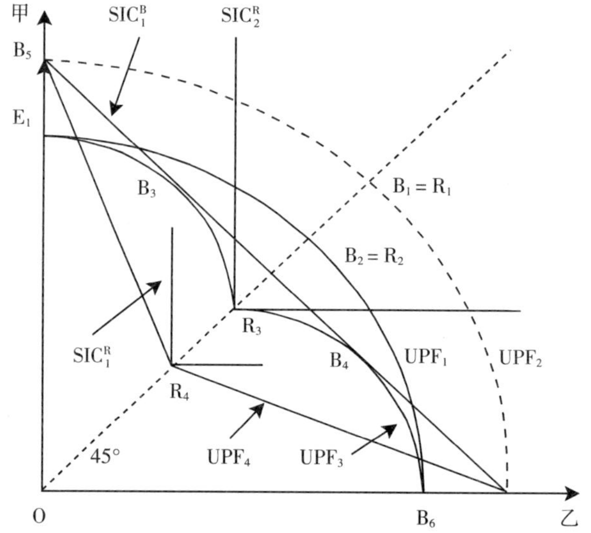

图 3-3 动态效率与再分配

① 为了简化分析，我们不考虑未来收入的贴现率问题，而简单的假设未来的一元钱与现在的一元钱等值。

② 对于罗尔斯主义者来说，由于暂时的不平等在下一期是有利于最弱势者的（通过再分配），所以 E_1 点是可接受的。

接下来，我们可借由图 3-4 来讨论“应得”对于分配正义的影响。在图 3-4 中，假设甲的收入来自劳动中的多做贡献，故可以视为体现了“应得”。此时，“应得”的影响在边沁社会福利函数中表现为甲在福利评估中占有更大的权重，对应于式（3-2）来说就是 $\alpha_1 >> \alpha_2$。由于这种权重上的变化，边沁主义者即使在再分配无漏损时也不会追求完全的结果平等，而在有效率损失时就会更加远离结果平等。但同时我们发现，罗尔斯主义者仍然将坚持绝对的结果平等。这并不奇怪，因为罗尔斯的理论原本就强调“需要”维度，而并没有纳入对“应得”的考量。在罗尔斯社会福利函数中，最不利者稳定地拥有 100%的福利权重，这一权重配置不会受到“应得”因素的影响。

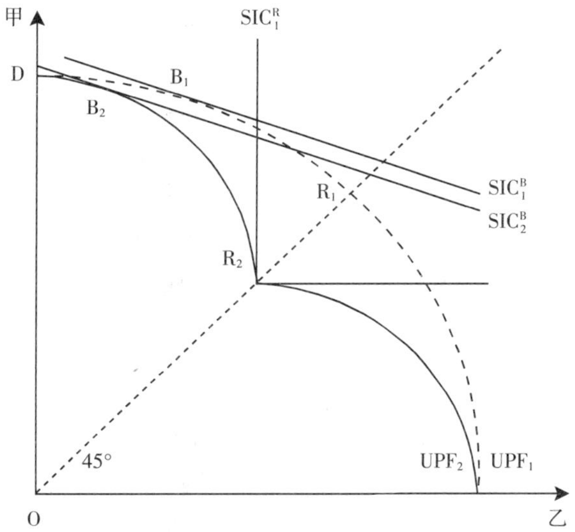

图 3-4　异质权重下的边沁式再分配

讨论完“应得”之后，我们下面可以借由图 3-5 来讨论“需要”因素将如何影响再分配。我们假设甲乙两人具有异质的效用函数，具体说即使乙所能达到的最高效用水平低于甲（见 UPF_2），在这种情况下，边沁社会福利函数的再分配均衡点为 SIC^B_2 与 UPF_2 的切点 B_2 点，罗尔斯社会福利函数的再分配均衡点则为 SIC^R_2 与 UPF_2 的切点 R_2 点。这意味着，当甲拥有比乙更高的效用上限值时，边沁主义者会让甲获得较高的效用，而罗尔斯主义者继续坚持要让甲和乙在（以效用衡量的）分配结果上平等，虽然这可能意味着极高额度的资源再分配。

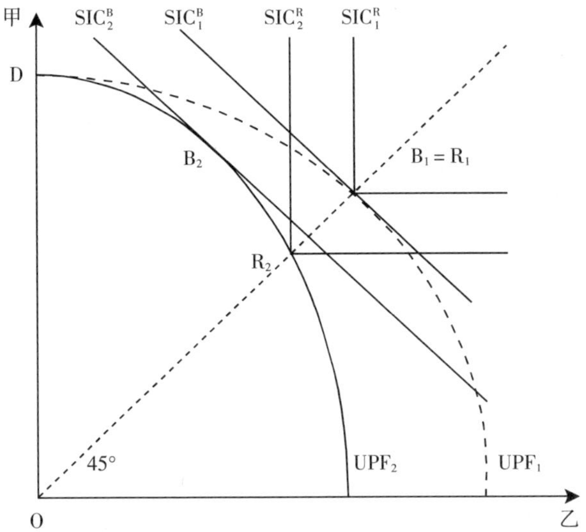

图 3-5　异质效用下的边沁和罗尔斯式再分配

最后，我们用图 3-6 来分析，当存在税收的拉弗曲线（Laffer curve）效应时，分配正义又会受到何种影响。从图 3-1 到图 3-5，罗尔斯主义者在再分配问题上始终坚持着完全的结果平等，但在图 3-6 中我们将看到，其实也存在着例外——从几何上说，拉弗曲线将令 SIC_1^R 与 UPF_1 所构成的均衡点偏离 45 度线。拉弗曲线意指税率与税收收入的关系呈倒“U”形，即税收收入随着税率的提高先上升再下降。于是，一味地为再分配而提高税率会同时降低富人（甲）和穷人（乙）双方的效用水平。前者效用下降是因为抽税导致可支配收入减少，后者的效用下降是因为对前者的过度抽税会令用于转移支付的税收收入总体降低，从而导致穷人在接受转移支付后的可支配收入也会减少。

由图 3-6 可知，由于拉弗曲线效应的影响，UPF_1 在接近 45 度线时凸向原点，表明再分配的深化会令甲乙双方同时受损。此时，SIC_1^R 与 UPF_1

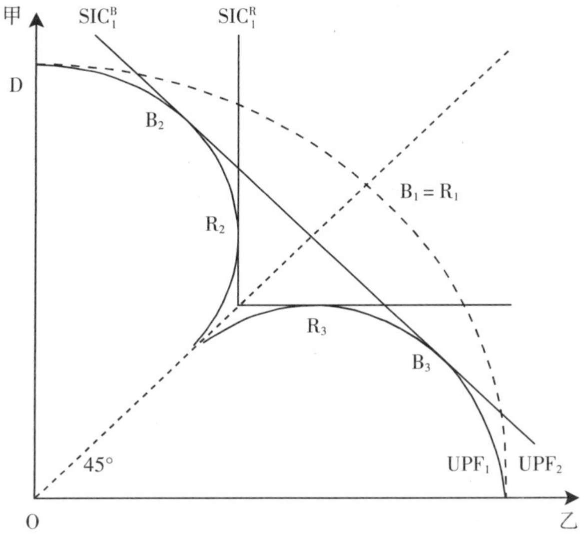

图 3-6 拉弗曲线下的边沁和罗尔斯式再分配

所构成的均衡点为 R_2，罗尔斯主义者不再坚持绝对结果均等原则。

总而言之，当再分配会引起各种类型的效率损失时，不存在任何社会福利函数可以给出关于分配正义的准确回答。“效率”“应得”“需要”等因素和“责任原则”的介入会更加复杂化分配正义的问题。

第三节 实验设计和待检验假说

本章的实验共由六个实验局组成，被试者（作为“中立观察者”）在每个实验局中都要回答一个相同的问题——在甲乙两者之间如何分配总额为 3 万元的财富。在每个实验局中都有一致的七种分配方案可供选择：方案①：甲分得 3 万元；乙分得 0 元；方案②：甲分得 2.5 万元；乙分得 0.5 万元；方案③：甲分得 2 万元；乙分得 1 万元；方案④：甲分得 1.5 万元；乙分得 1.5 万元；方案⑤：甲分得 1 万元；乙分得 2 万元；方案

⑥：甲分得 0.5 万元；乙分得 2.5 万元；方案⑦：甲分得 0 元；乙分得 3 万元。显而易见，从方案①到方案⑦，甲获得的收入越来越少，乙所获得的收入却越来越多。在方案④中，甲乙所得相等。

根据我们的实验设计，每名被试者只参加一个实验局。各个实验局之间的差异来自被试者所能获得的信息在内容和数量上的不同。也就是说，信息是我们的实验设计中的重要控制变量，而信息基础决定了不同类型的正义理论的内在差别（森，2002）。

在实验局 1~实验局 3 中，每个实验局要求被试者回答两个问题（每个问题实际上代表了独立的情景），[①] 实验局 4~实验局 6 只要求被试者回答一个问题。[②]

我们希望通过实验局 1 来检验“效率”的影响。被试者可以获得的信息是：第一，如果将当期收入更多分配给生产力较高的甲，就可以创造更多的未来收入的现金流；第二，甲较高的生产力在问题 1（情景 1）中源于年龄优势（个人无须负责），在问题 2（情景 2）中源于工作的努力（个人需要负责）。

我们希望通过实验局 2 来检验“应得”的影响。被试者可以获得的信息是：第一，可分配收入的大部分由乙所创造；第二，乙做出更多贡献在问题 1（情景 1）中源于天生的智力优势（个人无须负责），在问题 2（情景 2）中源于工作的努力（个人需要负责）。

我们希望通过实验局 3 来检验“需要”的影响。被试者可以获得的信息是：第一，乙的健康较差，故为了达到普遍的生活质量，乙需要消费比一般人更多的资源；第二，乙健康较差的原因在问题 1（情景 1）中源于

① 为了避免实验中的顺序效应（ordering effect），我们在实验 1~实验 3 中设计了 AB 两种问卷，AB 卷的差别在于颠倒了两个问题出现的先后顺序。

② 我们的问卷准实验中的问题都是所谓的“假设性问题”，而这并不意味着实验所得数据无效。例如，“当被试对象能运用直觉且没有特殊的激励去说谎时，假设性问题似乎很可行。当陌生人向我们询问时间时，几乎没有人会蓄意说谎”。当然，假设性问题有其可应用的限度，“期望得到考试或所得税作弊等问题的真实回答则是非常幼稚的”。（参见［美］理查德·萨勒：《选择心理学与经济学假设》，载［美］埃尔文·罗斯：《经济学中的实验室实验——六种观点》，聂庆译，中国人民大学出版社 2007 年版，第 104 页。）

先天的遗传学疾病（个人无须负责），在问题 2（情景 2）中源于放纵的私生活（个人需要负责）。

回顾以上介绍的实验局 1~实验局 3 可知，问题 1 和问题 2（情景 1 和情景 2）的实质区别在于“责任原则”是否被引入其中。在现有文献中，被试者的选择在多数情况下会支持责任原则（Know，2003）。借由对比实验局 1~实验局 3 中被试者在两个问题上的选择，我们希望考察其中的差别是否显著，从而可检验“责任原则”之于中国被试者的适用性。

在实验局 1~实验局 3 的基础上，我们还希望考察被试者在面对彼此冲突的价值诉求时是如何决策的，这要借由实验局 4~实验局 6 来完成。

在实验局 4 中，我们希望考察的是“效率”与“应得”的两难抉择。被试者所能获得的信息是将当期收入分给甲越多在未来就可创造越多收入，而乙则创造了现有的可分配收入的绝大部分。

在实验局 5 中，我们希望考察的是“效率”与“需要”的两难抉择。被试者所能获得的信息是将当期收入分给甲越多在未来就可创造越多收入，而乙则由于身体的原因需要消费比一般人更多的资源以维持普遍的生活质量。

在实验局 6 中，我们希望考察的是“应得”与“需要”的两难抉择。被试者所能获得的信息是甲创造了现有的可分配收入的绝大部分，乙则由于身体的原因需要消费比一般人更多的资源以维持普遍的生活质量。

从实验设计上看，本章的实验中的被试者是在被称为“中立观察者”的利益无涉的第三方立场下做出选择。中立观察者在为甲乙之间的分配做出抉择时，其身份类似于采用了上帝视角来求解社会总效应最大化问题。因此，就可以使用社会效用可能性（UPF）边界配合社会无差异曲线（SIC）来描述中立观察者求解这一最优化问题的过程，从而可以规避阿罗不可能定理所证明的在求解实值社会福利函数时的困难。正如我们在第一章的方法论部分所讨论过的，对于作为中立观察者的被试者来说，使用现金激励是不适当的。不过，我们在问卷实验中仍然会给被试者一个类似固定出场费的非货币形式的报酬——每位被试者在期末最终成绩（百分制）

中可以增加10分。

我们的问卷实验一共招募了549名被试者，其中女性占比为59.6%，城市户籍者占比为61.7%，班级干部和/或党员的占比为24.6%，参加过校内外公益活动者的占比为74.9%。根据被试者自己汇报的家庭收入情况，超过半数的被试者认为本人的家庭收入在五等分组中处于中间水平，其比例高达64.7%。所有被试者都是非经济管理类的大一本科生，全都未在课堂上学习过经济学知识。问卷实验的开展时间从2015年3月10日至13日，所有实验都在课堂上进行。在实验开始前，每名被试者会得到一份实验说明和一份实验问卷，实验组织者随后在教室中大声朗读实验说明。在通过测验确保所有被试者都理解了实验之后，实验正式开始。

根据上述实验设计、理论框架及相关文献，本章接下来将检验如下的理论假说：

假说1：个人在分配选择时重视“责任原则”，故人们的分配政策选择在“个人可以负责”和“个人无法控制”两类情况下有显著差异。

假说2：该假说包含三个相互关联的子假说，而每个子假说都包括两种竞争性的版本，分别为：

假说2a：在分配正义的判断中，“应得”信息的影响优先于“效率”信息；

假说2a′：在分配正义的判断中，“效率”信息的影响优先于“应得”信息。

假说2b：在分配正义的判断中，“效率”信息的影响优先于“需要”信息；

假说2b′：在分配正义的判断中，“需要”信息的影响优先于“效率”信息。

假说2c：在分配正义的判断中，“应得”信息的影响优先于“需要”信息；

假说2c′：在分配正义的判断中，“需要”信息的影响优先于“应得”信息。

假说 3：人们关于分配正义的判断会同时受到多种正义原理的影响，故信息基础（所表达的正义原则）的类型和数量的变化会影响人们的分配政策选择。

假说 4：个体特征尤其是性别差异会影响被试者关于分配正义的判断。

第四节　实验结果分析

被试者在实验局 1 到实验局 6 中的选择的基本情况如表 3–1 所示。

表 3–1　各个实验局中被试者的选择的比例分布

单位：%

	实验局 1		实验局 2		实验局 3		实验局 4	实验局 5	实验局 6
	情景 1	情景 2	情景 1	情景 2	情景 1	情景 2			
方案①	0.0	2.9	0.0	0.0	0.0	0.9	0.0	0.0	0.0
方案②	8.8	42.2	0.9	3.5	1.8	6.3	0.0	4.3	4.7
方案③	48.0	40.2	2.6	3.5	4.5	28.8	16.9	45.7	70.9
方案④	32.4	10.8	12.2	10.4	14.4	56.8	26.2	11.4	22.1
方案⑤	9.8	3.9	68.7	54.8	64.0	6.3	55.4	30.0	2.3
方案⑥	1.0	0.0	15.7	27.8	13.5	0.9	1.5	8.6	0.0
方案⑦	0.0	0.0	0.0	0.0	1.8	0.0	0.0	0.0	0.0

借由表 3–1，从各个实验局中被试者的选择的分布可知，信息的内容和数量的确会改变被试者在分配正义问题上的态度。

在实验局 1 的情景 1 中，方案③被选择的比率最高，且三种倾向于效率优先的方案（方案①、方案②、方案③）总计达到了 56.8%，从而可见被试者对于效率因素的较高敏感度。

在实验局 1 的情景 2 中，方案②被选择的比率最高，且上述三种倾向于效率优先的方案总计达到 85.3%，高于先前的 56.8%。由此结果可知，

“责任原则”扩大了“效率”因素的影响。

在实验局 2 的情景 1 中，偏向于应得的方案⑤被选择的比率最高，全部偏向于应得的分配方案（方案⑤、方案⑥、方案⑦）被选择的总比例为 84.4%。由此结果可知，被试者的选择敏感于“应得”。

在实验局 2 的情景 2 中，偏向于应得的方案⑤被选择的比率仍然最高，但占比从 68.7%下降为 54.8%，三种倾向于应得的分配方案（方案⑤、方案⑥、方案⑦）总计达到了 82.6%，也略有降低。由此结果可知，“责任原则”在涉及“应得”的情景中影响较弱。

在实验局 3 的情景 1 中，方案⑤（一种偏向于应得的分配方案），全部偏向于需要的分配方案（方案⑤+方案⑥+方案⑦）被选择的总比例为 79.3%。由此结果可知，被试者的选择敏感于“需要”。

在实验局 3 的情景 2 中，无明显倾向性的方案④所占的比例最高，三种倾向于需要的分配方案（方案⑤、方案⑥、方案⑦）总计仅为 7.2%，远低于之前的 79.3%。这说明，“责任原则”会在很大程度上对“需要”的敏感性产生负面影响。

由于实验局 1 到实验局 3 采用的是被试者内设计，故我们可以利用 Wilcoxon 符号秩检验来在统计上确认同一实验的情景 1 和情景 2 之间，是否存在被试者选择的显著差异。非参数检验的结果如表 3-2 所示。

表 3-2　相同实验中情景 1 和情景 2 的 Wilcoxon 符号秩检验

		情景 2		
		实验局 1	实验局 2	实验局 3
情景 1	实验局 1	-6.241^{***} (0.000)	—	—
	实验局 2	—	−0.648 (0.517)	—
	实验局 3	—	—	-8.206^{***} (0.000)

注：括号外为 Z 值，括号内为 p 值；***、**、* 分别表示在 10%、5%和 1%的水平上显著。下同。

由表 3–2 可知，除了在实验局 2 中被试者对于问题 1 和问题 2 的选择没有显著性差异外，其他各个实验局中被试者对于两个问题的选择都存在显著性差异，这也进一步证实了在“应得”维度上，“责任原则”并不明显影响人们的选择，而在“效率”维度和“需要”维度上，“责任原则”会显著影响人们的价值判断。

综合表 3–1 和表 3–2 的分析结果，我们得出：

结论 1：人们在做出分配方案的选择时对所能获得的信息的内容（如“效率”“应得”“需要”）具有敏感性。

结论 1 大体上可证实假说 1。但是，“应得”因素表现了非常强的稳健的影响力，因为除了在嵌入了“应得”因素的实验局外，“责任原则”都会对选择产生影响。

在实验局 4 中，倾向于应得的方案⑤被选择的比率最高。三种倾向于应得的分配方案（方案⑤、方案⑥、方案⑦）共计被选比率为 56.9%；相反，三种倾向于效率的分配方案（方案①、方案②、方案③）共计被选比率仅为 16.9%。所以可知，在“效率”与“应得”两种价值取向之间，被试者更倾向于“应得”。

在实验局 5 中，倾向于效率的方案③被选择的比率最高。三种倾向于需要的分配方案（方案⑤、方案⑥、方案⑦）共计被选比率为 38.6%；相反，三种倾向于效率的分配方案（方案①、方案②、方案③）共计被选比率为 50%。所以可知，在“效率”与“需要”两种价值取向之间，被试者更倾向于“效率”。

在实验局 6 中，倾向于应得的方案③被选择的比率最高。三种倾向于需要的分配方案（方案⑤、方案⑥、方案⑦）共计被选比率仅为 2.3%；相反，三种倾向于应得的分配方案（方案①、方案②、方案③）共计被选比率高达 75.6%。所以可知，在“应得”与“需要”两种价值取向之间，被试者更倾向于“应得”。

根据上述分析，我们得出：

结论 2：在影响被试者关于分配方案的选择的价值因素中，“应得”

的影响超过了“效率”，而“效率”的影响又高于“需要”。

结论 2 证实了假说 2a、假说 2b 和假说 2c。

我们接下来将在情景 1 和情景 2 下，使用 Mann-Whitney U 检验来分析在实验局 1~实验局 3，被试者的选择是否有显著差异。借此，我们方可了解“效率”“应得”“需要”三个价值维度的影响的异同程度（见表 3-3）。

表 3-3 实验局 1~实验局 3 的 Mann-Whitney U 检验

		情景 1			情景 2		
		实验局 1	实验局 2	实验局 3	实验局 1	实验局 2	实验局 3
情景 1	实验局 1	—	−4.175*** (0.000)	−3.319*** (0.001)	—	—	—
	实验局 2	—	—	−0.706 (0.480)	—	—	—
	实验局 3	—	—	—	—	—	—
情景 2	实验局 1	—	−3.681*** (0.000)	−3.940*** (0.000)	—	−2.416** (0.016)	−10.766*** (0.000)
	实验局 2	—	—	−1.734* (0.083)	—	—	−10.222*** (0.000)
	实验局 3	—	—	—	—	—	—

注：在对实验局 1~实验局 3 进行 Mann-Whitney U 检验时，按照实验内容的原初设计，我们对被试者在实验局 2 和实验局 3 的选择做了反向替换（如将所选的“方案⑦”视同为“方案①”，以此类推），变为相当于都是以“甲”为分析中心的回答（等同于对问卷中甲和乙的身份做了互换）。

由表 3-3 可知，只有在情景 1 中的实验局 2 和实验局 3，被试者的选择不存在显著性差异。此外，其他所有实验局之间的比较都存在显著性差异，这表明介入的价值因素的差异的确会导致被试者有显著差异的分配正义判断。

与表 3-3 中的思路类似，我们还可以使用 Mann-Whitney U 检验来分析单一价值信息的实验局（实验局 1~实验局 3）和复合价值信息的实验局（实验局 4~实验局 6①）之间是否存在结果上的显著差异（见表 3-4）。借

① 我们在实验局 4~实验局 6 中设计的都是个人无须负责的情景。

此，我们可以探讨价值信息的多样化将产生何种影响。

表 3-4　实验局 1~实验局 3 和实验局 4~实验局 6 的 Mann-Whitney U 检验

		实验局 4	实验局 5	实验局 6
情景 1	实验局 1	-6.475*** (0.000)	-2.453** (0.014)	—
	实验局 2	-4.687*** (0.000)	—	-11.557*** (0.000)
	实验局 3	—	-5.605*** (0.000)	-10.837*** (0.000)
情景 2	实验局 1	-9.138*** (0.000)	-6.845*** (0.000)	—
	实验局 2	-4.861** (0.000)	—	-10.710*** (0.000)
	实验局 3	—	-1.135 (0.256)	-4.788*** (0.000)

通过表 3-4 可知，除了实验局 3 中被试者在情景 2 下的选择与在实验局 5 中的选择没有显著性差异外，实验局 1~实验局 3 中被试者在两类情景下的选择与实验局 4~实验局 6 中被试者的选择都存在显著性差异，表明单独价值维度和复合价值维度的选择结果之间的差异都是显著的。这意味着不同价值维度之间确实存在冲突，且价值维度间的竞争会显著影响人们对于分配正义的判断。于是综合表 3-3 和表 3-4 的结果，我们得出：

结论 3：人们的选择会同时受到多种价值维度或曰正义原则的影响，从而接收到的信息的类型和多寡会极为明显地左右人们的判断和决策。

结论 3 基本上支持假说 3。

下面，我们通过回归方程考察在实验局 1 到实验局 3 中，被试者的个体特征是否影响了他们在分配正义问题上所做的选择。在我们的回归方程中，因变量是被试者所选择的分配方案；自变量包括性别（sex）、独生子女（B&S）、城乡户籍（household）、问卷调研的参与经验（experience）、班级干部和/或党员身份（P&O）、社团活动（community）、志愿者活动（volunteer）、主观估计的家庭收入水平（income）、对于均等化分配的态度

(distribution)。结果如表 3-5 所示。

表 3-5　对实验局 1 到实验局 3 的被试者个体特征的排序 Logit 回归

	实验局 1		实验局 2		实验局 3	
	问题 1（无责任）	问题 2（有责任）	问题 1（无责任）	问题 2（有责任）	问题 1（无责任）	问题 2（有责任）
性别	0.635 (0.327)	1.095 (0.844)	0.398* (0.078)	0.707 (0.462)	1.403 (0.469)	1.012 (0.978)
独生子女	0.848 (0.760)	1.145 (0.796)	1.456 (0.400)	0.805 (0.596)	0.736 (0.555)	1.186 (0.747)
城乡户籍	0.933 (0.899)	3.274** (0.028)	0.546 (0.201)	1.453 (0.399)	1.489 (0.464)	0.555 (0.300)
问卷调研的参与经验	1.059 (0.886)	1.076 (0.854)	1.693 (0.278)	0.897 (0.799)	1.716 (0.225)	1.518 (0.330)
班级干部和/或党员身份	0.996 (0.994)	1.654 (0.350)	2.978* (0.071)	2.073 (0.210)	1.098 (0.832)	0.972 (0.946)
社团活动	0.553 (0.454)	2.987 (0.123)	1.960 (0.502)	1.208 (0.839)	10.136** (0.031)	2.060 (0.528)
志愿者活动	0.616 (0.274)	0.593 (0.248)	1.044 (0.902)	0.876 (0.753)	0.791 (0.648)	0.444 (0.102)
主观估计的家庭收入水平	1.236 (0.522)	0.898 (0.733)	1.295 (0.518)	1.430 (0.339)	1.089 (0.812)	1.296 (0.472)
对于均等化分配的态度	0.766 (0.314)	0.957 (0.863)	1.150 (0.550)	1.068 (0.759)	0.619* (0.080)	1.065 (0.791)
LR chi2	5.79	11.53	14.45	7.51	11.81	7.75
Prob>chi2	0.761	0.241	0.107	0.584	0.225	0.560
Pseudo R^2	0.024	0.047	0.067	0.028	0.048	0.031

注：为了方便解释回归结果，我们汇报的是几率比而非系数，括号内为 Z 值。下同。

从表 3-5 可知，从整体来看，仅有少数的变量在个别实验局中影响被试者的选择，其他变量的影响并不显著。从各个实验局来看：第一，在实验局 1 中，各变量并不显著影响被试者对于问题 1（无责任）的选择，"户籍"因素在问题 2（有责任）的回归中显著，表明在涉及"责任"原则时，"户籍"会显著影响被试者的分配选择。第二，在实验局 2 中，

“性别”和“班级干部和/或党员身份”2个因素显著影响被试者在问题1中（无责任）的选择，当涉及“责任原则”时，各变量对于被试者的选择并没有产生显著影响，这表明“责任原则”的引入减弱了个体特征因素的影响。第三，在实验局3中，“社团活动”和“对于均等化分配的态度”两个变量在问题1（无责任）的回归中显著，加入“责任原则”后，各变量的影响依然都不显著。

我们在用相同的方程来讨论在实验局4到实验局6中，被试者的人口学特征是否存在显著影响，回归结果如表3-6所示。

表3-6　对实验局4~实验局6的被试者个体特征的排序Logit回归

	实验局4	实验局5	实验局6
性别	3.319 (0.113)	0.685 (0.442)	0.242** (0.029)
独生子女	1.713 (0.395)	1.132 (0.821)	2.412 (0.170)
城乡户籍	2.041 (0.337)	0.328* (0.055)	1.376 (0.622)
问卷调研的参与经验	1.490 (0.466)	1.510 (0.520)	0.976 (0.968)
班级干部和/或党员身份	0.780 (0.668)	0.371* (0.098)	1.032 (0.953)
社团活动	0.256 (0.316)	0.178 (0.411)	0.615 (0.652)
志愿者活动	0.901 (0.858)	0.763 (0.629)	0.993 (0.992)
主观估计的家庭收入水平	0.233** (0.013)	1.470 (0.391)	0.982 (0.970)
对于均等化分配的态度	0.940 (0.830)	0.913 (0.718)	0.737 (0.333)
LR chi2	10.38	12.36	12.12
Prob>chi2	0.301	0.194	0.207
Pseudo R^2	0.077	0.067	0.087

从表 3-6 的结果可知，与表 3-5 的结果类似地仅有少数变量对被试者的选择具有显著影响，即“家庭收入水平”在实验局 4 中影响显著，“城乡户籍”和“班级干部和/或党员身份”在实验局 5 的回归中显著，“性别”在实验局 6 中影响显著，除此之外的其他个体特征都不产生显著影响。于是我们得出：

结论 4：除“家庭收入”“城乡户籍”“班级干部和/或党员身份”“性别”等因素外，其他个体特征对于被试者选择的影响不显著，且有显著影响的变量在不同实验局中也不一致。

第五节 小 结

本章中的问卷实验告诉我们：“效率”“应得”“需要”和“责任原则”等方面的信息都会显著改变人们对于应该如何分配的判断。当在实验局中引入了关于个人责任的信息时，新的信息会与“效率”“应得”“需要”等价值诉求一道影响人们的分配正义观念。如果在实验局中发生了多种价值诉求共存的情况，则被试者权衡取舍的顺序是将弱势者的“需要”排在了末位。

本章的上述实验结果具有一定的政策含义：

第一，效率（以经济增长来衡量）不是人们唯一重视的目标，甚至不是最受重视的目标。当分配正义与经济效率之间存在潜在的冲突时，人们的价值判断不一定会倾向于效率。被试者在本章实验中的表现说明“应得”就是比“效率”更为重要的价值准则。于是，在中国特色社会主义的新时代，经济从高速发展转向高质量发展对实现人民对美好生活的向往是有利的，因为高质量发展包含了更为丰富的发展理念，有机会满足人民群众更多层面的价值诉求。

第二，当收入差距来自个人生产贡献的不同时，多数人是可以接受的。

这说明，如果处于中立观察者的位置，那么“应得”就会是一类关于分配正义的重要价值标准。改革开放以来，党和政府在分配领域一直强调以按劳分配为主体，实际上就是一种应得观念的反映。在现阶段，继续鼓励人们通过自身的勤劳智慧致富仍然符合主流价值观，仍是值得宣导的有利于现代化建设的理念。在引入了“责任原则”的背景下，“责任”与“应得”两者会彼此加强，即如果是因为个人努力等原因获得了更强的生产能力，再通过辛勤工作而致富，那么这种高收入在伦理层面就有很强的可接受性。

第三，在独立出现时，“需要”因素会显著影响人们在分配问题上的选择。但是，一旦与“应得”和“效率”两个价值维度放在一起比较，“需要”就成为末位的价值诉求，其影响变得不再显著。另外，当“责任”因素被引入实验情景时，人们倾向于不支持因个人不负责任所导致的更高资源需要。这可能表明在中立观察者的立场上，中国被试者比较欢迎的是能够促进经济繁荣的价值因素。在我们的实验设计中，“应得”和“效率”都有利于生产的发展。然而，随着老龄化的日益加剧、多孩照料问题的逐渐突出以及福利水平的“棘轮效应”日渐显著，“需要”在分配领域的政策影响力可能会表现出增强的趋势。怎样处理好尽力而为和量力而行之间的关系将是未来很重要的一项公共政策命题。

本章的研究只讨论了与再分配有关的多元价值观或者说多种正义原则的交互作用，而尚未回答当这些价值观共同作用于实际分配政策时，人们会更倾向于结果均等、机会均等还是某种折中方案，这将是下一章的研究主题。

本章附录　实验问卷

欢迎参加我们的调查，您要回答的是关于财富分配的问题。请独立回答，不要互相议论。现在共有 3 万元的财富要在甲和乙之间分配，存在 7

种可能的分配方案：

分配方案①：甲分得3万元；乙分得0元

分配方案②：甲分得2.5万元；乙分得0.5万元

分配方案③：甲分得2万元；乙分得1万元

分配方案④：甲分得1.5元；乙分得1.5元

分配方案⑤：甲分得1万元；乙分得2万元

分配方案⑥：甲分得0.5万元；乙分得2.5万元

分配方案⑦：甲分得0元；乙分得3万元

请仔细阅读并回答下面的问题。

实验局1中的问题

问题1：由于年龄的差异，甲在未来可以比乙更有效率地使用所获得的财富，所以将财富分配给甲对未来生产的贡献更大。请问，您倾向的分配方案是？

问题2：由于工作努力程度的差异，甲在未来可以比乙更有效率地使用所获得的财富，所以将财富分配给甲对未来生产的贡献更大。请问，您倾向的分配方案是？

实验局2中的问题

问题1：甲和乙的工作的努力程度一样，但是乙之前的工作能力更强，所以待分配的3万元财富中的绝大多数是乙的工作的贡献。请问，您倾向的分配方案是？

问题2：甲和乙的工作能力相同，但乙之前的工作的努力程度是甲的两倍，所以待分配的3万元财富中的绝大多数是乙的工作的贡献。请问，您倾向的分配方案是？

实验局3中的问题

问题1：由于先天（如遗传学疾病）的原因，甲的身体健康较好，乙的身体健康较差，所以要接近正常人的生活质量，乙需要消费尽可能多的财富。请问，您倾向的分配方案是？

问题2：由于后天的原因（如乙生活较为放纵），甲的身体健康较好，乙的身体健康较差，所以要接近正常人的生活质量，乙需要消费尽可能多的财富。请问，您倾向的分配方案是?

实验局 4 中的问题

由于年龄的差异，甲在未来可以比乙更有效率地使用所获得的财富，所以将财富分配给甲越多，对未来生产的贡献越大。同时，甲和乙的工作的努力程度一样，但是由于乙之前的工作能力更强，所以待分配的 3 万元财富中的绝大多数是乙的贡献。

问题 1：请在 7 种分配方案中，选择您最为倾向的分配方案。

实验局 5 中的问题

由于年龄的差异，甲在未来可以比乙更有效率地使用所获得的财富，所以将财富分配给甲越多，对未来生产的贡献越大。同时，由于先天的原因，甲的身体健康较好，乙的身体健康较差，所以要接近正常人的生活质量，乙需要消费尽可能多的财富。

问题：请在 7 种分配方案中，选择您最为倾向的分配方案。

实验局 6 中的问题

甲和乙的工作的努力程度一样，但是甲之前的工作能力更强，所以待分配的 3 万元财富中的绝大多数是甲的工作的贡献。同时，由于先天的原因，甲的身体健康较好，乙的身体健康较差，所以要接近正常人的生活质量，乙需要消费尽可能多的财富。

问题：请在 7 种分配方案中，选择您最为倾向的分配方案。

第四章　何种共享发展：结果均等还是机会均等

第一节　问题提出

党的十九大强调要坚持共享发展，提出“保证全体人民在共建共享发展中有更多获得感，不断促进人的全面发展、全体人民共同富裕”。“共享”是社会主义社会发展的出发点和落脚点，是发展的价值归宿和本质目标。党的十八届五中全会首次提出“共享发展”（shared development）的理念，其寓意广大人民群众要共享改革发展的成果。从经济思想史的角度看，“共享发展”反映了经济学中的伦理传统（森，2000），古典经济学大师李嘉图（David Richard）和小密尔就将“分配”视为经济学的首要主题。虽然现代主流经济学排斥价值判断，但很多经济学家和政治哲学家仍然关注分配正义，这就在学脉上延续了对于经济发展成果的共享问题的关照。

当今与共享发展相关的典型研究包括：罗尔斯利用“无知之幕”这一代表性设置推导出了“正义二原则”；哈萨尼借助亚当·斯密所开创的“中立观察者”视角恢复了经济学中的古典功利主义传统；罗尔斯的“基本物品”和森（Amartya Sen）的“能力”对福利度量尺度的发展；森（2012）在批判罗尔斯的先验正义原则的基础上，提出了拒绝明显的非正义的经验主义正义观；以及迪顿（Angus Deaton）受森的影响所做的经验研究；等等。这些研究的共同点是从社会公平正义而不是单纯的资源配置效率出发来思考公平与效率的关系，即关注“共享发展”。

国内学者对“共享发展”或类似概念的研究更具中国特色。林毅夫等（2008）将亚洲开发银行最先提出的“inclusive growth”译为“共享式增长”，从而较早在中文语境下提出了“共享”的概念。杨春学（2009）证明在发展过程中每个人都会表现出两种社会偏好，一是对制度安排的公平偏好，二是对再分配的社会偏好。朱玲（2013）讨论了“作为自由的发展”的理念及其量化表达，并以此为基础分析了中国特色的发展评估指标的构建问题。国外的相关研究虽然以规范分析为基础，但也进行了大量的经验研究（迪顿，2015；森和德雷兹，2015）。与之相比，国内研究在实证分析上则有明显不足。

从理论上分析，“共享”可以有两种解读，一是发展结果的共享，即结果均等，二是发展机会的共享，即机会均等。[①] 在发展要以人民为中心的导向下，“共享”的具体指向应该是什么——到底应该聚焦于结果均等、机会均等抑或两者的某种组合——是一个社会选择的实证问题。为了从经验上分析这一问题，我们的工作将不采用传统的微观实证或宏观实证的方法，而是基于实证社会选择方法，通过问卷实验来丰富对于“共享发展”的实证研究。

本章接下来的结构如下：第二节将讨论基于“共享”视角分析结果均等和机会均等时的理论基础；第三节是实验设计，说明实验所采用的方法和需要通过实验结果来检验的假说；第四节是对实验结果的分析；第五节是小结和附录。

① 中央文件中对于“共享发展”的解释强调了“共创”的考虑。我们认为，“共创”的可能性很大程度上取决于“机会均等”。

第二节　理论框架

现代主流的福利经济学的代表性方法是柏格森—萨缪尔森社会福利函数，其在福利分析上基于的是序数效用论，从而以（可满足序数效用论的）帕累托最优这一效率标准作为研究中心。根据福利经济学第一基本定理，帕累托最优可以不考虑分配正义问题，一个完全不具有“共享发展”属性的分配状态照样可以是有效率的。但放弃对于“共享”的关注可能危害社会的和谐稳定，根据福利经济学第二基本定理，任何一种帕累托最优状态都可以通过对初始资源的重新配置实现，这无异于是让社会重新洗牌。更麻烦的是，20 世纪 50 年代初，“阿罗不可能定理”（也称福利经济学第三基本定理）证明了任何集体选择的规则都无法将不可比较的序数的个人偏好集结为无逻辑矛盾的社会偏好，从而就无法在多个帕累托最优状态及其代表的分配结果中确定一个唯一的至善选择。

为了破解福利经济学的危机，Arrow（1951/1963）暗示并由 Harsanyi（1953，1955）给出了正式证明的一个解决思路是借由斯密所开创的“中立观察者”模型，重新确立边沁的古典功利主义社会福利函数在福利经济学中的正统地位。

社会福利函数（Bergson，1938；萨缪尔森，2006）的标准化形式为：

$$W = f(U_1, U_2, \cdots, U_n) \tag{4-1}$$

除了极端的种族主义或强人崇拜的例外，符合社会正常伦理准则的社会福利函数一定满足：

$$\frac{\partial W}{\partial U_i} = \alpha_i > 0，其中\ i = 1,\ 2,\ \cdots,\ n \tag{4-2}$$

在式（4-2）中，α_i 为个体在社会福利函数中的权重。哈萨尼指出，根据中立观察者模型，α_i 的取值取决于中立观察者们的集体偏好。利用我们的同理心可知，中立观察者所赋值的权重 α_i 必然会受到决定初始收入分配的原因的影响，公平合理或相反的原因将左右权重值。

进一步，精确的社会福利函数最典型代表是边沁的社会效用总和最大化，基于收入分配方案 x 和造成收入分配的原因 y，边沁式社会福利函数可以用公式表示为：

$$W(x, y) = \sum_{i=1}^{n} \alpha_i(y) U_i(x), \text{其中} \sum_{i=1}^{n} \alpha_i = 1 \tag{4-3}$$

在一个二人世界中，式（4-3）可以简化为：

$$W(x, y) = \alpha_1(y) U_1(x) + \alpha_2(y) U_2(x) \tag{4-4}$$

故在一个由甲和乙两个人组成的世界中，当中立观察者站在社会福利最大化的立场做出集体决策时，权重 α_i 在收入再分配方案的选择中会起到决定性作用。于是，关键问题转换成对于 α_i 的决定因素 y 的讨论。

y 对 α_i 的决定是一个价值判断问题，其中的集体偏好（价值倾向性）是可以给出理论分析以及相应的假说的。经济学家如布坎南（James Buchanan），以及政治哲学家如罗尔斯和德沃金（Ronald Dworkin）等都讨论过造成收入分配不均等的原因。大体上可分为两类原因：一是外生的个体无法控制和不该负责的因素，如运气（luck）和出身（birth）；二是内生的个人可以控制和需要负责的因素，如选择（choice）和努力（effort）。理论上认为，对于前者，人们有充分的理由感到厌恶；而对于后者，人们的态度则理应较为宽容（布坎南，1989）。

这样一种二分法观点可以追溯到亚里士多德的伦理学传统，在他的“公道”（equity）理论中，“公平”（fairness）结果代表着与某类个体表现“相称”（proportionality），而不是绝对的平均（equality）。于是一个显然的推论是，如果贫富差距是由个人不可控的因素所导致的，那么在社会福利函数中，每个人的权重 α_i 应该趋于相等，这导致要求均等化的再分配；反之，如果贫富差距是由个人可控的因素所导致的，那么在社会福利函数中，每个人的权重将是各异的（努力程度高者的相对权重应该更大），从而再分配的均等化偏好会较弱。

每个人在社会福利函数中的相对权重的变化会对收入分配的集体偏好产生影响，其可以用图 4-1 更清晰地表示。

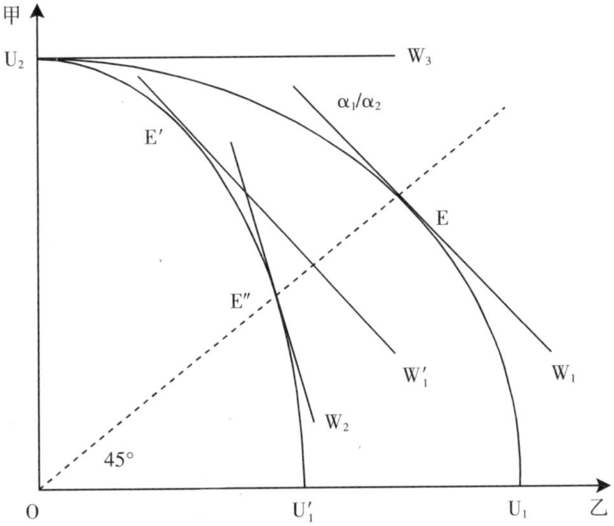

图 4-1　分配与社会福利

在图 4-1 中，中立观察者所审视的是一个由甲乙两个人组成的社会。乙的效用用 U_1 表示，甲的效用用 U_2 表示。在初始状态下，分配状况为甲占有全部收入。于是必然有社会效用可能性前沿 U_1U_2，其代表在完全竞争状态（帕累托最优条件）下甲和乙能达到的最高效用水平的组合的轨迹。柏格森—萨缪尔森社会福利函数为式（4-4）的线性函数，其在效用二维空间中的几何表示为 W_1、W'_1、W_2 和 W_3。W 的斜率为两个人的社会福利函数权重之比 α_1/α_2。

在再分配无效率损失的情况下，如果两个人在社会福利函数中的权重相等且假设两个人的效用函数相同，则应该采用完全结果均等的收入再分配方案，即 W_1 与 U_1U_2 相切于 45 度线上的 E 点，此均衡点为按照集体偏好选定的唯一的社会福利最大化的状态——可称之为“极善点”（bliss point）。

如果再分配存在效率损失，即实际的社会效用可能性前沿为 $U_1'U_2$，[①]那么当两个人在社会福利函数中的权重相等时，社会福利最大化也不再与完全结果均等的收入再分配方案一致。此时，除非穷人乙的社会福利权重远大于富人甲，才有 W_2 与 $U_1'U_2$ 相切所表示的完全结果均等化再分配（如均衡点所示 E″）。一般来说，两个人的社会福利的相对权重不变（α_1/α_2 不变），但社会福利函数线从 W_1 移动到 W_1'，社会福利最大化的均衡点为 E′。

一个比较极端的情况是，如果富人甲占有全部收入具有“应得”（desert）的属性，或者说收入是通过社会普遍赞同的方式获得的（所谓君子爱财，取之有道），而穷人乙的贫困则源于自我放任和堕落。那么，甲在社会福利函数中的权重有可能远高于乙（用线性社会福利函数 W_3 表示），则社会可能不会要求进行收入再分配，或者再分配时要求甲向乙的转移支付极少。反之则相反，起点上的非正义可能会引起反对的呼声，从而要求贯彻诺奇克（Robert Nozick）的“矫正的正义”。

通过以上推理我们可知，社会再分配的方案有可能收敛于完全均等化或至少向均等化发展。那么，如果再分配的集体偏好是均等化，还有一个必须讨论的问题，就是何种意义上的均等化。具体来说，就是“共享”到底意味着结果均等、机会均等还是两者的某种折中。经济学给我们提供的关于此问题的传统分析工具是风险厌恶（risk aversion）情况下的“收入—效用”模型（见图 4–2）。

在图 4–2 中，U(X) 是风险厌恶情况下的个人效用函数，故呈现上凸的形状（$dU/dX > 0$，$d^2U/dX^2 < 0$）。如果我们把社会中的每个人的效用函数视为相同，且仅考虑每个人在社会福利函数中的权重相等的情况，那么

① 当实际发生再分配时，会由于“奥肯漏损”而出现次优的社会效用可能性前沿（second-best utility possibilities frontier）。“奥肯漏损”分为三种类型：“无谓损失”（deadweight loss）——针对商品和服务的扭曲的税收和转移支付所造成的市场损失。“行政成本”（administrative costs）——政府管理各种税收和转移支付项目时的花费。“遵从成本”（compliance costs）——纳税人和接受补助者在经历税收和转移支付的过程中所需要耗费的时间、精力和金钱。

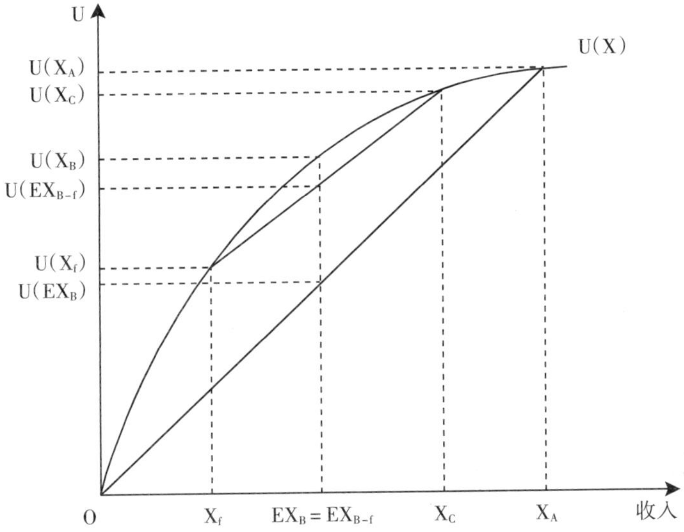

图 4-2　收入分配与风险厌恶

在经过对个体效用的简单算术加总后，每个局中人所做出的效用最大化决策在逻辑上等同于中立观察者的社会福利最大化选择。

我们可以把图 4-2 中的收入获得者设想为代表性的中立观察者，“机会均等”意味着其有 50%的概率或者获得全部的收入，或者获得的收入为 0。此时，有风险情况下的收入的期望值的效用，即 $U(EX_B)=50\%U(0)+50\%U(X_A)$，其中，$X_B$ 为平均收入，X_A 为全部收入。由于效用函数上凸，$U(EX_B)<U(X_B)$，后者为无风险的确定性收入 X_B 的效用。

按照“结果均等”的再分配方案，社会中的两个人都应该得到 X_B 数额相等的确定性收入。于是我们可知，在个体是风险厌恶者的情况下，完全结果均等的再分配方案的个体效用在理论上要大于完全机会均等的再分配方案。

还有一种折中情况是“有兜底的机会均等”的再分配方案。假设兜底的收入水平为 X_f，即有兜底意味着最坏的结果不是收入为 0，而是收入为 X_f。根据这种再分配方案，两个人各有 50%的机会得到收入 X_C，其中 $X_C=X_A-X_f$（且 $X_C>X_f$）；另有 50%的概率得到 X_f。根据 X_C 的定义，在“有兜底的机会均等”情况下的平均收入 X_{B-f} 与完全结果均等时相同，即有 $X_B=$

X_{B-f}。但是由图 4-2 可知，此时由于风险降低，收入的期望值的效用比完全结果均等时高，即 $U(EX_{B-f}) > U(EX_B)$。不过，由于“有兜底的机会均等”仍然存在风险，且个人存在风险厌恶，故有 $U(EX_{B-f}) < U(X_B)$。

综上，在风险厌恶这一对个人效用函数的一般化设定下，我们可知完全“结果均等”的效用最高，“有兜底的机会均等”的效用其次，完全“机会均等”的效用最低，即 $U(EX_B) < U(EX_{B-f}) < U(X_B)$。于是，当从风险的角度看且不考虑其他影响因素时，中立观察者的效用最大化（代表了社会福利最大化）意味着其在理论上应该选择绝对结果均等的再分配方案。

第三节　实验设计和待检验假说

实证社会选择致力于将量化研究的触角伸及人们对于分配正义的认识，故可处理很多曾被认为只能进行规范研究的主题。从方法论上说，基于实证社会选择的问卷实验多数属于自我报告调查（self-reported survey），其对被试者的中立性的要求不同于实验室内进行的有激励的（incentivized）经济学实验。由于我们的实验目的是探索被试者关于收入分配之公平正义的直觉判断，故弱化货币激励可以消除被试者由于自利所导致的偏见（self-interest bias）。

我们设计了三个实验局（treatment）。三个实验有共同的基本情景设置：在一个由甲和乙两人组成的社会中，共有 100 元收入。收入分配的初始情况是甲得到 100 元，乙得到 0 元。

在实验局 1 中，实验说明给出的关键信息为：造成初始收入分配绝对不均等的原因是“运气”。我们在所有被试者中随机选择两个人，甲或乙的身份区分在实验的最后阶段结束后通过抽签决定。在实验主体部分结束前，甲和乙具体是谁对于被试者和实验组织者都是未知的。

在实验局 2 中，被试者从实验说明中可知：决定初始收入分配不均等的关键信息是“努力”。甲是班级内期中考试最高分者，乙是随机选择的一位同学。在实验的主体部分结束前，甲和乙具体是谁对于被试者是未知的，实验组织者也只知道谁是甲。

在实验局 3 中，我们通过实验说明传递给被试者的关键信息是：造成初始收入分配绝对不均等的原因是“出身”。甲是实验组织者本人，乙是随机选择的一位同学。在实验的主体部分结束前，甲的身份是公开的（故甲没有投票权），而乙具体是谁对于被试者和实验组织者都是未知的。

由于被试者只有很低的概率有机会参与实验最终阶段的真实收入分配，故我们的实验设计介于有激励和完全无激励之间（接近无激励的情形）。因此，我们赋予被试者的角色是外部观察者（outside observer），或者更准确地按照 Konow（2003）的定义，我们应称他们为“准（quasi）中立观察者”。[①] 我们抛给被试者的问题是：作为一名外部决策者，对于这 100 元，你认为应该如何重新分配？我们规定并告知被试者，决定收入在甲和乙之间的最终分配的集体决策规则为简单多数投票制。在一个实验局中，每名被试者会回答两个问题，因而我们的实验设计属于受试内（within subject）设计。每一个问题涉及的待分配金额都是 100 元，故在实验结束后，我们将根据多数人的选择，在甲和乙之间真实地分配 200 元的收入。

在三个实验局中包含同样的问题 1 和问题 2，[②] 两个问题的差异具体可见表 4-1。

由表 4-1 可知，从分配正义的角度看，问题 1 的四个选项的含义分别是：选项 A 是基准情况——保守主义的维持现状；选项 B 为绝对的收入分配的结果均等；选项 C 是收入分配的结果均等与机会均等的折中状态——在分配托底的前提下，实现机会均等；选项 D 是绝对的机会均等。

① 我们要求全体被试者在实验最后回答一个问题——“你在做选择时是否在乎相关者在实验后的收益”，55.9%的被试者表示在乎。

② 为避免实验中的问题 1 和问题 2 之间存在顺序效应（order effect），我们设计了 A 卷和 B 卷，平均发给被试者。两份实验问卷的唯一区别是颠倒了问题 1 和问题 2 的顺序。

表 4-1　问题 1 和问题 2 的选项设置

选项	问题 1	问题 2
A	维持现状	维持现状
B	甲得到 50 元，乙也得到 50 元	甲得到 40 元，乙也得到 40 元
C	甲和乙都有 50%的可能得到 80 元，同时另一个人得到 20 元	甲和乙都有 50%的可能得到 60 元，同时另一个人得到 20 元
D	甲和乙都有 50%的可能得到 100 元，同时另一个人得到 0 元	甲和乙都有 50%的可能得到 100 元，同时另一个人得到 0 元

问题 2 的四个选项的含义与问题 1 基本相同，但是选项 B 和选项 C 中嵌入了（按照剩余最大化标准衡量的）“效率损失”，其含义是追求结果均等会使社会总财富“缩水”。故而通过我们的实验，我们可以判断出人们在“共享”的过程中，更多追求的是结果均等还是机会均等，以及效率对集体偏好的影响。

我们使用的实验被试者共有 270 人（每名被试者只参加一个实验局），全部为西南政法大学大一的法学专业的本科生，其中：女性 143 人，男性 127 人。独生子女和非独生子女几乎各占一半。接近 45%的被试者的家庭为农村户口。略高于 19%的被试者有接受问卷调研的经验。党员或入党积极分子的比例为 1/3。仅不到 10%的被试者没有参加过校内的任何社团。略低于 16%的被试者未曾参与过任何社会公益或志愿者活动。

每次实验开始前，我们会下发实验问卷给每名被试者，并当众大声朗读。在全体被试者回答了实验中的两个问题并填写了个体特征信息后，我们会统计问题 1 和问题 2 中被选择的比例最高的再分配方案，并据此在甲和乙之间分配收益。当收益当众在现场分配完毕后，一局实验结束。每次实验的耗时大约为 25 分钟。我们的全部实验都在课堂上完成，开展实验的时间为 2016 年 5 月 9 日至 12 日。

综上所述，我们实验的主要相关参数见表 4-2。

表 4–2　实验的相关参数

实验局	原因信息	效率损失	被试者人数	问题设置
实验局 1	运气	问题 2 的选项 B 和 C 嵌入效率损失	104 人	AB 卷中交换问题 1 和问题 2 的顺序
实验局 2	努力		86 人	
实验局 3	出身		80 人	

根据理论框架、实验设计和已有的相关文献，我们将通过实验结果检验以下四个理论假说：

假说 1：当被试者在实验中的身份为中立观察者时，其会追求社会总福利最大化，故多数被试者会选择无风险的结果均等的再分配方案。①

假说 2：效率是人们衡量合理的收入分配的重要维度之一，故在有效率损失和无效率损失两种不同的实验情景下，被试者选择的再分配方案会有显著差异。②

假说 3：人们对不同原因造成的初始收入分配不均等会有差异化的反应。人们更乐于接受内生（自身可以负责的）因素造成的不平等，而更厌恶由于外生（自身无法决定的）因素造成的不平等。③

假说 4：被试者的选择会受到某些（人类学和社会学的）个体特征因素的影响。④

① 假说 1 的检验方式是考察在每一个实验局中，是否支持再分配（没有选择维持现状——A 选项）的被试者多数都选择了绝对结果平均的再分配方案，即 B 选项。

② 假说 2 的检验方式是考察在同一实验局中，相同的被试者在问题 1 和问题 2 中的选择是否有显著差异。更直观地说，就是去考察与问题 1 相比，在问题 2 中选择 B 选项和 C 选项的被试者的比例是否较低。

③ 假说 3 的检验方式是考察在三个不同的实验局之间，被试者的选择是否有显著差异。更直观地，我们可以考察“维持现状”（A 选项）被选择的比例，是否在实验局 2 中（由于“努力”造成不平等）最高，在实验局 3 中最低（由于“出身”造成的不平等）。

④ 假说 4 的检验方式是通过计量回归和非参数检验的方法来考察是否存在有显著影响的个体特征因素，影响的方向和程度如何。

第四节 实验结果分析

我们对三个实验局的结果先来做一番整体的观察。结果如表 4-3 所示。

表 4-3 实验结果（各个选项被选中的百分比）

单位：%

	实验局 1			实验局 2			实验局 3		
	Q_1	Q_2	$Q_1 \cap Q_2$①	Q_1	Q_2	$Q_1 \cap Q_2$	Q_1	Q_2	$Q_1 \cap Q_2$
选项 A	5.77	8.65	50	23.26	24.42	85	0.00	1.25	0
选项 B	36.54	22.12	36.8	15.12	6.98	23.1	25.00	15.00	40
选项 C	48.08	38.46	54	47.67	46.51	68.3	56.25	58.75	77.8
选项 D	9.62	30.77	50	13.95	22.09	41.7	18.75	25.00	80

注："$Q_1 \cap Q_2$"表示同一被试者在问题 1 和问题 2 中选择同一选项的比例，此指标可以用于考察被试者的选择的稳定性。

从表 4-3 可知，在三个实验中，选项 C（有兜底的机会均等）都是最受偏好的方案。并且，选项 C 表现出了较高的稳定性，在问题 1 和问题 2 中同时选择该方案的比例分别为 54%（实验局 1）、68.3%（实验局 2）和 77.8%（实验局 3）。② 我们可以看到，在信息为"运气"（实验局 1）的实验局中，效率损失（Q_2）会明显降低选项 C 的偏好程度，而在"努力"（实验局 2）和"出身"（实验局 3）的情况下，效率损失（Q_2）对选项 C 的偏好程度的负面影响则不明显。我们还可知，在实验局 3 中，选项 C 被选择的绝对比例在三个实验中最高，同时绝对稳健性也最强。另外，在实验局 1 和实验局 3 中，维持分配绝对不均等的现状（选项 A）都是最

① 以是否发生选择的改变为因变量，以被试者的个体特征为自变量，我们利用二元 Logit 回归发现，独生子女家庭出身的被试者更倾向于不改变在问题 1 和问题 2 之间的选择（几率比为 0.606，p 值为 0.092）。

② 选项 C 的相对稳定性在实验局 1 和实验局 2 中都排名最高，在实验局 3 中略低于方案 D。

不受欢迎的方案，而在实验局 2 中，维持现状则被接近 25%的被试者所认同，这意味着“努力”程度差异所造成的结果不均等被很多人认为是可接受的。

于是我们有：

结论 1：被选择最多的再分配方案并不是绝对的结果均等，而是以兜底为前提的机会均等方案。也就是说，人们偏好的既不是绝对的结果均等，也不是绝对的机会均等，而是两者的折中情况。这一选择说明不仅结果影响人们的效用，“机会”本身也有目的性价值。

显然，结论 1 证伪了假说 1。

从理论上说，被试者的选择的差异可能源于两个方面：一是对效率损失的考虑，其在同一实验局内的问题 1 和问题 2 之间有区别。二是造成收入分配绝对不均等的现状的原因的变化，三个实验局给出的信息分别是因为“运气”“努力”和“出身”。

我们先用卡方检验来判断效率损失的有无是否会显著影响被试者的选择，具体来说就是检验对同一实验局内的两个问题的回答是否有显著差异。结果如表 4–4 所示。

表 4–4　同一实验的不同问题的卡方分布检验

Q_1 \ Q_2	实验局 1	实验局 2	实验局 3
实验局 1	57.913***	—	—
实验局 2	—	7.933**	
实验局 3	—	—	127.976***

注：表格中为卡方值，*、** 和 *** 分别表示在 10%、5%和 1%的水平下有显著差异。下同。

显然，由表 4–4 可知，被试者在同一实验局的两个问题间的回答有显著差异，此差异在三个实验局中都存在。这说明引入效率损失的因素确实会影响人们对于分配正义的判断。

结合表 4–3 和表 4–4，我们得出：

结论 2：人们在选择收入再分配的方案时敏感于效率损失，表现为显著地减少了选择结果均等但是有效率损失的方案，同时增加了选择机会均等但是无效率损失的方案。

结论 2 完全证实了假说 2。

我们再来讨论不同的收入分配不均等原因是否会改变被试者的选择，这需要通过对不同实验局中的同一问题进行卡方检验来判断。结果如表 4-5 所示。

表 4-5　不同实验的相同问题的卡方检验

		实验局 2		实验局 3	
		Q_1	Q_2	Q_1	Q_2
实验局 1	Q_1	57.665***	—	3461.297***	—
	Q_2	—	37.191***	—	16.327***
实验局 2	Q_1	—	—	46481.824***	—
	Q_2	—	—	—	27.772***

由表 4-5 显见，被试者在面对造成收入分配不均等的不同原因的实验时，对于原因的信息是敏感的。故在同一问题的回答上，不同实验局之间是有显著差异的。此差异具有稳健性，即对于无效率损失的问题 1 和有效率损失的问题 2 都成立。

结合表 4-3 和表 4-5，我们得出：

结论 3：造成初始收入分配的非均等的原因会影响人们对于分配结果合理性的判断，多数人反感因个人无法控制的因素所造成的结果不均等，而比较容易接受因个人应该负责的原因所造成的结果不均等。具体来说，在造成贫富差距的原因为“努力”程度的差异时，维持现状的选择比其他原因时更多，而选择结果绝对均等的再分配方案的比例则在三个实验局中最低。

结论 3 完全证实了假说 3。

除了对实验的直接结果进行统计分析外，我们还可以补充利用调查问卷所包含的个体特征数据，通过多项 Logit 模型来考察被试者的人类学和社会学特征是否影响了其在不同再分配方案之间的选择。我们有两个回归方程，因变量的对象集合分别是“回答问题 1 的全体被试者”和“回答问题 2 的全体被试者”。回归结果如表 4–6 所示。

表 4–6　个体特征对选择的影响（多项 Logit 模型）①

A 为基准选项	Q_1			Q_2		
	B 选项	C 选项	D 选项	B 选项	C 选项	D 选项
性别	3.163** (2.05)	5.166*** (3.12)	2.727 (1.61)	5.344*** (2.71)	4.491*** (3.07)	8.093*** (3.80)
独生子女	1.926 (1.08)	2.561 (1.64)	2.683 (1.50)	3.581** (2.05)	1.824 (1.16)	1.762 (1.01)
家庭户籍类型	0.665 (–0.70)	0.638 (–0.83)	0.944 (–0.09)	0.650 (–0.69)	0.837 (–0.35)	0.510 (–1.22)
参与问卷调查的经验	1.778 (0.85)	2.354 (1.38)	1.983 (0.95)	1.413 (0.53)	0.905 (–0.19)	1.222 (0.35)
党员或入党积极分子	0.739 (–0.52)	1.090 (0.16)	0.994 (–0.01)	1.869 (1.01)	2.010 (1.33)	1.526 (0.75)
学生社团	0.300 (–1.02)	0.304 (–1.05)	0.365 (–0.80)	0.276 (–1.06)	0.250 (–1.26)	0.544 (–0.52)
志愿者活动	1.208 (0.26)	1.096 (0.13)	1.962 (0.80)	0.225*** (–1.64)	0.389 (–1.12)	0.250 (–1.61)
家庭现期收入	1.701 (1.24)	1.554 (1.08)	1.296 (0.56)	1.128 (0.28)	0.924 (–0.21)	0.695 (–0.91)
预期个人未来收入	0.895 (–0.28)	1.271 (0.64)	1.132 (0.29)	1.478 (0.99)	1.560 (1.27)	2.038* (1.92)
Prob>chi2	0.0002			0.0000		
Pseudo R^2	0.1072			0.1114		

注 1：表格中汇报的回归系数为相对风险比率，括号内为 z 值。

① 模型中的因变量是被试者在四个方案间的选择。模型的自变量包括“性别”（sex）、“独生子女”（only）、“家庭户籍类型”（family）、“参与问卷调查的经验”（experience）、“党员或入党积极分子”（party）、“学生社团”（S. A.）、“志愿者活动”（volunteer）、“家庭现期收入”（income）、“预期个人未来收入”（future）。我们在回归方程中还引入了被试者所处的实验局的虚拟变量作为控制变量。

由于我们把 A 选项（维持既有的初始收入分配绝对不均等）作为回归中的基准选项，所以，为了判断个体特征是否会影响被试者的选择，我们可以将回归结果分为两种情况：只要 Q_1 的回归系数显著，即可说明具有此个体特征因素的被试者，对收入初始分配的不均等是敏感的；如果 Q_1 的回归系数不显著，而仅有 Q_2 的回归系数显著，则说明具有该个体特征的被试者，在效率损失方面是敏感的。

从表 4-6 可知，只存在“性别”一项稳定影响人们的选择的个人特征因素（其他特征只是在个别选项上偶尔有显著影响）。这说明，女性对于初始收入分配结果不均等更为厌恶，希望通过再分配加以改变——见 B 选项和 C 选项的回归结果，表现为 Q_1 的回归系数都大于 1[①] 且显著。表 4-6 的回归结果还说明，女性对于效率损失的厌恶程度高于男性——见 D 选项的回归结果，表现为在无效率损失的情景下 Q_1 的回归系数不显著，而在有效率损失的情景下 Q_2 的回归系数大于 1 且显著。

我们可以通过非参数检验来进一步证明女性的选择是否显著差别于男性。卡方检验结果如表 4-7 所示。

表 4-7 性别间选择差异的卡方检验

实验局 1		实验局 2		实验局 3	
Q_1	Q_2	Q_1	Q_2	Q_1	Q_2
12.998***	21.331***	22.137***	12.239***	55526.670***	20129.401***

从表 4-7 我们可以得知，在三个实验局的六个问题上，男女被试者的选择全部存在显著性差异，这支持了我们在表 4-6 中的发现。

于是我们得出：

结论 4：多数个体特征对被试者的选择没有显著和稳定的影响，但是性别特征除外，表现为：女性更愿意选择绝对结果均等或有兜底的机会均

① 由于我们的回归系数给出的是相对风险比率，所以回归系数大于 1 意味着发生的几率更大；反之则相反。

等的再分配方案，且对于效率损失的敏感程度较之男性更高。

结论4基本上证明了假说4，尤其是“性别”特征对于实验结果有显著影响。

基于以上四点结论，我们最后来讨论一下本实验与国内同领域已有工作的关系。虽然在实验设计上并不相同，但我们的研究与丁建峰（2010）和汪毅霖（2015b）关心的是同样性质的问题，即在中立的立场上，人们会倾向于何种收入分配方案。我们发现，人们更多选择体现“有兜底的机会均等”的方案，这与丁建峰（2010）发现被试者较多选择体现底线优先原则的方案是一致的。我们还发现不同性别之间在选择上有系统性差异，即女性的选择更乐于向有兜底和底线的方案聚集，丁建峰（2010）及另外两篇实证社会选择的文献——以公共服务为背景的汪毅霖（2015a）和直接关注收入分配的汪毅霖（2015b）——发现了类似的男女间选择的显著差异。

第五节　小　结

弗里德曼在其经济学教科书中对于收入不平等问题有很鲜明的观点：“根本的不平等是资源所有权的不平等。市场的主要作用是决定单位资源的收益，没有理由认为市场会加剧资源所有权的不平等。进一步说，在主要由地位和传统所统治的经济中，任何既定的不平等程度都比在有许多机会改变资源所有权的市场经济中严重得多”（弗里德曼，2011）。这段话起码有两层深意，一是市场无罪，收入不平等的最大原因是初始资源分配的不均等；二是当资源的初始分配是被个人无法控制的非市场因素所决定时，其影响要更为恶劣。

我们的实验设计模拟了弗里德曼所表达的第一层含义，同时，我们的实验结果支持弗里德曼所提出的第二层含义，即人们更乐于接受因为“努力”程度差异等内生可控因素所造成的不平等，而更为反感由于“运气”和“出身”等外生随机或外生的天然不合理因素所造成的不平等。

我们的实验还发现，人们并不像风险厌恶下的“收入—效用”模型预测的那样集中选择完全结果均等的再分配方案，而是更乐于选择“有兜底的机会均等”这一选项。另外，人们对于效率损失是有敏感性的，故人们更倾向于选择无效率损失的方案（完全机会均等），即使这种方案蕴含风险。我们的实验的另一个发现是性别因素会显著影响被试者对于收入再分配方案的选择。

我们的问卷实验表明，“共享”并不是简单地将收入均等化即可万事大吉；相反，“共享发展”是一个颇为复杂的系统性工程，其中的复杂性来源于在实现发展成果共享时人们的价值观的多元化和情景依赖（context dependence）性质。真实的人并不是一个单纯的结果最大化者，其同样会关心均分大饼的过程中是否会撒掉面粉（效率损失），而对于造成贫富差距的原因则更为敏感。

我们的研究还处于起步阶段，未来可以从多个方向进一步拓展。

第一，所有关注分配问题的实证社会选择实验都把标的物设置为货币性收入或可直接消费的商品。但是，这类标的物并不能体现出与人类福利相关的全部内涵，如自由和权利等。故此，我们的未来研究可以不再仅限于资源的不平等，还可以考察基本能力等指标，从而实现对个人福利的更全面刻画。

第二，现有研究受新古典范式的影响，习惯于采用代表性个体的设置，即忽略了个体之间的异质性。如果我们希望得出更全面的关于社会正义的判断，就必须对偏好的差异、生理机能的差异、劳动效率的差异、社会环境的差异等方面加以考量。不仅分析差异是否存在及其程度，而且要分析造成差异的背后原因。

第三，根据政治自由主义和倡导宽容的自由主义价值观的理解，生活在同一个政治共同体中的个体间可以存在彼此冲突但又各自合理的价值观念。那么，对于实证社会选择来说，问题就是：在资源稀缺前提下，如何权衡各种不同取向的价值目标。例如，要如何权衡残疾人照顾和高智商儿童的培养。对于一个发展中国家来说，这无疑是一个更严峻的问题，因为我们比发达国家面临着更为严峻的资源约束。

第四，很多实证社会选择的文献和实验经济学的文献都发现女性和男性之间在选择上存在系统性的显著差异。但是，实证社会选择领域的文献还没有专门针对女性的特征或男女之间的差异进行专门的实验设计，这不利于加强我们对于“半边天”的社会福利偏好和社会正义观念的理解，故也是我们今后要加强的工作之一。

第五，我们的实验工作需要招募来源更广泛的被试者。在更多阶层和职业中开展设计更为精巧的实验，从而在更广的范围内揭示在共享发展成果问题上的个体偏好特征，是我们下一步需要继续的工作。被试者来源的多样性本身就是一个重要的方法论问题，扩大实验样本的代表性可以强化经济学实验的外部有效性，从而增强实验结论的说服力。

第六，需要提及的是，虽然我们的研究揭示了在共享发展的推进过程中，多数人所偏好的分配标准——有托底的机会均等，但我们尚待回答的是一个反向的问题：如果给定了分配不均等的现状，则造成既定分配格局的各种不同原因会如何影响人们对于不平等的厌恶水平，从而产生不同强度的再分配诉求呢。这一问题将是我们在下一章的研究主题。

本章附录　实验问卷

实验局 1

欢迎参加我们的实验，您要回答的是关于收入分配的问题。我们的实验是匿名的，您的选择和回答不会泄露个人信息。

您的选择将决定你们中两个人的真实收益。请独立回答，不要互相议论。实验结束后，我们将根据多数人的选择，在班级中的两位同学之间真实地分配 100 元的收入。

在一个由甲和乙两人组成的社会中，共有 100 元收入。现状是甲得到 100 元，乙得到 0 元。造成分配现状的原因是运气（甲和乙都是通过抽签随机选择的同学）。

对于这 100 元，您认为应该如何重新分配？我们提供了四个可能方案：

A. 维持现状

B. 甲得到 50 元，乙也得到 50 元

C. 甲和乙都有 50%的可能得到 80 元，同时另一个人得到 20 元

D. 甲和乙都有 50%的可能得到 100 元，同时另一个人得到 0 元

请在以上四个方案中选择唯一的一项，写在此处________。

实验局 2

在一个由甲和乙两人组成的社会中，共有 100 元收入。现状是甲得到 100 元，乙得到 0 元。造成分配现状的原因是个人的努力（甲是班级内期中考试最高分者，乙是通过抽签随机选择的一位同学）。

对于这 100 元，您认为应该如何重新分配？我们提供了四个可能方案：

A. 维持现状

B. 甲得到 50 元，乙也得到 50 元

C. 甲和乙都有 50%的可能得到 80 元，同时另一个人得到 20 元

D. 甲和乙都有 50%的可能得到 100 元，同时另一个人得到 0 元

请在以上四个方案中选择唯一的一项，写在此处________。

实验局 3

在一个由甲和乙两人组成的社会中，共有 100 元收入。现状是甲得到 100 元，乙得到 0 元。造成现状的原因是个人的出身（甲是实验组织者本人，乙是通过抽签随机选择的一位同学）。

对于这 100 元，您认为应该如何重新分配？我们提供了四个可能方案：

A. 维持现状

B. 甲得到 50 元，乙也得到 50 元

C. 甲和乙都有 50%的可能得到 80 元，同时另一个人得到 20 元

D. 甲和乙都有 50%的可能得到 100 元，同时另一个人得到 0 元

请在以上四个方案中选择唯一的一项，写在此处________。

实验局 4

在一个由甲和乙两人组成的社会中，共有 100 元收入。现状是甲得到 100 元，乙得到 0 元。造成分配现状的原因是运气（甲和乙都是通过问卷随机选择的同学）。

对于这 100 元，您认为应该如何重新分配？我们提供了四个可能方案：

A. 维持现状

B. 甲得到 40 元，乙也得到 40 元

C. 甲和乙都有 50%的可能得到 60 元，同时另一个人得到 20 元

D. 甲和乙都有 50%的可能得到 100 元，同时另一个人得到 0 元

请在以上四个方案中选择唯一的一项，写在此处________。

第五章　因不公而恶不均：基于不平等厌恶的分析

第一节　问题提出

党的十九大提出要“鼓励勤劳守法致富，扩大中等收入群体，增加低收入者收入，调节过高收入，取缔非法收入”，即鼓励人民群众通过合理合法的方式增加收入，并通过公共政策来优化收入分配结构。之所以要关注收入分配问题，是因为收入分配不仅直接决定了人民的福利，且会影响社会稳定和国家长治久安。所以，收入分配问题当今在整个世界范围内都是理论和实证研究的热点（皮凯蒂，2014；Atkinson and Bourguignon，2015）。

孔子曰：“丘也闻有国有家者，不患寡而患不均，不患贫而患不安。盖均无贫，和无寡，安无倾。夫如是，故远人不服，则修文德以来之。既来之，则安之”。实际上，令人不安的可能不仅仅是收入分配的“不均”(inequality)，更涉及收入分配现状背后是否存在“不公”(injustice)。收入分配是否符合社会公平正义，归根结底是一种个人的主观伦理判断。那么，人们对于不平等的分配现状的主观评价又由什么因素所决定呢？于是，无论是为人民福祉计还是为国家长治久安计，都需要我们深入研究收入分配领域“不公”感受的形成原因，以及“不公”感受会对人们厌恶收入分配不平等的程度产生何种影响。

为了回答上述问题，我们必须首先理清“不均”与“不公”的关系。在逻辑上，“不均”既非“不公”的必要条件，也非充分条件。在几乎平均分配的“大锅饭”状态下，很多人会因为干多干少一个样而感觉“不公”；反之，绝大多数人与乔布斯、姚明、郎平等收入差距悬殊，却不见得会产生“不公”的感觉。但辩证地看，收入分配的不平等在多数情况下确实易于同时伴生不公平感，这可能源于平等本身就是一种内嵌于人类心智中的重要伦理诉求（Binmore，2010），[①] 也可能是因为不平等往往是由于某些不公平因素所导致。所以，“不均”与“不公”的关系确实颇为复杂，需要在统一的理论框架下作为一个整体来理解。

当从整体性视角理解“不均”与“不公”的关系时，我们可以基于的一种基础性理论框架是 Atkinson（1970）所构建的含“不平等厌恶”（inequality aversion）的社会福利函数：

$$SWF = \sum_{i=1}^{n} u_i = \sum_{i=1}^{n} \frac{1}{1-e} y_i^{1-e},\ e > 0,\ e \neq 1 \text{ 或 } SWF = \sum_{i=1}^{n} u_i = \sum_{i=1}^{n} \ln y_i,\ e = 1 \tag{5-1}$$

Atkinson 社会福利函数假设：①所有人的“社会福利权重”或曰“伦理权重”相等，也就是说在政治和伦理意义上人人生而平等且永远平等。②每个人偏好相同，个体效用 u_i 的差异仅取决于收入的不同。③边际效用递减。在这三个前提下，个体效用 u_i 受不平等厌恶系数 e 的负面影响，故人们的不平等厌恶水平越高，其就越愿意为再分配承受更大的效率损失。由于 e 的存在，Atkinson 社会福利函数在灵活性上具有明显优势。只要不平等厌恶系数 e 取不同的值，Atkinson 社会福利函数就可以转换为从符合收入的功利主义原则（$e = 0$）到罗尔斯的最大最小原则（$e \to \infty$）

① Binmore（2010）提出，均等化的偏好最初来自原始社会中对食品的平均分配，这种平均化的偏好在人类发展的历史进程中逐渐演化为一种习俗，而习俗与偏好互相强化。此观点与《礼记》的看法是一致的，即“夫礼之初，始诸饮食”。

的各种具体形式（Atkinson and Bourguignon，2000）。所以，掌握 e 的数值是选择出符合社会福利最大化的公共政策的实证前提。

福利经济学理论在传统上假设 e 值可以通过某种民主决策程序得到。即使对于这一假设的合理性暂时存而不论，我们仍需要面对的一个学理性问题是：如果仅从式（5-1）出发，我们所得到的不平等厌恶系数值在福利分析中的意义是有局限的。因为我们只能掌握 e 值的当前水平，而无法了解是哪些原因导致了目前或高或低的 e 值。具体说来，即使收入分配的客观不平等情况一致，形成分配差距的原因却可能完全不同，故不平等厌恶水平可能要取决于我们对"先富起来的人"的收入来源——其高收入是来自好运气、勤劳智慧还是家族荫庇——的正当性的规范判断。正如孔子所云："富与贵，是人之所欲也，不以其道得之，不处也"，故君子爱财，取之有道，不义之财所导致的收入差距会提高人们的不平等厌恶程度。

从经济学的角度该如何理解"义"呢？Buchanan（1986）提出了决定分配的四个原因："出身"（birth）、"运气"（luck）、[①]"选择"（choice）和"努力"（effort），并认为"努力"所引起的不平等最易于被接受，而最可能引起厌恶的是"出身"所导致不平等。这是因为按照"责任原则"，个人应该为自己能控制的变量（选择、努力）负责，而不应该为他所不能左右的变量（出身、运气）负责（Konow，1996）。换句话说，由个人无须负责的原因所获得的高收入会被视为"不义"，而由个人需要负责的原因所产生的高收入则符合"义"，故后者不会造成严重的不平等厌恶。

于是，我们在这篇文章中所关注的核心问题是：从"责任"的视角来

---

① 对于"运气"在性质上是否属于一种不会引起反感的中性原因，无论在经济学界还是政治哲学界都存在争议。那种认为"运气"是一种中性原因的观点认为，在日常经验和理论分析中，"运气"的差异不会导致人们的不公平感。弗里德曼（2004）就曾经指出，我们不会因为同事中了彩票而有所不满。与之相反，另一种观点认为"运气"并不是中性的，而是一种引人反感的原因。Rawls（1971）就认为，社会应该对那些运气不好的人进行补偿。在经济学的实证研究中，Alesina 和 Angeletos（2005）发现，人们更愿意接受因为"努力"而造成的收入差异，而反感"运气"的影响，表现为如果一个社会中的多数人相信运气决定收入，则该社会的福利性财政支出占 GDP 的比重会更高。

看，形成收入差距的原因的不同（所引发的对于收入分配现状正当性的规范判断）会如何（在可实证的意义上）影响人们的不平等厌恶水平——即是否存在所谓的“因不公而恶不均”的现象。通过基于实证社会选择框架的问卷准实验，我们的确发现，中立观察者（被试者在实验中所设定的身份）——此身份意味着被试者处于利益无关的第三方立场——的不平等厌恶水平是假想的涉事人应该为收入现状负责程度的减函数。并且，我们还发现了一种“异象”（anomaly）——部分被试者在再分配的效率损失低时反对向穷人转移支付，而在效率损失高时却转而同意。这种“异象”显然不符合经济学在理解平等和效率的权衡时的正统观点。我们将在实验结果2c中说明这一“异象”，并解释该“异象”何以从一个新的角度证明了责任原则。

本章接下来的结构如下：第二节是理论框架，解释不平等厌恶与伦理判断之间的关系；第三节是实验设计的说明和提出待检验的理论假说；第四节是实验结果分析，我们将运用量化方法来分析实验数据，从而检验命题；第五节是小结及附录。

第二节　理论框架

式（5-1）所给出的Atkinson社会福利函数表达了福利经济学研究领域关注平等与效率关系的传统，这是从庇古创立福利经济学以来始终持续着的学术聚焦点。晚近的研究（Charness and Rabin，2002；Engelmann and Strobel，2004）发现，平等和效率都是人类关注的价值维度，当再分配会导致效率损失时，人们追求收入平等的意愿会显著降低。

在Atkinson（1970）所提出的社会福利函数的框架下，一旦公共政策真的导致再分配，则由于“奥肯漏损”（Okun's leaky bucket）而会出现次优的效用可能性前沿（second-best utility possibilities frontier）。之所以“奥肯漏损”在再分配过程中无可避免，其中的经济学原理在于：理想的再分配税收政策应该由一次性总付税（lump sum trasnsfers）构成——每个纳税人支付固定数量的税收（或反之就是得到固定数量的补贴），而边际税（补贴）率为零。此时，个体决策不会受税收体系的干扰，故不存在由再分配所导致的效率损失。换句话说，基于一次性总付税的转移支付体系不涉及不平等和效率权衡这一问题（这是福利经济学第二基本定理的一个推论）。

如果要建立一个最优的无效率损失的一次性总付税体系，政策制定者需要了解每个纳税人的内在生产技能等信息，而这些私人信息显然超出了政策制定者的掌控（完全无法获得或者获得信息的成本太高）。无奈之下，政策制定者只能采取次优（second-best）策略——求诸收入之类的可观察的信息。[①] 于是，再分配税收体系的焦点转换为如何以一种合理的方式进行平等和效率的权衡（也可视为在较低风险和较高激励之间的权衡）。根据Atkinson（1970）所提出的三个假设，[②] 如果不考虑效率损失，那么符合社会福利最大化的最优收入分配结构应该是绝对平均分配。最优再分配税收体系是对平均水平以上的收入施以100%的边际税率并用这些所得去补贴低收入者，最终达致每个人的税后收入相等。然而，越高的边际税率会导致更高的逆向生产激励，人们据此在工作与闲暇之间做出的选择会改变他们的税前收入，[③] 从而导致社会总收入下降（Vickrey，1945；Mirrlees，1971；

① 无论是按照前者生产能力还是实际收入征税，此类税收都体现了“支付能力”（ability to pay）原则。税收的支付能力原则可以追溯到亚当·斯密的《国富论》，小密尔在1848年《政治经济学原理》中，基于功利主义哲学将支付能力原则表述为“平等牺牲”（equality of sacrific）。“平等牺牲”在古典功利主义方法中意味着最大化社会总效用，但这一原则在现代的最优税收的研究中几乎消失了，因为该原则难以融入社会福利函数最大化的分析中。

② 除了Atkinson（1970）中的三个假设外，庇古的旧福利经济学还假设社会总收入固定，故庇古的理论中不存在平等和效率权衡问题，最优再分配政策一定是绝对均等。

③ 最优税收体系受到人们的自选择的约束：高边际税率将鼓励高生产能力者通过减少工作时间或降低工作强度来假扮成低生产能力者，并通过随之而来的更多闲暇而提高自身效用。

Fleurbaey and Maniquet，2018）。[1] 这是形成“奥肯漏损”的非主要原因。

根据“奥肯漏损”可以推导出有经验含义的假说，即漏损有多大，进而在再分配这一重要的公共政策领域，不平等厌恶系数的作用在于决定一个社会愿意忍受多么大的效率损失来换取更为平等的分配。这一问题是典型的属于社会选择的讨论范畴，而按照阿罗不可能定理的结论，在一个多重且皆合理的价值观共存（可理解为偏好的无限制定义域）的社会中，若要满足一些基本的价值性公理或曰伦理原则，则任何集体选择程序都无法得出逻辑自洽的总和偏好。阿罗不可能定理[2] 产生的原因在于其直接受罗宾斯和萨缪尔森等的影响，采用了非常狭隘的信息基础（人际不可比的序数效用）。所以，欲为公共政策提供福利经济学依据，就必须将集体选择建立在更广泛的信息基础（如能力）之上。广延的信息基础直接违背了罗宾斯将反映价值判断的不可观察的元素排除在经济科学之外的主张，并突破了柏格森—萨缪尔森社会福利函数的研究传统的边界，从而体现了福利经济学研究对象的缠结特征。于是，不平等厌恶水平的计算在理论上是复杂的，而在逻辑上不可能通过真实的集体选择程序和民主过程获得，故实证社会选择的问卷实验的方法倒是不失为一个可选择的认知途径。

那么，在不平等厌恶问题上，实证社会选择的问卷实验所亟待考察的关键理论问题又是什么呢？通过上述对于 Atkinson 社会福利函数的讨论，我们可以清晰地发现在以收入税调节分配时，税收的最佳累进程度取决于两个因素：一是“奥肯漏桶”的大小，这是一个可实证的事实问题；二是

---

① Atkinson（1970）和 Mirreless（1971）中所给出的几乎完全相同的关于效用的三个假设，实际上是把自从 20 世纪三四十年代就已经被扬弃了的基数效用论，又悄悄地领回到了福利经济学的中心舞台。Vickrey（1945）关于效用理论的认识与二者类似，只不过受到冯·诺依曼—摩根斯坦效用函数的更大影响。类似的工作也包括 Harsanyi（1953，1955）。

② Dasgupta（2005）对于阿罗不可能定理的理解是：如果备选政策的个数超过 2，且如果投票者对于从手段到结果的路径有不同信念（无限制定义域），则不可能设计出满足一组简单的伦理原则（ethical principles）的投票规则。这组伦理原则包括四项：一致性原则、匿名原则、中立原则和传递性原则（达斯古普塔，2013）。Dasgupta（2005）强调的观点是：即使投票者有关于备选项的相同的伦理排序，他们在事实维度上对于从政策到结果的不同路径的解读仍会导致不可能定理。但是，这一观点并不能否认人们对于备选项在价值目标上有不同偏好是客观存在的，也不能否定公共领域的偏好差异本身就会导致不可能定理。

不平等厌恶系数的取值，此乃一个规范性质的价值判断问题。如果一个社会的不平等厌恶系数较高，则人们就会愿意容忍较高的漏损（效率损失）；反之则相反。这意味着我们在税制设计时必须在效率和平等之间达到最佳的权衡，而此权衡是由事实和价值共同决定的。如果我们进一步具体分析不平等厌恶系数水平的决定，我们会发现其本身就体现了事实与价值的缠结。除了我们可能认为不平等本身就是一种需要纠正的恶，厌恶程度还取决于我们对“先富起来的人”的收入来源（这是一个事实问题）——其高收入是来自勤劳智慧、家庭庇荫还是贪污腐败——的正当性的伦理判断，即我们要从伦理上审查造成现有“收入分配差距原因”的信息。由于实证社会选择在研究范围上的广泛性和在实验设计上的开放性，我们可以将关于不平等厌恶的研究视为应用实证社会选择方法的一个特例。下面，我们将依据实证社会选择方法来设计问卷式的准实验，以回答我们的核心关注——“收入分配差距原因”的信息是否以及在多大程度上影响了人们的不平等厌恶水平。

第三节　实验设计和待检验假说

在实验设计环节，我们需要先解决的是“不平等厌恶”的测度问题。所有从福利经济学传统出发[①]的研究，在测度不平等厌恶时的理论起点都是式（5-1）和“漏桶”原理，我们也不例外。根据式（5-1），当一个社会由富人 R 向穷人 P 实施再分配时，收入的边际效用之比为 MU_R/MU_P =

① 还有一种研究进路是行为经济学和实验经济学的，沿着这条进路开展研究的学者基于的是 Fehr 和 Schmidt（1999）模型所提出的“inequity aversion”的概念，研究者采用改造的最后通牒博弈和独裁者博弈的实验设计（Blanco，et al.，2011；Dannenberg，et al.，2012）。虽然国内学界将“inequity aversion”也翻译为不平等厌恶，但无论是在概念本身的理论含义上还是在实验设计的思路上，“inequity aversion”与我们所研究的“inequality aversion”都存在极为明显的差异。

$(y_P/y_R)^e$。如果 $MU_R/MU_P = 1/\alpha$（穷人从最后一元收入所获得的边际效用是富人从最后一元收入所得到的边际效用的 α 倍），则当富人付出的 1 元的转移支付时，仅需穷人所得大于等于 $1/\alpha$ 元，社会总福利就可得到增进或至少不变。换句话说，转移支付时所允许的最大漏损率为 $1-1/\alpha$。于是我们根据漏损率所得出的测度不平等厌恶的公式：

$$L = \frac{\Delta y_R - \Delta y_P}{\Delta y_R} = 1 - \left(\frac{y_P}{y_R}\right)^e \tag{5-2}$$

在式（5-2）中（Pirttlia and Uusitalo，2010；Tresch，2015），L 是再分配所导致的社会总收入的漏损比率，或者说是效率损失程度。Δ 表示变化量，即 Δy_R 为高收入者在征税时的付出，Δy_P 为低收入者在转移支付时的所得。y_R 和 y_P 分别是高收入者和低收入者的收入的初始绝对量，e 为不平等厌恶系数。

我们在实验中设计了两种不同的情景——“纯粹的漏桶情景”（甲情景）和“收入分配的漏桶情景”（乙情景）。两种实验情景都含 6 个问题，且两种情景下的每一个问题在漏损率和不平等厌恶区间上是一一对应的。这一设计可以方便比较情景效应对不平等厌恶的影响。

在甲情景和乙情景中，实验基本环境的设定在如下几个方面是相同的：①公共政策的决策问题都是可能实施再分配，即向高收入者征税并将征税所得转移给低收入者，但再分配会造成不同程度的漏桶损失。②在再分配方向上，我们设定按全国居民五等份收入分组，只发生最高收入组中的高收入者向最低收入组中的低收入者的收入转移。③初始状态都是高收入者的年收入约为 6.5 万元，低收入者的年收入约为 0.6 万元。收入水平的设定参照《中华人民共和国 2017 年国民经济和社会发展统计公报》中给出的最高收入组和最低收入组的可支配收入水平。[①]

甲乙两种情景间的差异之处在于，在“纯粹的漏桶情景”（甲情景）

---

①《中华人民共和国 2017 年国民经济和社会发展统计公报》指出，2017 年中国高收入组人均可支配收入 64934 元，低收入组人均可支配收入 5958 元。

中，我们直接告知被试者：每征税 1 元用于再分配，低收入者能够得到的比重——相当于在实验说明中直接告知被试者漏损率。在“收入分配的漏桶情景”（乙情景）中，我们给被试者列出实施再分配后的收入分配的各种可能情况——相当于只是在实验说明中隐性地涵盖了漏损率信息。实际上，甲情景和乙情景中的每一个相互对应的再分配可能方案，在漏损率上和不平等厌恶取值区间上是一致的。我们为测度不平等厌恶所设计的甲乙两种情景具体如表 5-1 所示。

表 5-1　甲情景和乙情景下的不平等厌恶测度

备选方案		漏损率（%）	不平等厌恶区间
甲情景	乙情景		
现状：高收入者收入 6.5 万元，低收入者收入 0.6 万元	现状：同甲情景	0	0~0.1（维持现状）
方案 1：每征税 1 元，低收入者只能获得 80%	方案 1：高收入者收入下降到 5.8 万元，低收入者收入上升到 1.16 万元	20	0.1~0.3（支持再分配）
方案 2：每征税 1 元，低收入者只能获得 50%	方案 2：高收入者收入下降到 5.8 万元，低收入者收入上升到 0.95 万元	50	0.3~0.5（支持再分配）
方案 3：每征税 1 元，低收入者只能获得 30%	方案 3：高收入者收入下降到 5.8 万元，低收入者收入上升到 0.81 万元	70	0.6~1（支持再分配）
方案 4：每征税 1 元，低收入者只能获得 9%	方案 4：高收入者收入下降到 5.8 万元，低收入者收入上升到 0.663 万元	91	1~2（支持再分配）
方案 5：每征税 1 元，低收入者只能获得 1%	方案 5：高收入者的收入下降到 5.8 万元，低收入者的收入上升到 0.607 万元	99	2~3（支持再分配）
方案 6：每征税 1 元，低收入者只能获得 0.1%	方案 6：高收入者收入下降到 5.8 万元，低收入者收入上升到 0.6007 万元	99.9	3~∞（支持再分配）

由表 5-1 可知，无论在“纯粹的漏桶情景”（甲情景）还是“收入分配的漏桶情景”（乙情景）下，当被试者选择维持现状时，说明被试者的不平等厌恶处于 0~0.1 的最低区间。然后，随着被试者在逐渐升高的漏损率水平上支持再分配，不平等厌恶的区间值不断提高。

我们的实验设计要实现的更重要的目标是刻画“收入分配差距原因”，从而回答我们的核心问题：不同的收入分配差距的形成原因将如何影响不平等厌恶水平。为此，我们借鉴了实证社会选择文献的通常做法，即在一个假想的社会中直接给出关于“收入分配差距原因”的信息。布坎南（1989）提出了决定分配的四个原因：出身、运气、选择和努力，并认为努力所引起的不平等最易于被接受，而最可能引起厌恶的是出身所导致不平等。这是因为按照责任原则，个人应该为自己能控制的变量（选择、努力）负责，而不应该为他不能左右的变量（出身、运气）负责（Konow，1996）。我们根据布坎南（James Buchanan）提出的思路设计了相应的四个实验局（按照可能引起的不平等厌恶程度从高到低排列），[①] 分别表现“出身”“运气”“选择”“努力”的因素。

在实验局 1 即“出身”实验局中，我们给出的“收入分配差距原因”信息是：“低收入者收入低的原因是因为家庭出身较差，他自己只能找到一份工资较低的工作。高收入者收入高的原因是因为家庭出身较好，家里可帮他找到一份工资较高的工作”。

在实验局 2 即“运气”实验局中，我们给出的“收入分配差距原因”信息是：“低收入者收入低的原因是因为他们在找工作时恰巧进入了一个未来工资较低的行业。高收入者收入高的原因是因为他们在找工作时恰巧进入了一个未来工资较高的行业”。

在实验局 3 即“选择”实验局中，我们给出的“收入分配差距原因”信息是：“低收入者收入低的原因是因为他们在找工作时选择了一份较为清闲，同时工资较低的工作。高收入者收入高的原因是因为他们在找工作时选择了一份较为忙碌，同时工资较高的工作”。

在实验局 4 即“努力”实验局中，我们给出的“收入分配差距原因”信息是：“低收入者收入低的原因是因为他们在工作中较为消极懈怠，所以获得的工资较低。高收入者收入高的原因是因为他们在工作中较为积极努力，从而获得的工资较高”。

我们设计了四种实验场（session）。每场实验只包含一个（“出身”“运气”“选择”“努力”其中之一的）原因实验局（treatment），却包含甲

① 在四个实验局中，我们都隐含地假设工资性收入是唯一的收入来源。

乙两种情景实验局，这意味着我们的实验同时采用了被试者间（between subject）设计和被试者内（within subject）设计。具体来说是原因实验局采用被试者间设置，情景实验局采取被试者内设置。

综上所述，实验设计的基本信息如表 5-2 所示。

表 5-2　实验设计的基本信息

实验局	原因信息	实验场（情景）	漏损（效率损失）（%）率	被试者人数
实验局 1	出身	甲情景：纯粹的漏桶情景 乙情景：收入分配的漏桶情景	0~99.9	206
实验局 2	运气			115
实验局 3	选择			114
实验局 4	努力			176

每个被试者只参加一场实验。由于每场实验都包含两个情景实验局，所以我们通过在每个实验局中平均发放 A、B 卷（A 卷甲情景在前，B 卷乙情景在前）来避免顺序效应（ordering effect）。我们所进行的是手工完成的课堂实验。全部的被试者为 611 人，都自愿参与。被试者都为大学一年级的法学专业的本科生，在参与实验前都刚接受过 40 个学时的经济学原理的教育。被试者的男女比例约为 1∶2；城乡户口比例约为 1.6∶1；独生子女与非独生子女的比例约为 1∶1；党员和入党积极分子约占被试者全体的 30%；约 89%的被试者有参与社团活动的经验；约 86%的被试者参与过志愿者活动；大约有 15.5%的被试者参与过问卷调研。每次实验的持续时长约为 20 分钟，整个实验程序包括主持人在实验开始前在教室中大声阅读实验说明、进行实验、实验后填写个人信息问卷、实验后个别访谈等。我们开展实验的时间为 2018 年 5 月 23 日至 28 日。

由于我们采用的是问卷式的准实验（questionnaire quasi-experiment），而不是严格的实验室实验（lab experiment），所以在我们的实验中不存在与被试者选择相关的货币激励。在我们的实验中，被试者的假想性身份是社会的中立观察者，这种设定可以追溯到亚当·斯密的《道德情操论》，并被 Harsanyi（1953，1955）所发扬。这一实验设计的初衷是为了让被试者处于中立的视角，从而可以做出公平判断。如果引入与选择直接相关的实验回报，反而可能会引发被试者的自利偏误（self-interest bias）。

根据理论框架、实验设计和已有的相关文献，我们现提出以下待检验的理论假说：

我们可以得出与“情景依赖”有关的下述待检验的理论假说：

假说 1a：当存在“纯粹的漏桶情景”和“收入分配的漏桶情景”两类实验场时，被试者在此两种情景下的不平等厌恶水平有显著不同。

假说 1b：被试者的人口社会学因素会影响其不平等厌恶水平，性别差异的影响可能尤为明显。

我们还可以得出与“判断分配正义所利用的信息”有关的下述待检验的理论假说：

假说 2a：不平等厌恶水平会受到“收入差距形成原因”的信息的影响，故在出现个人需要为收入分配现状负责（选择、努力）的信息时，不平等厌恶水平较低，而当出现个人无须或无法为收入分配现状负责（出身、运气）的信息时，不平等厌恶水平较高。

假说 2b：不平等厌恶的实际情况与理论上的理想化情况有本质差异，即不平等厌恶水平的实际分布不符合罗尔斯的最大最小原则，也不符合从绝对的功利主义所衍生出的效率最大化原则。

假说 2c：由于在判断分配正义时所考虑的价值准则的多元性，被试者的选择可能不仅是在平等与效率之间进行简单权衡，而是也会引入其他的公平准则（尤其是责任原则），所以会表现为一种虽然看似不符合完备理性但却可以得到合理解释的偏好——“责任偏好”。该偏好意味着如果低收入者被认为应该为现状负责，那么参与再分配决策的被试者将避免低收入者通过再分配获取过多。

如果“责任偏好”能够被证明存在，则一个自然的推论是：“责任偏好”不仅会在再分配领域影响不平等厌恶水平，持有该偏好者在其他公共政策领域（如“增加税收”VS“减少公共服务”的财政政策选择）可能也会有不同的诉求。现有的研究已经证明了“不平等厌恶”水平确实会广泛影响人们的公共政策选择（Pirttlia and Uusitalo，2010；Gandelman and Nernandez-Murillo，2014）。于是，结合我们的实验设计，我们可以检验：

假说 2d：在一个社会发生了假想性的财政困难时，"责任偏好"和不平等厌恶水平都会对"增加税收"和"减少公共服务"之间的两难选择产生显著影响。

第四节　实验结果分析

一、初步的描述性分析

我们首先需要讨论的是实验结果在四个原因实验局之间和两个情景实验局之间是否存在显著差异。最朴素的方法是对实验结果进行描述性统计分析（见表 5-3）。

表 5-3　被试者的选择结果的概率分布

单位：%

不平等厌恶系数	理论参照系		甲情景				乙情景			
	功利	罗尔斯	出身	运气	选择	努力	出身	运气	选择	努力
0~0.1	100	0	2.91	3.48	11.40	9.09	3.88	3.48	14.91	10.23
0.1~0.3	0	0	9.22	11.30	9.65	13.07	13.11	14.78	9.65	13.07
0.3~0.5	0	0	37.86^{m}	30.43	28.9^{m}	32.39^{m}	22.33	14.78	12.28	24.43
0.5~1	0	0	28.16	30.43^{m}	24.56	19.89	36.89^{m}	36.52^{m}	36.84^{m}	26.70^{m}
1~2	0	0	5.83	12.17	10.53	9.66	8.74	10.43	12.28	9.66
2~3	0	0	3.40	2.61	7.02	6.25	1.46	6.09	3.51	3.41
3~∞	0	100	12.62	9.57	7.89	9.66	13.59	13.91	10.53	12.50
低厌恶水平（0~0.3）	100	0	12.13	14.78	21.05	22.16	16.99	18.26	24.56	23.30

注：上标 m 表示中位值。

在表 5-3 中，我们按照甲情景和乙情景分别列出了四个原因实验局[①]中不平等厌恶区间值的概率分布情况。同时，我们还给出了收入的功利主义和罗尔斯主义下的应然分布作为理论上的参照系，这是实证社会选择文献较为常见的分析方式（Yarri and Bar-Hillel，1984）。由表 5-3 所列出之结果可知：

第一，甲情景下不平等厌恶的中位值多数位于 0.3~0.5 的水平，乙情景下不平等厌恶的中位值则集中于 0.5~1 的区间，而两类极端的不平等厌恶（0~0.1 和 3~∞）的发生概率较低。于是，在甲情景下（“纯粹的漏桶”即显性漏桶），我们所得到的不平等厌恶水平比已有研究略高（Amiel，et al.，1999），而在乙情景下（“收入分配的漏桶”即隐性漏桶），实验所得的不平等厌恶水平比已有研究的结果略低（Carlsson，et al.，2005）。

第二，根据甲乙两种情景下被试者不平等厌恶水平的中位值，我们还可知，甲情景下有更多的被试者选择了反映较低不平等厌恶的再分配方案，即在甲情景下被试者对于漏桶损失可能更为敏感。也就是说，不平等厌恶水平在乙情景下要显然高于在甲情景中，这与已有研究的结论相符（Pirttlia and Uusitalo，2010）。[②]

第三，如果我们以不平等厌恶系数的中位值的下限为标准（见表 5-3 中甲情景的 m），将 0~0.3 设定为“低不平等厌恶水平”区间，则当有更高比率的被试者的选择结果处于“低不平等厌恶水平”区间时，就意味着被试者中有更多的人再分配意愿较弱。从“低不平等厌恶水平”区间的比率数值看，与“出身”实验局相比，另外三个实验局中都有更多被试者表

---

① 除了正文中介绍的四个实验局外，我们也开展了（不引入任何“收入分配差距原因”信息的）传统的不平等厌恶的问卷实验，获得的结果基本与表 5-3 类似。在甲情景下，中位值处于 0.3~0.5，在乙情景下，中位值处于 0.5~0.1。

② 在表 5-3 中，“收入分配的漏桶”情景下的不平等厌恶水平低于已有研究，这可能同我们在实验设计上的调整有关。我们在乙情景下假设高收入者的收入下降，而同时低收入者的收入有所提高，故收入差距缩小了，但平均收入也下降了。我们认为这种设定更贴近以税收进行收入再分配时的一般状况。Pirttila 和 Uusitalo（2010）的实验设计与我们相反，他们假设高收入者的收入提高，而低收入者的收入下降，故收入差距扩大但平均收入提高。这种设计在他们给出的工资谈判的假想情景下或许合理，但是不符合以税收调节分配时的常识。

现出较低的不平等厌恶水平以及相应的较弱的再分配意愿。这恰好与Buchanan（1986）的理论猜想相一致——其认为“出身”是最应该被纠正的不平等因素，且不平等厌恶程度的变化基本上符合他给出的按照“出身”“运气”“选择”“努力”的顺序由弱到强的预测。可见很多被试者在收入差距源于努力的差异时，不愿意进行严厉的再分配。这与理论推测、实验室实验和调查数据实证研究的结论相一致（汪良军和童波，2017；Alesina and Angeletos，2005）。

第四，在实证社会选择的文献中，理论参照系实际上起到了假想的对照组实验的作用。从表5-3可知，无论是收入的功利主义还是罗尔斯主义，其理论分布都与实验结果所展现的实际分布差别甚大，这初步说明了人们的选择并不符合哲学上的理想化构想。不过从“低不平等厌恶水平”区间的比率数值看，无论在甲乙哪种情景下，当收入差距源于自身需要负责的原因时，被试者的选择相对更接近收入的功利主义的标准，而当收入差距是因自身无须负责的原因所造成时，被试者的选择相对会更靠近罗尔斯主义的标准一些。

二、情景效应

我们需要检验上述直观判断是否具有统计意义上的显著性。

表5-4　相同实验局中被试者在甲情景和乙情景下选择的差异

甲情景和乙情景	对被试者的具体选择的检验	对被试者的选择分布的检验
	符号检验	卡方分布检验
出身	−1.357 (0.175)	28.317 (0.000)***
运气	−1.873 (0.061)*	19.574 (0.003)***
选择	−1.678 (0.093)*	22.376 (0.001)***

续表

甲情景和乙情景	对被试者的具体选择的检验	对被试者的选择分布的检验
	符号检验	卡方分布检验
努力	-1.079 (0.281)	11.570 (0.072)*

注：括号外为Z值或卡方值，括号内为p值。*、**、*** 分别表示在10%、5%和1%的水平下显著。下同。

在表5-4中，根据实验的被试者间设计，我们可以使用符号检验[①]来判断被试者在同一原因实验局的甲乙两类情景下的选择是否有显著差异。符号检验的结果告诉我们：在"努力"实验局和"出身"实验局中，甲乙情景下的被试者选择差异不显著；而在"运气"实验局和"选择"实验局中，被试者在甲情景和乙情景下的具体选择是有显著差异的。除了考察被试者在不同情景下的具体选择是否有差异外，我们更希望了解在按照不平等厌恶的区间值（见表5-3）分类后，不同情景下的实验结果在分布上是否存在显著差异。所以在表5-4中，我们使用卡方分布检验来考察在相同实验局中，被试者在甲乙两种情景下的选择结果的分布的差异性。表5-4的结果显示，在全部的四个原因实验局中，被试者在甲情景和乙情景下的选择从结果的分布上看存在显著差异。这一结果符合已有研究（Pirttlia and Uusitalo，2010）的结论和对于表5-3中内容的直接观察。于是根据表5-4的结果和表5-3的直观判断，我们有：

结论1a：不平等厌恶水平会受到特定环境的影响，即在不同的情景下不平等厌恶水平存在显著差异。

结论1a基本上支持我们提出的关于情景依赖的假说1a。由于甲乙情景间的主要差别是问题的描述方式的差异，故实验结果1a中的情景效应类似于框架效应。但是，无论从表5-4中符号检验的结果还是表5-3中

① 使用"符号检验"的原因是：我们的实验所得到的是一种区间性质的数据（见表5-3），故只能在将区间数据转化为定序数据后再进行检验。换句话说，实验所得数据的性质决定了在非参数检验时只能利用变量之间的大小关系（而忽略具体的数量差异）进行判断，故能够处理定序数据的"符号检验"最为适用。

甲乙两种情景下的不平等厌恶水平的直接比较，我们都可以发现，情景依赖的影响在我们的实验中的显著程度要比国外已有的研究要弱。

为了进一步检验实验结果的情景依赖性质，我们接下来要分析在不同的实验局中，被试者的个体特征如何影响他们的选择，我们采用的是区间回归（interval regression）的方法，同时我们也以有序 Logit 回归（ordered logit regression）的结果作为参照。[①] 在回归方程中，我们的模型以不平等厌恶在表 5-3 中的每个分组的下限值和上限值为被解释变量，以被试者的个体特征（性别、是否为独生子女、是否为农村户口、是否为党员或入党积极分子、是否参加过社团活动、是否参加过志愿者活动、[②] 当前收入、未来收入[③]）为解释变量。个体特征的信息来自实验尾声阶段被试者所填写的个人信息表。回归结果如表 5-5 和表 5-6 所示。

表 5-5 仅给出了甲情景下的回归分析结果，从中可见：第一，“性别”这一个人特征因素在“选择”实验局的两种回归中都有显著的正向影响，可以看到女性表现出比男性更高的不平等厌恶程度，显示出女性更反感由于个人选择造成的收入分配差距。第二，“户籍”因素在“选择”实验局和“出身”实验局的区间回归中显著，表现出与城市户口的被试者相比，农村户口的被试者在这两个实验局中不平等厌恶水平更高。第三，“党员”这一特征因素在“运气”实验局的有序 Logit 回归中显著。也就是说，当运气是造成收入分配差距的原因时，党员的不平等厌恶程度更强即更愿意实施再分配。第四，被试者所在家庭的“当前收入”在“运气”实验局中显著提高了不平等厌恶程度，而预期的家庭“未来收入”的影响在“努

① 由于我们的实验所得出的数据是不平等厌恶的区间值（见表 5-3），故区间回归的方法最为适用；同时，我们也将每个区间值按照由低到高的顺序排序，从而可使用有序 Logit 回归，其结果可以与区间回归的结果相互对照，以用于检验区间回归结果的稳健性。

② “性别”“独生子女”“户籍”“党员”“社团”“志愿者”都是 0/1 变量。

③ “当前收入”和“未来收入”为 1~5 的排序变量。我们在个人信息表中按照五等分将家庭收入排序，如果被试者的选项表明其认为目前的家庭收入或毕业后的未来的家庭收入处于最低的 20%的社会阶层，则我们将为这一选项赋值“1”。如果被试者的选项表明其认为目前的家庭收入或毕业后的未来的家庭收入处于次低的 20%的社会阶层，则我们将为这一选项赋值“2”，以此类推。

表 5–5　个体特征对不平等厌恶水平的影响分析（甲情景）

不平等厌恶（甲）	区间回归					有序 Logit 回归				
	出身	运气	选择	努力	全体	出身	运气	选择	努力	全体
性别	0.110 (0.479)	0.077 (0.648)	0.471*** (0.005)	−0.009 (0.956)	0.131 (0.120)	1.350 (0.322)	1.371 (0.439)	1.935* (0.052)	1.461 (0.247)	1.513*** (0.010)
独生子女	0.198 (0.245)	−0.239 (0.178)	0.301 (0.147)	−0.022 (0.888)	0.067 (0.467)	1.342 (0.333)	0.505* (0.054)	1.367 (0.416)	0.992 (0.979)	1.034 (0.835)
户籍	0.342* (0.069)	−0.123 (0.476)	0.357* (0.074)	−0.105 (0.547)	0.128 (0.200)	1.911** (0.048)	0.649 (0.164)	1.867 (0.123)	1.050 (0.886)	1.286 (0.141)
党员	0.181 (0.289)	0.411 (0.103)	0.048 (0.828)	0.003 (0.986)	0.173* (0.075)	0.944 (0.859)	2.157* (0.088)	1.152 (0.731)	1.041 (0.894)	1.220 (0.246)
社团	−0.036 (0.893)	−0.048 (0.823)	0.064 (0.840)	0.231 (0.312)	0.019 (0.886)	0.887 (0.813)	0.690 (0.416)	0.868 (0.823)	1.429 (0.411)	0.984 (0.946)
志愿者	−0.151 (0.560)	−0.300 (0.220)	0.096 (0.644)	−0.364 (0.161)	−0.132 (0.281)	0.660 (0.318)	0.411 (0.142)	1.532 (0.350)	0.516 (0.114)	0.707 (0.124)
当前收入	−0.136 (0.261)	0.230* (0.077)	0.130 (0.277)	0.049 (0.696)	0.024 (0.717)	0.963 (0.877)	1.303 (0.309)	1.380 (0.239)	1.019 (0.934)	1.095 (0.439)
未来收入	−0.114 (0.380)	−0.121 (0.277)	0.032 (0.811)	−0.215** (0.038)	−0.112* (0.078)	0.843 (0.434)	0.960 (0.873)	1.127 (0.694)	0.810 (0.315)	0.891 (0.322)
ID2	—	—	—	—	0.042 (0.713)	—	—	—	—	1.014 (0.945)
ID3	—	—	—	—	−0.051 (0.664)	—	—	—	—	0.919 (0.696)

续表

不平等厌恶（甲）	区间回归					有序 Logit 回归				
	出身	运气	选择	努力	全体	出身	运气	选择	努力	全体
ID4	—	—	—	—	-0.057 (0.588)	—	—	—	—	0.780 (0.197)
Wald chi2	8.72	11.32	18.09	8.75	12.40	6.25	19.88	11.12	7.92	16.57
Prob>chi2	0.4633	0.2547	0.0341	0.4609	0.4138	0.7151	0.0187	0.2678	0.5423	0.1666
Pseudo R^2	—	—	—	—	—	0.0113	0.0444	0.0233	0.0097	0.0082

注：①ID2 为“运气”实验局的哑变量，ID3 为“选择”实验局的哑变量，ID4 为“努力”实验局的哑变量。此外，我们的每个回归都控制了被试者的“参与问卷调查的经验”。②本章中给出的 logit 回归的结果都为概率值，如果概率值大于 1，则意味着此自变量会提高因变量发生的概率。更下同。

表 5–6 个体特征对不平等厌恶水平的影响分析（乙情景）

不平等厌恶（乙）	区间回归					有序 Logit 回归				
	出身	运气	选择	努力	全体	出身	运气	选择	努力	全体
性别	−0.098 (0.570)	−0.232 (0.313)	−0.054 (0.802)	0.079 (0.649)	−0.064 (0.515)	1.006 (0.984)	0.673 (0.347)	0.949 (0.893)	1.391 (0.302)	1.017 (0.920)
独生子女	0.052 (0.779)	−0.102 (0.670)	0.193 (0.315)	−0.003 (0.986)	0.033 (0.743)	1.10 (0.771)	0.699 (0.396)	1.209 (0.634)	0.905 (0.747)	0.953 (0.778)
户籍	0.166 (0.401)	−0.124 (0.605)	0.146 (0.510)	−0.195 (0.240)	0.025 (0.816)	1.305 (0.419)	0.908 (0.804)	0.970 (0.949)	1.058 (0.851)	1.101 (0.592)
党员	0.142 (0.375)	0.363 (0.202)	0.031 (0.892)	−0.147 (0.417)	0.081 (0.413)	1.180 (0.549)	1.747 (0.294)	1.092 (0.853)	0.733 (0.320)	1.062 (0.721)
社团	−0.431 (0.174)	−0.215 (0.441)	−0.397 (0.393)	0.202 (0.432)	−0.175 (0.275)	0.463 (0.143)	0.830 (0.706)	0.513 (0.346)	1.597 (0.323)	0.834 (0.486)
志愿者	0.104 (0.662)	−0.425 (0.155)	0.028 (0.921)	0.037 (0.875)	−0.018 (0.892)	1.370 (0.507)	0.552 (0.192)	1.269 (0.642)	0.939 (0.876)	0.984 (0.942)
当前收入	−0.107 (0.407)	0.184 (0.257)	−0.066 (0.620)	0.056 (0.624)	−0.004 (0.949)	0.824 (0.395)	1.584 (0.146)	0.970 (0.909)	1.157 (0.500)	1.070 (0.576)
未来收入	−0.299** (0.010)	0.047 (0.760)	0.237** (0.029)	−0.176* (0.066)	−0.086 (0.161)	0.591*** (0.005)	1.000 (1.000)	1.767** (0.019)	0.704* (0.069)	0.866 (0.182)
ID2	—	—	—	—	−0.105 (0.409)	—	—	—	—	1.196 (0.376)
ID3	—	—	—	—	−0.051 (0.676)	—	—	—	—	0.922 (0.709)

续表

不平等厌恶（乙）	区间回归					有序 Logit 回归				
	出身	运气	选择	努力	全体	出身	运气	选择	努力	全体
ID4	—	—	—	—	-0.063 (0.570)	—	—	—	—	0.790 (0.205)
Wald chi2	14.75	10.44	7.57	5.50	6.97	14.55	8.17	9.04	5.83	8.83
Prob>chi2	0.0979	0.4029	0.5776	0.7885	0.8593	0.1040	0.5173	0.4333	0.7571	0.7171
Pseudo R^2	—	—	—	—	—	0.0245	0.0212	0.0253	0.0107	0.0041

力”实验局中显著为负，说明那些对于未来有乐观预期的被试者在当前有较低的再分配意愿。最后，我们还将四个实验局的数据合并为一个“全体”样本进行了回归分析，发现两种回归分析表明：“性别”“党员”和“未来收入”的影响是显著的，其他个体特征的影响都不显著。具体来说，在全体被试者中，女性的不平等厌恶更高（比男性高出50%）；党员及入党积极分子的不平等厌恶水平普遍高于其他人；对未来收入的预期越高，不平等厌恶程度越低。

表5-6中给出的是乙情景下的回归分析结果。表5-6所列两种回归结果都表明“未来收入”预期这一个体特征在“选择”实验局、“努力”实验局和“出身”实验局中对于不平等厌恶水平都具有显著影响。在“努力”实验局和“出身”实验局中，较高的未来预期收入会降低不平等厌恶水平即再分配诉求。相反，在“选择”实验局中，较高的预期收入会提高不平等厌恶水平即再分配愿望，也就是说那些预期未来有较高收入的被试者认为，如果一个人选择了一份劳动强度较高但工资也较高的工作的话，那么此人的高工资应该接受更高强度的社会再分配。

根据表5-5和表5-6的内容，我们无法得到关于性别差异的显著影响的判决性结论，因为性别差异只在甲情景的“选择”实验局和全体样本的回归中显著。所以为了检验假说1b，我们还需要对性别这一个体情景因素做进一步的讨论（见表5-7）。

表5-7　不平等厌恶的性别比较

单位：%

	甲情景				乙情景			
	无须负责		无须负责		无须负责		需要负责	
	女	男	女	男	女	男	女	男
低厌恶水平（0~0.3）	10.3	19.4	18.4	26.7	15.7	20.4	21.6	27.5

在表5-7中，出于样本数量的考虑，我们按照“责任原则”将“出身”与“运气”两个实验局中的被试者合并为“无须负责”的被试者组，

而将“选择”与“努力”两个实验局中的被试者合并为“需要负责”的被试者组。在甲乙两种情景下，“无须负责”的被试者组中女性为 223 人，男性为 98 人，而“需要负责”的被试者组中女性为 185 人，男性为 105 人。从表 5-7 中，我们已经可以看出女性和男性被试者的选择所表现出的差异，因为无论在甲情景还是乙情景下，也无论是在“无须负责”还是“需要负责”被试者组中，男女之间处于“低厌恶水平”的比率都有明显的区别。更精确地，我们使用卡方分布检验来进一步确认男女之间的选择是否有显著差异（见表 5-8 和表 5-9）。

表 5-8　不平等厌恶的性别差异的卡方检验

甲情景		乙情景	
无须负责（女 VS 男）	需要负责（女 VS 男）	无须负责（女 VS 男）	需要负责（女 VS 男）
12.961** (0.044)	22.341*** (0.001)	25.919*** (0.000)	22.138*** (0.001)

在表 5-8 中，我们按照甲乙两种情景，在“无须负责”和“需要负责”两类被试者分组中，分别以卡方检验比较了女性和男性被试者的不平等厌恶的分布情况。由表 5-8 可知，男女之间的不平等厌恶水平在 4 种情况（两种情景的两类分组）下都存在显著差异。

表 5-9　女性和男性对于不平等厌恶的情景敏感性的符号检验说

	女性	男性
无须负责（甲情景 VS 乙情景）	−1.352 (0.176)	−0.529*** (0.000)
需要负责（甲情景 VS 乙情景）	−0.894 (0.371)	−4.619*** (0.000)

我们还希望考察男女被试者在情景敏感性上是否有差异，于是在表 5-9 中，我们还是依据“无须负责”和“需要负责”对被试者进行分组，进而通过符号检验来考察女性和男性的被试者在甲情景下和乙情景下的不平等厌恶是否有显著差异。从表 5-9 可见，无论在“无须负责”还是“需

要负责”分组中，女性的不平等厌恶程度在甲乙两类情景间都不存在显著差异；而相反，无论是对于“无须负责”还是“需要负责”分组，男性在甲乙两种情景下的不平等厌恶程度差异都在1%的水平上显著。所以，从表5-9中的结果可得到的结论是：男性在实验中的表现较之女性有更强的情景敏感性。

综合从表5-5到表5-9的结果，我们可得另一与情景依赖有关的结论：

结论1b：在关于不平等厌恶的漏桶实验中，被试者对于收入再分配的偏好会受到个体特征因素的影响。

在不同的情景下，个体特征影响不平等厌恶的表现是有差异的。在甲情景下，各个实验局中会有不同的个体特征发生显著影响；在乙情景下，只有唯一的个体特征因素——预期的“未来收入”——在多个实验局中都显著影响被试者的不平等厌恶水平。并且，女性被试者的表现明显不同于男性被试者，女性的不平等厌恶程度更强，且女性有较低的情景敏感性。所以结论1b基本上可证实假说1b。

三、与分配正义有关的信息的影响

除对于情景效应的考察外，我们还需要来考察“收入分配差距原因”信息所造成的影响。我们使用了卡方分布检验，[①] 其结如表5-10（甲情景）和表5-11所示（乙情景）。

表5-10　甲情景下不同实验局中被试者选择的差异（卡方分布检验）

甲情景	运气	选择	努力
出身	14.431 (0.025)**	33.718 (0.000)***	27.792 (0.004)***

① 之所以使用卡方检验，是因为如表5-3所示，我们的实验结果在数据类型上是区间数据而非连续数据，故不适宜采用Mann-Whitney U检验等方法。同时，我们的关注点在于不平等厌恶水平的区间分布在各个实验局之间是否有显著差异，故卡方检验是完全适用的。

续表

甲情景	运气	选择	努力
运气	—	26.443 (0.000)***	32.784 (0.000)***
选择	—	—	6.301 (0.390)

由表 5-10 可见，在甲情景下，除了“选择”实验局与“努力”实验局之间不存在显著差异外，其他各个实验局的结果之间的差异都是显著的，说明引入各类“收入分配差距原因”的信息会明显影响被试者的不平等厌恶水平。

表 5-11　乙情景下不同实验局中被试者选择的差异（卡方分布检验）

甲情景	运气	选择	努力
出身	19.757 (0.003)***	47.155 (0.000)***	19.118 (0.004)***
运气	—	17.647 (0.007)***	16.547 (0.011)**
选择	—	—	15.914 (0.014)**

由表 5-11 可知，在乙情景下，所有实验局之间都存在显著差异，这再次证明了不同的关于“收入分配差距原因”的信息会显著影响被试者的不平等厌恶水平。

结合表 5-10 和表 5-11 所展示的结果以及源自表 5-3 中的直观判断，我们就可以回答本章的核心关注的问题：

结论 2a：造成收入分配差距的原因（出身、运气、选择、努力）的不同会影响人们的不平等厌恶程度，无论再分配是发生于“纯粹的漏桶情景”（甲情景）还是“收入分配的漏桶情景”（乙情景）。

具体来说（见表 5-3），如果当前收入差距源于“运气”，不平等厌恶和再分配意愿最强；如果收入分配格局的形成原因是“努力”，不平等厌恶和再分配意愿最弱；但是“出身”信息的影响不符合我们的理论假说。结论 2a 的多数结论支持假说 2a。

以上我们所考察的都是在四个原因实验局和两类情景实验局中的实际实验结果之间的差异，除此之外，我们还希望在上述实验结果的实际分布与哲学理论中的理想化分布之间进行比较。

式（5-1）的 Atkinson 社会福利函数的一个重要优势是其具有非常好的理论包容性，各种社会福利函数具体形式大多可以通过不同的不平等厌恶系数取值在 Atkinson 社会福利函数中表达出来。收入再分配中的付出方即高收入者的收入的边际效用为 $MU_P = y_P^{-e}$，再分配中受益的低收入者的边际效用为 $MU_R = y_R^{-e}$，两者的边际效用比为 $MU_P/MU_R = (y_R/y_P)^e$。

在一个极端，当不平等厌恶系数等于或趋近于 0 时，$MU_P/MU_R = 1$。由于边际效用相等，无论收入分配多么不平等，再分配都不会有任何福利改善。于是，Atkinson 社会福利函数符合收入的功利主义原则，该原则只关注社会的总效应最大化而不关心效用在人际间的分布。此时根据式（5-1），$SWF = \sum u_i = \sum y_i$。这也就是说，收入的功利主义原则意味着无任何再分配的选择——其结果就是不会有效率损失或者说漏损——方可实现社会福利最大化。换句话说，此时社会福利最大化等价于社会总收入最大化。

在另一个极端，当不平等厌恶系数趋近于 ∞ 时，MU_P/MU_R 也会趋向 ∞，从而意味着每一元钱给低收入者带来的满足要远远超过它给高收入者带来的满足。于是，Atkinson 社会福利函数等价于遵循最大最小原则（也称差别原则）罗尔斯主义的社会福利函数。此时根据式（5-1），$SWF = \min(u_i) = \min(y_i)$。这就意味着再分配会通过提高低收入者的所得而极大地改善社会福利，无论任何效率损失都是值得的，因为社会总福利仅取决于最低收入阶层的收入水平。

上述内容的社会福利含义的直观表示（Cowell，2000）如图 5-1 所示。在图 5-1 中，社会政策考虑老张（收入以 y_1 表示）和老王（收入以 y_2 表示）之间的分配问题。我们要考察的是何种平均分配状态在社会福利水平上与原初分配状态等价。E 点是初始分配点（显然老张的初始收入更高），M 表示此初始状态下的平均收入。当不平等厌恶水平的设定有别时，社会福利函数在二维平面空间中的具体形式不同，G 是不平等厌恶系数值处于非极端状态时的社会价值曲线，R 是不平等厌恶系数值等于 ∞ 时的罗尔斯主义社会价值曲线，收入维度的绝对功利主义思想主张维持 E 点的现状（此时不平等厌恶系数值等于 0）。于是罗尔斯主义、收入的功利主义和常态的社会福利函数的最优分配状态分别为 N 点、E 点和 F 点。

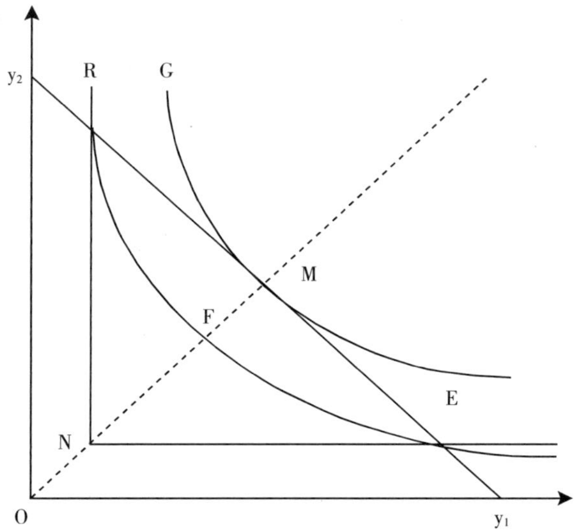

图 5-1　最大最小原则与效率优先原则

在我们的实验中，收入的功利主义社会福利函数对应于不平等厌恶系数取值区间为 0~0.1 时，该社会福利函数意味着 0~0.1 的分布应该独占全体分布的 100%，因为任何其他分布都会有社会总收入的漏桶损失。与之相对，罗尔斯社会福利函数则意味着 3~∞ 的分布会占到全体分布的 100%，因为无论漏桶损失再大，唯有低收入者收入提高才意味着社会福利改善。我们将这两种理论上的理想化分布与实验中实际发生的分布做了比较，结果如表 5-12 所示。

表 5-12 理想化分布与实际分布的比较（卡方分布检验）

	甲情景				乙情景			
	出身	运气	选择	努力	出身	运气	选择	努力
收入功利主义社会福利函数	518455*** (0.000)	256126*** (0.000)	201763*** (0.000)	323997*** (0.000)	472796*** (0.000)	242726*** (0.000)	213789*** (0.000)	306601*** (0.000)
罗尔斯社会福利函数	487371*** (0.000)	246991*** (0.000)	207292*** (0.000)	322121*** (0.000)	437827*** (0.000)	221846*** (0.000)	226514*** (0.000)	297505*** (0.000)

表 5-12 所展示的结果使我们得出：

结论 2b：对于甲乙两种情景下的任何一个实验局来说，实验中发生的实际分布与理想化分布都存在非常显著的差异。

也就是说，人们并不是如同收入的功利主义社会福利函数或罗尔斯社会福利函数所假设的那样按照简单的单一正义原则来关注社会福利。结论 2b 完全支持假说 2b。

作为收入的功利主义之推论的效率优先和罗尔斯的最大最小都是宏观的正义原则，接下来，我们想要考察一个更微观的正义原则——“责任原则”——对被试者的不平等厌恶和财政政策选择的影响。按照“漏桶”理论的一般推理，被试者要在平等和效率之间进行权衡，故随着漏损率即效率损失的提高，被试者的再分配意愿降低。也就是说，假设被试者的不平等厌恶水平在实验过程中稳定不变，如果被试者在漏损率较低的情况下不同意再分配，则其更加不会在漏损率较高的情况下同意再分配。然而，我们通过分析实验数据发现，有些被试者恰恰在漏损率较低的情况下否决了再分配，反倒在漏损率较高的情况下同意再分配。此类“异象”(anomaly) 的发生率在甲情景下为 31.26%,[①] 在乙情景下为 26.35%。[②]

对于这一“异象”，一个最简单的解释是将其归咎于被试者的非理性

① 在甲情景下，各个实验局的“异象”发生率：“运气”实验局 29.57%、“选择”实验局 40.36%、“努力”实验局 37.50%、“出身”实验局 21.84%。

② 在乙情景下，各个实验局的“异象”发生率：“运气”实验局 24.35%、“选择”实验局 35.96%、“努力”实验局 30.68%、“出身”实验局 18.45%。

（塞勒，2018），例如被试者没有理解实验说明和实验时注意力分散。但是，我们通过实验后对被试者的追访发现，我们的实验中的绝大多数“异象”选择并非源于非理性，而是来自被试者的一种“责任偏好”——不希望有人可以不劳而获，或者说不希望需要为自己的现状负责的低收入者通过再分配获得太多。这就意味着，被试者可能“非理性”地选择在漏损率较低时不去实施再分配，因为此时低收入者获得的转移支付较多。相反，被试者可能会“合理”地选择在漏损率较高时实施再分配，从而可以避免某些应该自担其责的低收入者通过再分配不劳而获，至少可以降低这类人所获得的转移支付水平。

非常幸运的是，我们在实验尾声阶段的个人信息问卷中有一个选项，其让被试者回答：“你是否认为，现实中的低收入者应该为自己的现状负主要责任”。基于这一信息，我们可以通过二值 Logit 回归来检验上述的假说 2c——被试者关于低收入者要为自己的现状负责的考虑是我们的实验中出现“异象”（体现责任偏好[①]的选择）的主因。结果如表 5-13 所示。

表 5-13　对“异象”（责任偏好）的二值 Logit 回归分析

	甲情景（全体）	乙情景（全体）
性别	1.320 (0.170)	1.126 (0.580)
独生子女	0.902 (0.622)	0.947 (0.802)
户籍	1.046 (0.838)	0.861 (0.525)
调研经历	1.087 (0.738)	0.712 (0.201)
党员	1.213 (0.341)	0.740 (0.169)
社团	0.777 (0.410)	0.871 (0.677)

① 一个被试者的选择体现了“责任偏好”就设为 1，否则设为 0。

续表

	甲情景（全体）	乙情景（全体）
志愿者	0.755 (0.330)	1.455 (0.237)
当前收入	1.121 (0.445)	1.259 (0.158)
未来收入	1.063 (0.631)	0.895 (0.415)
责任认定①	1.700*** (0.010)	1.550** (0.040)
ID2	1.510 (0.127)	1.470 (0.179)
ID3	2.568*** (0.000)	2.746*** (0.000)
ID4	2.175*** (0.001)	2.072*** (0.003)
Wald Chi2	30.16	27.90
Prob>chi2	0.0045	0.0093
Pseudo R^2	0.0407	0.0386

根据表 5-13 可知，无论是在甲情景还是乙情景中（使用的都是全体被试者的样本），“责任”变量对于“责任偏好”的出现都具有显著的影响，说明当被试者认为现实中低收入者应当为自己现状负责时，实验结果就会表现出“异象”——由于不愿意低收入者通过转移支付获得太多，被试者在漏损率低时反对再分配，而在漏损率高时却支持再分配。被试者所具有的这种责任偏好超越了“漏桶”理论中简单的平等与效率的权衡，体现了人的偏好的复杂性。此外，我们还可以看到，ID3 和 ID4 在两种情景下几率比都显著大于 1，表明当“选择”和“努力”是造成收入差距的原因时，被试者会尤为体现出责任偏好，因为根据责任原则，低收入者应该为

① 对于“责任认定”这一自变量，如果被试者同意“低收入者要为现状负主要责任”，则设定为 1，否则设定为 0。

自己的职业选择和在工作中的努力程度负责。综上我们得出：

结论 2c：人们在再分配时存在超越简单的平等—效率权衡的“责任偏好”——为了避免低收入者不劳而获，人们在漏损率低时反对再分配，而在漏损率高时却支持再分配。当低收入者应该为自身的不够“努力”和自愿“选择”负责时，“责任偏好”尤为突出。

结论 2c 证实了我们提出的假说 2c。

我们想通过实证分析讨论的最后一个问题是除了直接的再分配之外，不平等厌恶在其他公共政策领域的可能影响。党的十九大报告提出，“保障和改善民生要抓住人民最关心最直接最现实的利益问题，既尽力而为，又量力而行”。基于此，我们在实验尾声的问卷中提出的一个问题是：“如果你的家乡遇到了财政困难，你认为当地应该增加税收还是减少公共服务”。我们把被试者对此问题的回答转换为 0/1 变量，选择应该“增加税收”为 1，选择应该“减少公共服务”为 0。我们以该 0/1 变量作为被解释变量，以“不平等厌恶”的排序值、“责任偏好”和人口特征为解释变量，回归结果如表 5-14 所示。

由表 5-14 可知：第一，在甲情景下的“选择”实验局和“出身”实验局中，“不平等厌恶”的影响分别负向显著和正向显著。这意味着在“选择”实验局中高不平等厌恶者倾向于减少公共服务，而在“出身”实验局中高不平等厌恶者倾向于增加税收。这一结果是比较容易理解的，个人要为自己的“选择”负责，所以此时应该减税而非加税；相反，个人无法为自己的“出身”负责，所以此时向高收入者多征税以弥补财政收入的不足是合理的。在甲情景的其他实验局和乙情景的全部实验局中，“不平等厌恶”的影响不显著。第二，在甲情景和乙情景下，“责任偏好”在“努力”实验局、“出身”实验局和全体样本的回归中都有显著负向影响，表明具有责任偏好的被试者更愿意选择削减公共服务的政策。这意味着，具有责任偏好者基于责任原则不赞成有利于低收入者的政策。第三，“性别”的影响仅在 10%的显著性水平下，在乙情景的“努力”实验局中正向显著，说明女性被试者在较弱的程度上更倾向于增加税收。这一结果再次

表 5-14　不平等厌恶和责任偏好对财政选择的影响（二值 Logit 回归）

财政选择	甲情景					乙情景				
	出身	运气	选择	努力	全体	出身	运气	选择	努力	全体
不平等厌恶	1.278** (0.027)	0.986 (0.926)	0.680** (0.028)	1.134 (0.283)	1.095 (0.142)	1.153 (0.169)	0.946 (0.698)	0.966 (0.815)	1.090 (0.427)	1.086 (0.144)
责任偏好	0.411** (0.020)	0.594 (0.348)	1.408 (0.560)	0.488* (0.071)	0.542*** (0.004)	0.224*** (0.001)	0.745 (0.583)	0.942 (0.914)	0.382** (0.017)	0.453*** (0.000)
性别	1.005 (0.988)	0.510 (0.140)	1.349 (0.536)	1.654 (0.144)	1.008 (0.965)	1.006 (0.985)	0.510 (0.136)	1.034 (0.941)	1.785* (0.100)	1.020 (0.912)
独生子女	1.224 (0.544)	0.568 (0.262)	3.881** (0.015)	1.681 (0.160)	1.299 (0.169)	1.480 (0.260)	0.613 (0.315)	3.102** (0.035)	1.667 (0.162)	1.318 (0.147)
户籍	1.020 (0.955)	2.666** (0.046)	4.693** (0.013)	1.532 (0.262)	1.808*** (0.003)	1.091 (0.811)	2.809** (0.034)	3.723** (0.019)	1.448 (0.321)	1.763*** (0.005)
党员	1.406 (0.274)	1.200 (0.716)	2.148* (0.092)	1.457 (0.294)	1.782*** (0.004)	1.215 (0.535)	1.131 (0.800)	1.852 (0.175)	1.335 (0.423)	1.352 (0.109)
社团	0.898 (0.837)	0.505 (0.325)	9.840** (0.013)	1.346 (0.588)	1.181 (0.560)	0.877 (0.806)	0.547 (0.361)	9.086** (0.015)	1.285 (0.647)	1.220 (0.493)
志愿者	1.125 (0.808)	2.767 (0.168)	0.724 (0.613)	0.573 (0.325)	0.986 (0.958)	1.207 (0.718)	2.789 (0.172)	0.699 (0.574)	0.650 (0.422)	1.058 (0.834)
当前收入	0.904 (0.654)	1.156 (0.685)	1.604 (0.123)	1.058 (0.825)	1.080 (0.557)	0.966 (0.889)	1.124 (0.726)	1.460 (0.204)	1.074 (0.787)	1.104 (0.459)
未来收入	0.987 (0.947)	1.166 (0.595)	1.230 (0.497)	0.786 (0.312)	0.988 (0.920)	0.923 (0.720)	1.163 (0.600)	1.265 (0.445)	0.766 (0.267)	0.963 (0.751)

续表

财政选择	甲情景					乙情景				
	出身	运气	选择	努力	全体	出身	运气	选择	努力	全体
ID2	—	—	—	—	1.025 (0.917)	—	—	—	—	1.012 (0.962)
ID3	—	—	—	—	0.942 (0.804)	—	—	—	—	0.972 (0.908)
ID4	—	—	—	—	1.382 (0.134)	—	—	—	—	1.396 (0.122)
Wald chi2	9.87	12.17	22.12	10.63	21.93	14.82	12.48	18.19	12.39	26.20
Prob>chi2	0.5421	0.3512	0.0235	0.4749	0.0801	0.1909	0.3285	0.0773	0.3349	0.0244
Pseudo R^2	0.0427	0.1015	0.1523	0.0468	0.0289	0.0587	0.0987	0.1172	0.0603	0.0352

从一个侧面说明女性更加重视平等。第四，在甲情景和乙情景的“选择”实验局中，“独生子女”对于财政选择的影响正显著，说明实际生活中独生子女更支持增加税收的政策。第五，在甲情景和乙情景的“运气”实验局、“选择”实验局和全体样本回归中，“户籍”的影响都正向显著，意味着农村户口的被试者更支持增加税收的政策。第六，“党员”在甲情景的全体样本的回归中正向显著，在甲情景的“选择”实验局中也正向显著，说明党员和入党积极分子更倾向于增加税收。第七，“社团”变量的影响在两种情景的“选择”实验局中都统计显著，表明有过社团经历的被试者更倾向于增加税收，且此种政策意愿非常强烈。于是我们得出：

结论 2d：在甲乙两种情景下，会影响财政选择的个体特征变量高度一致，其中“责任偏好”尤其有显著影响（降低了增加税收的可能），但是“不平等厌恶”只针对特定情景下的特定收入差距原因（甲情景下的“选择”和“出身”）有显著影响。

结论 2d 大致可证实假说 2d。

四、对外部有效性的检验

无论是实验室实验还是问卷准实验，学者对于实验所得结果的外部有效性的批评始终未曾断绝，减少此种质疑的方法之一是全部或部分使用非学生的被试者。于是，为了检验以学生作为被试者的实验结果的外部有效性，我们在 2018 年 12 月 7 日安排了 43 名在职 MPA 研究生[①]作为被试者，测度了他们在甲情景的“出身”实验局和“努力”实验局中的不平等厌恶水平，[②]结果如表 5-15 所示。

① 在这 43 人中，女性占 65.12%，男性占 34.88%；上大学前家庭户籍为农业户口的占 53.49%，非农户口的占 46.51%；独生子女比例为 51.16%，非独生子女比例为 48.84%；党员占 60.47%，非党员占 39.53%；90%以上的被试者曾经做过志愿者或参加过公益活动；所有被试者全部来自政府机关和事业单位。

② 为了控制顺序效应，我们在实验中随机平均发放 AB 卷。A 卷“出身”实验局在前，B 卷“努力”实验局在前。

表 5-15　非学生被试者不平等厌恶水平的概率分布

单位：%

不平等厌恶系数	出身	努力
0~0.1	2.33	27.91
0.1~0.3	9.30	6.98
0.3~0.5	30.23	16.28[m]
0.5~1	20.93[m]	9.30
1~2	23.26	18.60
2~3	4.65	6.98
3~∞	9.30	13.95
低厌恶水平（0~0.3）	11.66	34.89

由表 5-15 可见，使用非学生被试者或学生被试者所得的结果在趋势上是类似的，表现为当低收入是由个人无须负责的原因所造成时，不平等厌恶水平较高；而当低收入者需要为自己的收入现状负责时，不平等厌恶水平则较低。具体来说，就是当造成贫富差异的原因是“出身”的不同时，MPA 被试者表现出了较高的不平等厌恶，或者就是说有更低比例的被试者位于“低厌恶水平”的区间；而当造成贫富差距的原因是“努力”程度的差异时，MPA 被试者表现出了更低的不平等厌恶水平，或者说此时有更高比例的被试者处于“低厌恶水平”的区间——这与表 5-3 中学生被试者的结果一致。我们还在“出身”和“努力”两个实验局之间进行了卡方分布检验，所得结果为 23.314（0.001），说明不平等厌恶系数的概率分布在以在职 MPA 研究生作为被试者两个原因实验局之间确实有显著差异——这再次与表 5-10 中学生被试者的结果一致。

于是我们可知，在责任原则（不同的贫富差距形成原因）对不平等厌恶水平的影响这一核心问题上，在职 MPA 被试者与学生被试者之间不存在本质差异，实验结果具有可接受的外部有效性。

第五节 小 结

党的十九大报告提出，到21世纪中叶，“全体人民共同富裕基本实现”。为了达成这一反映社会主义本质特征的伟大目标，公共政策不能仅着眼于共同富裕的结果，还要关注共同富裕的实现过程的公平合理。基于实证社会选择方法，我们的实验证实了本章的主要理论猜测：从“责任”的视角来看，造成既定收入分配格局的不公平的原因会显著恶化不平等厌恶水平，且责任原则也会以一种“异象”的表现形式影响再分配时的决策。于是，我们的研究证明了存在所谓的“因不公而恶不均”的现象。

具体来说，我们通过对不平等厌恶的问卷实验研究发现：被试者表现出源于框架和人口特征的情景依赖，特别是女性更倾向于较高的不平等厌恶水平，而男性则对框架的变化较为敏感。不同的造成收入差距的原因确实会对被试者在平等与效率之间的权衡产生显著影响——在“努力”实验局中有最多的被试者处于低不平等厌恶水平区间。也就是说，当人们得知，当前的收入分配格局的形成是源于相关者需要负责的原因时，人们的再分配诉求较弱；反之则相反。另外，我们在问卷实验中还发现：人们对于再分配政策的选择并非仅是进行简单的平等与效率的权衡，而是可能出现一种“异象”式的“责任偏好”——由于担心低收入者不劳而获，人们在效率损失低时反对再分配，而在效率损失高时反而支持再分配。这种偏好可以通过责任原则加以解释，故虽然非理性但却合理。并且，“责任偏好”与“不平等厌恶”一道，会显著影响再分配之外的公共政策抉择（如“增加税收”还是“减少公共服务”）。

“不平等厌恶”的形成机理或者说影响因素是一个非常复杂的问题，我们的研究仅是一种有限的尝试。例如，第一，我们只研究了个体层面的情景依赖问题，而没有涉及整体层面的情景效应。即使仅局限于中华文化的范围内，关于后者的讨论也需要进行跨地区（从而刻画地域文化差异）和较长持续时间（从而反映转型期不断变化的主流文化和价值观）的研究。第二，未来在实验设计上还有大量的空间可以开拓，最显见的是我们可以考察当待分配的是非收入物品（如森的能力、罗尔斯的基本善）和再分配的受益者是特殊人群（如残疾人、儿童）时，不平等厌恶的变化趋势。第三，我们只采用了问卷准实验这一种方法，未来的研究需要方法上的互补（如借鉴微观计量的方法）、样本范围的扩大（如全面使用非学生被试者）和实验方式的多样化（如开展田野实验）。

在“不平等厌恶”的各种实证研究的努力之外，一个更具挑战性的问题是“不平等厌恶”对于增进人民福祉的理论意义。社会福利最大化的政策选择要根据整个社会的不平等厌恶的系数值来确定，而“阿罗不可能定理”已经证明了将个人的不平等厌恶集结为整个社会的偏好时的困境。Atkinson（1970）等西方学者直接假设社会的不平等厌恶水平能够通过民主程序得到，实际上是在逃避问题。现实地说，无论是问卷实验的工作还是微观调查的努力，我们所能得到的不平等厌恶的系数值都是个人的。对此问题，较为晚近的西方学者的研究所给出的解决方案是通过“对话”来塑造和凝聚关于社会福利的总和判断（Maskin and Sen，2014）。对话会形塑个人对不平等的认知，从而让原本无限制定义域的个人偏好能够收敛到有可能达成“重叠共识”（overlapping consensus）的范畴之内。在新时代背景下，如何发挥党对一切工作的领导这一中国特色社会主义政治制度的最大优势，从而把中国各个职业、各个地区、各种收入水平的人们的不平等厌恶集结为可以反映全体人民最大福祉的政策，是迫切需要在新时代现代化强国建设过程中回答的问题。

综合第三章到第五章的内容，我们已经讨论过了分配正义所涉及的多元价值观、分配的理想准则、不平等厌恶的影响因素等主题。那么，除了直接的收入分配外，以上所讨论内容在其他领域是否也适用呢，在下一章，我们将以基本公共服务均等化为对象来检验之。

本章附录　实验问卷

一、甲情景“运气”实验局

欢迎参加我们的调查，您要回答的是关于收入分配的问题。我们的实验是匿名的，不会泄露个人信息。请独立回答，不要互相议论。您的回答将仅用于科学研究。

在一个社会中，分配现状是最高收入组人口的年收入为 6.5 万元，最低收入组人口的年收入为 0.6 万元。低收入者收入低的原因是因为他们在找工作时恰巧进入了一个未来工资较低的行业。高收入者收入高的原因是因为他们在找工作时恰巧进入了一个未来工资较高的行业。

请您回答以下问题：

（1）目前的再分配政策是向高收入者征税并将征税所得的收入转移给低收入者。由于高收入者会降低工作努力以及征税会产生行政成本，故从高收入者每征收 1 元，低收入者只能获得其中的 80%。请问你是否支持实施再分配政策。（　　）

A. 支持　　　　　　　　　　B. 反对

（2）目前的再分配政策是向高收入者征税并将征税所得的收入转移给低收入者。由于高收入者会降低工作努力以及征税会产生行政成本，故从高收入者每征收 1 元，低收入者只能获得其中的 50%。请问您是否支持实施再分配政策。（　　）

A. 支持　　　　　　　　　　B. 反对

（3）目前的再分配政策是向高收入者征税并将征税所得的收入转移给低收入者。由于高收入者会降低工作努力以及征税会产生行政成本，故从

高收入者每征收 1 元，低收入者只能获得其中的 30%。请问您是否支持实施再分配政策。(　　)

A. 支持　　　　B. 反对

(4) 目前的再分配政策是向高收入者征税并将征税所得的收入转移给低收入者。由于高收入者会降低工作努力以及征税会产生行政成本，故从高收入者每征收 1 元，低收入者只能获得其中的 9%。请问您是否支持实施再分配政策。(　　)

A. 支持　　　　B. 反对

(5) 目前的再分配政策是向高收入者征税并将征税所得的收入转移给低收入者。由于高收入者会降低工作努力以及征税会产生行政成本，故从高收入者每征收 1 元，低收入者只能获得其中的 1%。请问您是否支持目前的再分配政策。(　　)

A. 支持　　　　B. 反对

(6) 目前的再分配政策是向高收入者征税并将征税所得的收入转移给低收入者。由于高收入者会降低工作努力以及征税会产生行政成本，故从高收入者征得 100 元，低收入者只能获得其中的 0.1%。请问您是否支持目前的再分配政策。(　　)

A. 支持　　　　B. 反对

二、乙情景“运气”实验局

在一个社会中，分配现状是最高收入组人口的年收入为 6.5 万元，最低收入组人口的年收入为 0.6 万元。两者之间的平均收入为 3.55 万元。低收入者收入低的原因是因为他们在找工作时恰巧进入了一个未来工资较低的行业。高收入者收入高的原因是因为他们在找工作时恰巧进入了一个未来工资较高的行业。请您回答以下问题：

(1) 经过再分配政策的调节，与分配现状相比，最高收入者和最低收入者的收入差距下降了，但平均收入也下降了。高收入者的收入下降到

5.8 万元，低收入者的收入上升到 1.16 万元，平均收入降为 3.48 万元。请问您是否支持目前的再分配政策。（　　）

A. 支持　　　　　　　　　B. 反对

（2）经过再分配政策的调节，与分配现状相比，最高收入者和最低收入者的收入差距下降了，但平均收入也下降了。高收入者的收入下降到 5.8 万元，低收入者的收入上升到 0.95 万元，平均收入降为 3.37 万元。请问您是否支持目前的再分配政策。（　　）

A. 支持　　　　　　　　　B. 反对

（3）经过再分配政策的调节，与分配现状相比，最高收入者和最低收入者的收入差距下降了，但平均收入也下降了。高收入者的收入下降到 5.8 万元，低收入者的收入上升到 0.81 万元，平均收入降为 3.305 万元。请问您是否支持目前的再分配政策。（　　）

A. 支持　　　　　　　　　B. 反对

（4）经过再分配政策的调节，与分配现状相比，最高收入者和最低收入者的收入差距下降了，但平均收入也下降了。高收入者的收入下降到 5.8 万元，低收入者的收入上升到 0.66 万元，平均收入降为 3.23 万元。请问您是否支持目前的再分配政策。（　　）

A. 支持　　　　　　　　　B. 反对

（5）经过再分配政策的调节，与分配现状相比，最高收入者和最低收入者的收入差距下降了，但平均收入也下降了。高收入者的收入下降到 5.8 万元，低收入者的收入上升到 0.607 万元，平均收入降为 3.204 万元。请问您是否支持目前的再分配政策。（　　）

A. 支持　　　　　　　　　B. 反对

（6）经过再分配政策的调节，与分配现状相比，最高收入者和最低收入者的收入差距下降了，但平均收入也下降了。高收入者的收入下降到 5.8 万元，低收入者的收入上升到 0.6007 万元，平均收入降为 3.2 万元。请问您是否支持目前的再分配政策。（　　）

A. 支持　　　　　　　　　B. 反对

第六章　公共服务资源配置中的个人偏好与社会正义

第一节　问题提出

按照党的十九大所规划的蓝图和中共中央办公厅、国务院办公厅于2018年12月所印发的《关于建立健全基本公共服务标准体系的指导意见》的要求，基本公共服务均等化的实现是中国整体现代化强国建设事业的有机组成部分之一。实现基本公共服务均等化的目的是“确保基本公共服务覆盖全民、兜住底线、均等享有，使人民获得感、幸福感、安全感更加充实、更有保障、更可持续”。显然，基本公共服务均等化的实现属于人民群众对美好生活向往的一部分，可以并且需要从福利经济学的视角加以讨论。党的十九大强调要“履行好政府再分配调节职能，加快推进基本公共服务均等化，缩小收入分配差距”，相当于把基本公共服务均等化与分配正义这一福利经济学核心主题连接在了一起。

“基本公共服务均等化”的理念在我国的“十一五”规划中首次提出，党的十八大以来，实现基本公共服务均等化工作不断被引向深入，如《关于建立健全基本公共服务标准体系的指导意见》提出了“到2035年，基本公共服务均等化基本实现，现代化水平不断提升”的奋斗目标。但是客观来看，目前的基本公共服务均等化水平与人民群众的要求和他们对美好生活的向往仍然有一定的差距，而这种差距在很大程度上是由现有的公共服务资源配置上的不合理不公平所造成的，具体反映为区域之间的差距（如东部发达城市的公共服务水平远高于其他地区）、城乡之间的差距（公共服务资源集中于城市）、甚至是城市内部贫富人群在公共服务获得上的逆向再分配（如高收入者可以通过购买学区房获得优质公共教育资源）。这些问题都需要我们从社会福利的维度，在分配正义和经济效率的权衡的理论背景下加以思考和解决。

自亚当·斯密以来，经济学的文献一向不注重区分公共服务（public services）[①] 和公共品（public goods）这两个概念。一般来说，基本公共服务（除文化外）可能更接近布坎南所定义的俱乐部品（club goods）而非纯公共品（Buchanan，1965）。经济学家之所以忽视了公共服务的“正名”问题，是因为经济学家一向关注的是人们是否获得了“好东西”（goods），[②] 而这些好东西是公共属性还是私人属性倒是还在其次。只要是好东西，就可以给人带来效用，于是在引入了对公共服务的考虑后，代表个体的效用函数可写为 $U=f(y, G)$，其中 y 为用于购买私人品的个人可支配收入，而 G 则是个人所享受到的公共服务。

我们在本章中将尝试通过实证社会选择方法来考察以上公共服务均等化中的基本问题。实证社会选择的国内研究目前无论在数量还是质量上都还比较薄弱，从已有文献看还处于一种起步的阶段（丁建峰，2010；汪毅霖，2015）。有限的已有研究还都是以收入分配为研究对象，还没有以异

---

① Buchanan（1967）从集体选择的角度提出了一个对于“公共服务”的实用的工具性定义：任何物品和服务，只要组织或社区中的人们决定通过公共部门来供给，其就可以称为“公共服务”。于是，这一定义下的“公共服务”可以包括从完全的私人物品到纯公共品之间的整个谱系中的任何物品，这可以反映《国家基本公共服务“十二五”规划》对“基本公共服务”的外延的定义。基于我们的分析目的，我们所理解的“基本公共服务”将遵循这一工具性定义。（参见 James Buchanan，*Public Finance in Democratic Process*：*Fiscal Institutions and Individual Choice*，Chapel Hill：North Carolina University Press，1967，p. 22.）

② 伦理学家习惯于将“good”翻译为“善”。这种好东西或者说善可以是产品（products）还可以是服务（services），可以是有形的也可以是无形的。帅哥美女、美食美酒、可爱的孩子、精彩的电影都是好东西，都可以给人带来正效用。

质化的基本公共服务为主题的研究。所以，我们接下来将讨论当信息（被试者是否知道自己的贫富状况）和身份立场（贫富差距是否与被试者自身利益有关）等内容发生了变化时，这些实验设置上的变化是否会显著改变被试者的选择。我们致力于回答的问题是：假定可以投向基本公共服务的资源有限，且各种投入方案有不同的分配含义，则人们会在简单多数决策规则下做出何种选择，而这些选择又在多大程度上依赖于信息和立场的变化。

本章余下部分的结构为：第二部分介绍理论框架，我们将分析阿罗的“口味”和“价值”二分，以及罗尔斯、哈萨尼、布坎南等对原始状态下应该产生的正义原则的思考，从而归纳出其中的社会选择理论含义；第三部分是实验设计，我们将会把前一部分中总结出的社会选择的理论含义转换为可以进行经验分析的实证社会选择问题；第四部分将讨论实验所得的结果，即讨论实验所发现的在基本公共服务领域可能被多数人赞同的资源配置原则；第五部分是小结及附录。

第二节　理论框架

在我们的实验中，除了存在基准情景（被试者知道自己的初始禀赋状况）的实验局外，我们还设置了“无知之幕”和“中立观察者”两种实验局。不同于 Konow（2009）和 Amiel 等（2011）的研究，我们尝试在实验设计中嵌入了“效率”和“应得”这两项新的信息。我们所采用的基准、无知之幕和中立观察者的设置分别依循着阿罗、罗尔斯、哈萨尼和布坎南等所开拓的研究道路。

作为社会选择的理论框架的奠基人，阿罗非常敏感地意识到了个人偏好在私人领域和公共领域的差异性。在《社会选择与个人价值》一书中（Arrow，1951/1963），阿罗严格区分了两种类型的个人偏好（individual prefenence）：一是在私人领域关于私人品消费决策时起作用的“口味”（taste）；二是在公共领域会对关于公共服务的集体决策产生影响的“价值”（value）。在阿罗看来，只有“价值”才属于社会选择研究中需要讨论的那一类个人偏好。① 罗尔斯、哈萨尼和布坎南② 在后续的研究中都采用了与阿罗类似的理解个人偏好的方式，即公共决策中的“价值”偏好与私人决策中的“口味”偏好有明显区别，前者包含更多的对正义原则的考量，而后者则更接近于原子式的经济人（homo oeconomicus）的偏好。于是，人们在做出集体决策时不会完全被私人利益所捆住，公共利益或者说社会总体福利也会被考量到。

罗尔斯作为契约论在当代的代表人物，其否定了人在原初状态下会表现出如同主流经济学中“经济人”一样的偏好，也否定了正义原则是按照私人利益最大化和完备理性进行博弈的均衡。罗尔斯的想法是，除了自爱，人也有做出道德判断及在行为上遵循从道德原则的能力。为了能让生活不是一样你死我活的零和博弈（这种生活肯定不美好），从而无论是现实还是假想中的每一个人都能够在参与生命历程中的各类博弈时处于一种公平的合作体系（a fair system of cooperation）之中，在《正义论》的 1999 年修订版中，罗尔斯给人的偏好施加了被经济学所长期忽略的内在道德约束，他假设在无知之幕下进行博弈和选择时，每个幕布背后的人都具有两类基础性的道德力量（moral power）：其中之一被称为关于正义感的能力（a capacity for a sense of justice），这是一种道德观念的学习能力和实践能力，人们运用此能力就可以获知和理解正义原则的内容，进而将正义原则作为指导自身行为的参照系；另一种则是关于善观念的能力（a capacity for a conception of good），这是一种反思性的能力，人们可以运用这种能力去审查和修正各自的人生规划进而理性地追求之的能力。人的道德力量在

① 阿罗的这一分类法受到米尔顿·弗里德曼的影响。

② 追根溯源的话，阿罗和布坎南对于“价值”的理解都受到了芝加哥学派的早期领袖奈特（Frank Knight）的影响。阿罗在提出上述“口味”和“价值”二分法时明确引用了奈特的文献，而布坎南则是奈特的亲传弟子。

罗尔斯的体系中很重要，罗尔斯视之为人类在社会中可以合作的道德基础，也视之为无知之幕设置下推导出两个正义原则的充分必要条件。

哈萨尼则是功利主义的代表，其在哲学上是一种与罗尔斯的契约主义针锋相对的主张。哈萨尼的目标是要证明功利主义的社会福利函数的合理性，在他的理论中存在一个与阿罗、罗尔斯和布坎南的理论类似的特征：个人在私人生活尤其是经济活动中的偏好与个人在公共生活中的伦理偏好是显著有差异的。其中，私人偏好是个人在日常生活中表现出的常规偏好，伦理偏好则是个人在进行与伦理相关的选择时所反映出的偏好，通常较少遇到此类伦理选择。伦理偏好假设的合理性在于，哈萨尼假设了一种亚当·斯密式的中立观察者的情景。在此情景下，每个人的伦理选择符合等概率（equal probable）条件下的贝叶斯理性："如果个体不知道在任何选择方案中他的社会地位是什么，但他有相等的机会居于任何社会境况中从低到高的任何社会地位上"。[①] 于是，每个人在进行伦理判断时将会采用无偏和非个人化的标准。

罗尔斯和哈萨尼的模型的异曲同工之处在于，他们运用着一组类似的工具性假设来推导出人们在公共决策（尤其是立宪决策）时的特殊偏好（即"价值"属性的偏好）。罗尔斯的处理是假设个人在做决策时位于"无知之幕"的背后，其没办法了解任何与个人利益有关的信息，即决策者处于完全的信息屏蔽状态。于是，任何代表性个体都只能按照模糊的未来社会总体福利最大化的标准来做出选择。哈萨尼的设定是个人在做决策时的立场是所谓的"中立观察者"（这一思路可以追溯到亚当·斯密）。由于处于一种与自身利益无涉的上帝视角，任何代表性个体在做出选择时只能考虑社会总体福利而不是个人利益。罗尔斯和哈萨尼的模型的差异主要体现于代表性个体所能得到的信息，前者对于代表性个体来说是完全的信息屏蔽，而在后者中代表性个体则可以得到有限的概率性质的有用信息。于

① John Harsanyi, "Cardinal Welfare, Individualistic Ethics, and Interpersonal Comparisons of Utility", *Journal of Political Economy*, Vol. 63, No. 4, 1955, p. 316.

是，罗尔斯和哈萨尼模型分别得出了不同的结论，两者结论的差异很大程度上源于模型中的信息基础的不同（Mueller，2003）。前者认为人们会遵循正义的二原则（经济学家尤其看重其中的“差别原则”，即按照最大最小原则进行社会福利判断）；后者则相当于恢复了边沁的功利主义传统在福利经济学中的地位，其结论是社会福利最大化等同于个人的效用加总的最大化。①

在罗尔斯的模型中，立宪阶段的参与者处于无知之幕背后进行立宪选择。并且，罗尔斯设计了一种较厚的幕布，即罗尔斯对于参与选择者所能获得的信息有更强的限制。具体说来，以下三种信息在某个人i进行选择时都被屏蔽了：第一，i无法确定自己在未来的n个社会中的某一个里面会以何种身份（即哪种社会地位）出现；第二，未来的n个社会中的某个社会包括多少人口，这意味着i也无法计算出自己有多大概率处于某一社会地位；第三，i不知道自己在“无知之幕”背后做出的选择会对自己的未来效用产生多大影响，也不确定这一选择会对他人的效用有多大的或正或负的外部性。如果在立宪阶段，幕布后的人们没有可用于计算未来的身份可能性和效用的信息，他们就无法把期望效用最大化写进阿罗意义上的宪法（或者说数学意义上的宪法函数）之中，而只能得出一些宏观的规范性准则——如罗尔斯的两个正义原则。

在哈萨尼的模型中，他假设作为中立观察者的参与者能够设想：每一个个体在未来每一个可能的社会的每一个可能的位置时的效用，而信息的不确定性仅限于在某个社会中某个具体的个体处于哪一个具体的位置（社会地位）。由于信息的不确定性较低，故人们在立宪阶段会把管理未来行动的全部规则写进宪法。此时中立观察者只需要计算等概率条件下的社会

① 罗尔斯推导出的实际上是所谓的“正义的二原则”，“差别原则”只是正义的第二原则中的一部分。但是，从经济学的角度，只有“差别原则”可以用公理化方法定义，且能够与传统的福利经济学理论相连接。因而，经济学家（包括哈萨尼）对罗尔斯的批评都集中于“差别原则”。其中，哈萨尼的批评是比较有影响力和说服力的，他指出，按照“冯·诺依曼—摩根斯坦公理”，“差别原则”只在个人对未来前景持极端悲观预期时才能成立，属于一种不具代表性的特例。罗尔斯并不认可这一批评，宣称自己的推理根本就与风险条件下的决策无关。

福利最大化（相等于全部个人期望效用的算术加总之和最大化），计算结果将是最大化一个功利主义的社会福利函数。

布坎南的思想在建立模型的思路上与罗尔斯和哈萨尼基本一致，但其模型的结论则大致上介于罗尔斯和哈萨尼之间，他既不同意罗尔斯所推导出的两项明确的正义原则，也不同意哈萨尼简单地将符合正义与社会效用总和最大化画等号的做法。布坎南将原始状态视为一种产生正义原则的程序机制，但最终产生的正义原则具体是什么则是未知的。在对于符合正义原则的制度的规范分析中，布坎南提出了自己的评判标准：一致同意检验（unanimous test）。

由于在一致同意原则下的任何集体决策必须满足每一个人的利益，故政治领域的一致同意等价于经济领域的帕累托有效。同时，布坎南强调“仅仅宣布非帕累托最优是无意义的，关键是有没有改善现状的条件”。[①] 也就是说，立法者在考虑了交易费用（决策成本）后，其所选择的无须达到一致同意的集体决策规则符合成本约束条件下的最优，即使这种主观的准最优可能不符合客观标准的效率。[②] 于是，主观主义的一致同意原则成为了关于什么是好制度的一种规范性效率评价标准。不仅如此，当涉及根本大法性质的制度时，由于此类法律规则的长期稳定性和普遍性（generality），人们的制度选择会在一种类似于“不确定性之幕”（veil of uncertainty）的状态下进行。此时，由于幕布屏蔽了绝大部分关于既得利益的信息，人们可以在原则上达成一致同意。此时的集体选择既体现了效率（因为一致同意本身就保障了每个人的利益），也符合公平（因为幕布背后的选择代表了程序正义）。所以，无论是从效率还是公平考虑，任何应该被人们遵守的原则或法律的判断标准都是要能够通过一致同意检验。

我们的实验可视为阿罗、罗尔斯、哈萨尼和布坎南的研究在实证社会

---

① James Buchanan, “The Relevance of Pareto Optimality”, *Journal of Conflict Resolution*, Vol. 6, No. 4, 1962, pp. 341-354.

② ［美］詹姆斯·布坎南：《自由、市场与国家——80年代的政治经济学》，平新乔、莫扶民译，三联书店上海分店1989年版，第144页。

选择领域的延伸。我们希望通过问卷实验探究，人们在收入差距水平已知的信息完全公开情况下，其在公共领域的决策到底是完全只受个人利益左右（体现“口味”）还是会如阿罗设想的那样表现出“价值”属性的偏好。进一步说，在“无知之幕”和“中立观察者”的设置下，人们在公共领域的偏好所体现出的“口味”或“价值”属性又会有何种变化，这种变化是否符合罗尔斯、哈萨尼和布坎南等的理论模型。进而，“效率”和“应得”的考虑是否会影响个人所表现出的在公共领域的偏好。

第三节 实验设计和待检验假说

本章中的实验共含 8 个实验局，它们分别是：实验局 1，贫富状态已知的基准实验局 B；实验局 2，嵌入效率因素的贫富状态已知的实验局 B-E；实验局 3，嵌入应得因素[①]的贫富状态已知的实验局 B-D；实验局 4，“无知之幕”实验局 V；实验局 5，嵌入效率因素的“无知之幕”实验局 V-E；实验局 6，中立观察者实验局 I；实验局 7，嵌入效率因素的中立观察者实验局 I-E；实验局 8，嵌入应得因素的中立观察者实验局 I-D。在这 8 个实验局中，前 3 个实验局为一类，属于收入状态已知或者说贫富身份确定的实验局；第 4 个和第 5 个实验局[②]组成一类，其思想基础是罗尔斯的无知之幕；后三个实验局再构成独立的一类，相关的理论来源是亚当·斯密、哈萨尼和 Sen（2009）的中立观察者模型。

我们的实验设计的思路如下：设在某场实验中被试者的人数为 N，全

① 通过被试者的上学期期末考试成绩来判断“应得”。成绩排在被试者前 40%的为高初始禀赋者，其余为低禀赋者。我们在实验说明中明确声明高禀赋是对努力学习的奖励。

② 当引入“应得”因素后，被试者的“无知之幕”就会揭开，因为他们会根据自己的成绩（或其他方面的表现）估计出自己属于高禀赋者还是低禀赋者。因此，在“无知之幕”的实验中只包括两种设置。

体都被置于一个假想的世界之中。在这个世界里，全体人口的 2/5 为高禀赋者或者说富人，剩下的 3/5 人口为低禀赋者或者说穷人，[①] 收入的初始分配情况为高禀赋者拥有 250 点代币的初始禀赋，低禀赋者所拥有的初始代币量为 0。除了上述私人占有的初始禀赋之外，在这个假想世界中全部的待配置的公共资源数量为 $1000 \times N/5$ 总的代币，被试者将以选民的身份通过投票来决定这份公共资源要如何在给基本公共服务 A 和基本公共服务 B 之间进行配置。

在除了实验局 2、实验局 5 和实验局 7 之外的另外 5 个实验局中，富人每向基本公共服务 A 投入 1 元，其回报率 $\frac{0.4}{N/5}$，向基本公共服务 B 投入 1 元的回报率则为 $\frac{0.25}{N/5}$，显然前者大于后者。穷人向基本公共服务 A 每投入 1 元的回报率为 $\frac{0.4}{N/5}$，而投向基本公共服务 B 的回报率为 $\frac{0.5}{N/5}$，显然前者小于后者。于是我们通过计算可知，基本公共服务 A 的社会整体回报率为 $\frac{2}{5}N \times \frac{0.4}{N/5} + \frac{3}{5}N \times \frac{0.4}{N/5} = 2$，基本公共服务 B 的社会整体回报率为 $\frac{2}{5}N \times \frac{0.25}{N/5} + \frac{3}{5}N \times \frac{0.5}{N/5} = 2$，就是说两种基本公共服务从社会整体的角度看投资回报率相等。但是由于在基本公共服务 B 上，穷人的所得是富人的两倍，故基本公共服务 B 有明显的再分配性质。

在三个嵌入了效率因素的实验局中（实验局 2、实验局 5 和实验局 7），基本公共服务 A 带给富人的回报率不变，而基本公共服务 B 能带给富人的回报率则下降为 $\frac{0.1}{N/5}$；同时，基本公共服务 A 和基本公共服务 B 带给穷人的回报率与之前相同。可见，基本公共服务 A 目前的社会整体

① N 中的 2/5 为富人，3/5 为穷人的划分以按照“世界银行数据库”和《中国统计年鉴（历年）》为事实依据，从而大体上模拟中国目前真实的贫富分布。

回报率仍然为 2，此回报率高于基本公共服务 B 的当前社会整体回报率 $\frac{2}{5}N \times \frac{0.1}{N/5} + \frac{3}{5}N \times \frac{0.5}{N/5} = 1.7$。于是我们可知，越是将更多的公共资源投资于基本公共服务 B，社会的整体收益就越低或者说效率损失就越大。但是与此同时，如果有更多公共资源被投向基本公共服务 B，则收入水平差距的缩窄幅度在嵌入了效率因素的三个实验局后更为显著。

对于被试者来说，他们要决定如何在两类公共服务之间分配这 1000 × N/5 点的公共财富，具体待投票选择的资源配置方案分为 7 种：方案①：100%的公共资源投向基本公共服务 A，0%的公共资源投向基本公共服务 B；方案②：80%的公共资源投向基本公共服务 A，20%的公共资源投向基本公共服务 B；方案③：60%的公共资源投向基本公共服务 A，40%的公共资源投向基本公共服务 B；方案④：50%的公共资源投向基本公共服务 A，50%的公共资源投向基本公共服务 B；方案⑤：40%的公共资源投向基本公共服务 A，60%的公共资源投向基本公共服务 B；方案⑥：20%的公共资源投向基本公共服务 A，80%的公共资源投向基本公共服务 B；方案⑦：0%的公共资源投向基本公共服务 A，100%的公共资源投向基本公共服务 B。

在本章的实验中，被试者的总收益=私人初始禀赋+来自基本公共服务的收益。通过上述对实验设计的分析可知，富人得自基本公共服务的收益从方案①到方案⑦不断下降，而穷人所获之收益则相反，于是双方在总收益上的差距会在集体决策结果为方案⑦时达到最低点。仅在三个嵌入了效率因素的实验局中，穷人的总收益在方案⑥和方案⑦实现时将超过富人；而在其他实验局中，贫富身份的逆转不会出现，只不过在方案⑦实现时，双方总收益相等，即贫富差距消失。

本章中的实验在 2014 年 4 月到 11 月之间完成，全部实验都以手工方式完成，每场实验的持续时长约为 30 分钟。我们共招募了 680 名被试者，其中男性被试者为 236 人，女性被试者为 444 人；被试者都是大一到大三的大学生，大二学生人数最多为 352 人，大一学生次之为 278 人，大三学生中的参与者仅有 50 人。为了与无货币激励的“中立观察者”的设定进行对照，我们在“确定性”和“无知之幕”的设定中引入了与被试者的方案选择相关的货币激励（用代币表示）。在实验中使用的是“代币”，代币与现金的兑换比率为 50 点代币=1 元人民币。在实验结束后，实验组织者马上就会按照胜出的资源配置方案向被试者支付报酬，被试者的平均总收益约等于 10 元。在实验开始前，每名被试者会得到一份实验说明和一份实验问卷，实验组织者随后在教室中大声朗读实验说明。在通过测验确保所有被试者都理解了实验之后，实验正式开始。被试者的任务是在上述 7 个资源配置方案中选择自己最为偏爱的一项。我们所采用的集体决策规则是简单多数获胜的一轮投票。①

根据上述理论框架和实验设计，在结合已有文献的基础上，我们提出下述待检验的理论假说：

假说 1：在身份明确（完备信息）的情况下，个人的选择会体现利己偏好，从而受到自身初始禀赋（既得利益）的左右。

假说 2：在“无知之幕”和“中立观察者”两种情景下，个人选择都体现了在各种初始禀赋者之间的中立性质的偏好，从而选择结果显著不同于身份明确的基准情景。

假说 3：个人的选择会受到效率损失因素的影响和应得因素的影响，这两种因素在不同情景下对于任何身份的被试者的影响稳健。

假说 4：由于同时会受到多种正义原则的影响以及利己动机的作用，无论在任何一种情景下，被试者的实际选择与按照“理性”“差别”“效率”“应得”等原则所应作出的理论选择都存在显著差异。

假说 5：“性别”等个体特征会对个人在实验中的选择产生显著影响。

① 之所以采用简单多数而不是过半数才能获胜的投票设计，我们的目的是降低策略性投票（投票给并非自己最偏好，而是更有可能获胜的方案）的可能，从而让被试者显示真实的最偏好的方案。

第四节　实验结果分析

我们先来考察在贫富身份确定的三个基准实验局中，被试者会在公共资源配置中会做出何种抉择（见表 6-1）。

表 6-1　贫富身份已知时不同禀赋者选择各种方案的比率

单位：%

	B		B-E		B-D		全体	
	H (54)	L (81)	H (54)	L (81)	H (54)	L (81)	H (162)	L (243)
方案①	33.3	1.2	18.5	3.7	48.1	3.7	33.3	2.9
方案②	29.6	2.5	14.8	2.5	22.2	0.0	22.2	1.7
方案③	13.0	0.0	37.0	11.1	9.3	1.2	19.8	4.1
方案④	13.0	2.5	11.1	16.0	5.6	3.7	9.9	7.4
方案⑤	9.3	13.6	16.7	25.9	9.3	17.3	11.8	18.9
方案⑥	0.0	21.0	0.0	16.0	1.9	12.3	0.6	16.4
方案⑦	1.9	59.3	1.9	24.7	3.7	61.7	2.5	48.6

注：括号内为对应实验局中不同禀赋的被试者数量。下同。

从表 6-1 可见，第一，在“基准”（B）实验局下，无论是高禀赋者还是低禀赋者都更多地选择最有利于自身利益的方案，前者表现为方案①获得更高的支持，后者则表现为更多的被试者热衷于方案⑦。第二，在“基准—效率”（B-E）实验局下，虽然高禀赋者和低禀赋者都偏离了最有利于自身利益的分配方案，但仍有 70.3%的高禀赋者和 66.6%的低禀赋者在做选择时兼顾了自身利益，表明当考虑到效率因素时，被试者并不表现出完全的利己偏好。第三，在“基准—应得”（B-D）实验局下，两种禀赋者都更多地支持最有利于自身利益的方案（高禀赋者对于方案①的选择比率为 48.1%，低禀赋者对于方案⑦的选择比率为 61.7%），意味着应得因素并没有显著影响被试者的选择。第四，从整体来看，全体高禀赋者和低禀赋者仍然倾向于选择最能支持私人利益的方案，其中低禀赋者选择方案⑦的比率高于高禀赋者选择方案①的比率，表明低禀赋者的利己偏好更为明显。我们还可以看到，除了“基准—效率”实验局外，高禀赋者从方案①到方案⑦的选择比率大体呈现递减的趋势，低禀赋者则相反。

为了在统计学意义上检验三个基准实验局中的被试者选择是否有显著差异，我们在三者之间进行了 Mann-Whitney U 秩和检验，结果如表 6-2 所示。

表 6-2　相异情景下方案选择的 Mann-Whitney U 秩和检验

	B	B-E	B-D	V	V-E	I	I-E
B-E	-2.337** (0.019)	—	—	—	—	—	—
B-D	-0.361 (0.718)	-1.866* (0.062)	—	—	—	—	—
V	-2.026** (0.043)	-0.357 (0.721)	-1.667* (0.096)	—	—	—	—
V-E	-3.940*** (0.000)	-3.028*** (0.002)	-3.344*** (0.001)	-3.414*** (0.001)	—	—	—
I	-0.088 (0.930)	-3.387*** (0.001)	-0.295 (0.768)	-3.410*** (0.001)	-5.814*** (0.000)	—	—
I-E	-2.239** (0.017)	-0.335 (0.738)	-1.979** (0.048)	-0.655 (0.513)	-2.562*** (0.010)	-3.724*** (0.000)	—
I-D	-0.155 (0.877)	-2.856*** (0.004)	-0.109 (0.913)	-3.011*** (0.003)	-5.133*** (0.000)	-0.145 (0.884)	-3.300*** (0.001)

注：括号外为 Z 值，括号内为 p 值。*、**、*** 分别表示在 10%、5%和 1%的水平下显著。下同。

显然通过表 6-2 可知，总体来看，大部分实验局之间被试者的选择都存在显著性差异，体现了不同信息下被试者再分配选择的差异性。另有个别实验局之间的差异并不显著，第一，“基准”和“基准—应得”之间没有显著性差异，表明“应得”因素并没有明显影响被试者的选择；相反，“基准”和“基准—效率”之间存在显著性差异，意味着“效率”因素会影响受试者的选择。第二，“基准—效率”和“无知之幕”之间不存在显著性差异，体现了被试者对社会整体效率损失的关注起到了与遮蔽个人利益信息同样的效果。第三，“无知之幕”和“中立—效率”之间的差异不显著，一方面体现了“无知之幕”和中立观察者两种理论设置的作用有重合性，另一方面则再次显现了效率因素的影响。

进一步地，我们希望来检验在三个基准实验局中用于不同初始禀赋的被试者的选择是否存在显著差异。

表 6-3　同实验局中异质禀赋者的 Mann-Whitney U 秩和检验

	B（H）	B-E（H）	B-D（H）
B（L）	-9.205*** (0.000)	—	—
B-E（L）	—	-6.464*** (0.000)	—
B-D（L）	—	—	-8.715*** (0.000)

表 6-3 给出了在同一实验局中异质禀赋者的 Mann-Whitney U 秩和检验结果，易见在所有相同实验局中不同禀赋者的选择存在显著性差异，从而证实了禀赋差异确实会导致被试者在公共资源配置问题上的态度不同。

表 6-4　异实验局中同禀赋者的 Mann-Whitney U 秩和检验

	B（H）	B-E（H）	B-D（H）		B（L）	B-E（L）	B-D（L）
B（H）	—	—	—	B（L）	—	—	—
B-E（H）	-2.298** (0.022)	—	—	B-E（L）	-5.383*** (0.000)	—	—
B-D（H）	-1.148 (0.251)	-3.131*** (0.002)	—	B-D（L）	0.130 (0.897)	-4.982*** (0.000)	—

表 6-4 给出了非同一实验局中同质禀赋者的 Mann-Whitney U 秩和检验结果。我们发现，除了在“基准”和“基准—应得”实验局中高禀赋者和低禀赋者的选择不存在显著差异之外，其他各个实验局中相同禀赋者的选择都表现出显著差异，表明被试者对于“应得”因素的引入并不敏感，

而“效率”因素对被试者的选择产生了显著性影响。

综合上述内容，我们可得：

结论 1：在禀赋水平已知的“基准”实验局中，不同初始禀赋者会按照自身利益最大化的原则来选择公共资源再分配的方案。被试者的这一自利倾向只受到“效率”考虑的抑制，而不会被“应得”因素所影响。就是说，选民在集体决策中的偏好仍然反映了私人利益的最大化的目标。

结论 1 完全确证了假说 1。

接下来，我们要来讨论“无知之幕”和“中立观察者”两种设置能否改变被试者的私人利益最大化选择。通过表 6-5，我们先来分析一下被试者在 8 个实验局中的选择情况。

表 6-5　八种不同情景下选择不同方案的比率

单位：%

	B (135)	B–E (135)	B–D (135)	V (55)	V–E (55)	I (55)	I–E (55)	I–D (55)
方案①	14.1	9.6	21.5	3.6	7.3	0.0	5.5	3.6
方案②	13.3	7.4	8.9	1.8	21.8	3.6	9.1	3.6
方案③	5.2	21.5	4.4	25.5	34.5	5.5	21.8	7.3
方案④	6.7	14.1	4.4	12.7	3.6	16.4	12.7	7.3
方案⑤	11.9	22.2	14.1	45.5	27.3	32.7	38.2	38.2
方案⑥	12.6	9.6	8.1	5.5	5.5	27.3	7.3	23.6
方案⑦	36.3	15.6	38.5	5.5	0.0	14.5	5.5	16.4

从表 6-5 可知，在“基准”和“基准—应得”实验局中，方案⑦得到了更多的支持，且选择比率大体呈现出由中间向两端逐渐增加的趋势。在“基准—效率”实验局中，方案⑤被选择的比率较高，但其优势并不明显(选择比率仅有 22.2%)。在“无知之幕”实验局中，方案⑤更受青睐，而在“无知—效率”实验局中，方案③获得了更多的支持。在“中立观察者”实验局中，方案⑤都更占优势，其支持率都在 35%左右，表明此时被试者更热衷于中间偏强的再分配方案。

结合表 6-2 和表 6-5 给出的结果，我们可得：

结论 2：多数被试者在“无知之幕”和“中立观察者”的情景下会倾向于选择有中等强度再分配性质的公共资源配置方案。在“无知之幕”实验局和“中立观察者”实验局中胜出的方案有一致性，并且显著不同于“基准”实验局所产生的优胜方案。

结论 2 完全确证了假说 2。

我们接下来想要研究的是“效率”和“应得”因素在公共资源配置的过程中是否有显著影响和以什么样的方式产生影响。

按照结论 1 和结论 2 并结合表 6-1 到表 6-6 的内容，我们可得：

结论 3：基于“效率”的考虑会普遍导致被试者较低的再分配倾向，这一影响对于高低禀赋者在各类实验情景下都显著。基于“应得”的考虑只会使高禀赋者更为强烈地拒绝较大幅度的再分配，对低禀赋者的影响则不显著。

结论 3 可以部分证实假说 3，即我们的实验结果只证实了“效率”影响的普遍性，但无法证实“应得”影响的普遍性。

接下来，我们将检验在“贫富身份确定”“无知之幕”和“中立观察者”三类实验局中，被试者的实际选择是否符合罗尔斯和哈萨尼等所给出的理论预测。

我们要检验的理论原则分为四类，依次是理性原则、差别原则、效率原则和应得原则。

理性原则：在贫富身份确定的背景下，依据新古典经济学的经济人假设，不同禀赋者都将选择能最大化自身利益的公共资源配置。于是，高收入者将 100%选择方案①，低收入者将 100%选择方案⑦。

差别原则：在无知之幕的背景下，根据最大最小化的正义原则，即有限辅助低收入者的原则，全体被试者都应该选择方案⑦。不过由于存在效率损失，在“无知之幕—效率”实验局中，全体被试者按照差别原则应该都选择方案⑤。

效率原则：我们尝试在“无知之幕—效率”实验局中检验“效率原

则”。我们将效率原则定义为能够实现社会总收益最大化的公共资源配置方案。于是如果遵循效率原则，全体被试者应该都选择方案①。

应得原则：在嵌入了“应得”因素的实验局中，根据诺奇克式的自由至上主义的观点，一旦被试者认同现有的分配状况是“应得”的，那么全体被试者应该都选择无任何再分配色彩的公共资源配置方案①。

在需要检验的上述四个原则中，除了“理性原则”直接来源于经济人假设外，“差别原则”“效率原则”和“应得原则”恰好对应于Sen（2009）的“三小童分笛”例子中所涉及正义原则之间的矛盾。[①]

通过卡方检验，我们尝试来考察被试者在不同实验局中的实际选择是否符合上述四个原则的理论预测，检验结果如表6–6、表6–7和表6–8所示。

从表6–6可知，卡方检验结果表明“身份确定”情景下各个实验局的实际观察值和理论预期值都存在显著差异。根据卡方值的统计性质，由于我们的不同实验局的受试人数相同（n相等），故卡方值越小，实际情况和理论预期就越接近。

在“身份确定”情景下，最低卡方值出现于高禀赋者的“基准—应得”实验局，次低的卡方值发生在低禀赋者的“基准—应得”实验局，这表明，“应得”对于高禀赋者和低禀赋者都产生了影响，前者认为自己应得的收入不该被再分配，因此所有高禀赋者在相关实验局中最高比率（48.1%）地选择了方案①；后者则倾向于更强的再分配方案，所有低禀赋者在相关实验局中最高比率（61.7%）地选择了方案⑦。

在“身份确定”情景下，最高卡方值出现在高禀赋者的“基准—效率”实验局，次高的卡方值发生在低禀赋者的“基准—效率”实验局，表明“效率”因素是受试者做出选择时的重要考量，对社会整体效率损失的担心会使受试者的决策偏离私人利益最大化方向。

---

① Sen的例子的大意是，三个孩子讨论谁应该拥有唯一的一支竖笛。第一个孩子没有任何玩具，所以基于“平等”的考虑，竖笛应该归他所有；第二个孩子是唯一能够吹奏竖笛的，所以按照“效率”标准，他应该拥有竖笛；第三个孩子是这支竖笛的独立制作者，故若是遵循“应得”原则，他对于这支竖笛具有优先权利。

表 6-6 方案选择的实际情况与理论情况的卡方检验（身份确定）

	H (54)						L (81)					
	B		B–E		B–D		B		B–E		B–D	
	实际选择	理性原则	实际选择	理性原则	实际选择	理性原则	实际选择	理性原则	实际选择	理性原则	实际选择	理性原则
方案①	18	54	10	54	26	54	1	0	3	0	3	0
方案②	16	0	8	0	12	0	2	0	2	0	0	0
方案③	7	0	20	0	5	0	0	0	9	0	1	0
方案④	7	0	6	0	3	0	2	0	13	0	3	0
方案⑤	5	0	9	0	5	0	11	0	21	0	14	0
方案⑥	0	0	0	0	1	0	17	0	13	0	10	0
方案⑦	1	0	1	0	2	0	48	81	20	81	50	81
Chi–Square	70357.559		107779.519		38500.156		53430.977		107766.386		38858.213	
p 值	0.000		0.000		0.000		0.000		0.000		0.000	

表 6-7　方案选择的实际情况与理论情况的卡方检验（无知之幕）

	V (55)		V-E (55)			
	实际选择	差别原则	实际选择	差别原则	实际选择	效率原则
方案①	2	0	4	0	4	55
方案②	1	0	12	0	12	0
方案③	14	0	19	0	19	0
方案④	7	0	2	0	2	0
方案⑤	25	0	15	55	15	0
方案⑥	4	0	3	0	3	0
方案⑦	3	55	0	0	0	0
Chi-Square	160768.873		97088.548		7430012.84	
p 值	0.000		0.000		0.000	

从表 6-7 可知，卡方检验结果表明“无知之幕”情景下各个实验局的实际观察值和理论预期值都存在显著差异。最高的卡方值出现在“无知之幕—效率”实验局中的“实际选择”和“效率原则”之间，表明受试者并没有单纯按照“效率优先”的方针进行选择。次高的卡方值出现于“无知之幕”实验局，可见，受试者并没有按照最大最小原则行动，而是偏好选择较为温和的再分配方案，选择方案③④⑤的比率高达 83.1%。

表 6-8　方案选择的实际情况与理论情况的卡方检验（中立观察者）

	I (55)		I-E (55)				I-D (55)			
	实际选择	差别原则	实际选择	差别原则	实际选择	效率原则	实际选择	差别原则	实际选择	应得原则
方案①	0	0	3	0	3	55	2	0	2	55
方案②	2	0	5	0	5	0	3	0	3	0
方案③	3	0	12	0	12	0	6	0	6	0
方案④	9	0	7	0	7	0	1	0	1	0
方案⑤	18	0	21	55	21	0	21	0	21	0

续表

	I (55)		I-E (55)				I-D (55)			
	实际选择	差别原则	实际选择	差别原则	实际选择	效率原则	实际选择	差别原则	实际选择	应得原则
方案⑥	15	0	4	0	4	0	13	0	13	0
方案⑦	8	55	3	0	3	0	9	55	9	0
Chi-Square	116913.710		45798.696		124383.418		120018.474		134025.473	
p 值	0.000		0.000		0.000		0.000		0.000	

从表 6-8 可知，卡方检验结果表明“中立观察者”情景下各个实验局的实际观察值和理论预期值存在显著差异。最低卡方值出现在“中立观察者—效率”实验局中的“实际选择”和“差别原则”之间，为了避免效率损失，受试者会选择较为温和的再分配方案，选择方案③④⑤的总比率为 72.7%，这一比率高于“中立观察者”实验局的该比率（54.5%）和“中立观察者—应得”的该比率（50.9%）。最高卡方值出现在“中立观察者—应得”实验局中的“实际选择”和“应得原则”之间，表明被试者并不会完全按照“应得”标准进行再分配，而是更多地选择强再分配方案——方案⑤、方案⑥、方案⑦被选择的比率达到 78.2%。

综合表 6-6 到表 6-8 的结果，我们可得：

结论 4：在“身份确定”“无知之幕”“中立观察者”三类情景下，被试者在问卷实验中的选择都不符合政治哲学中的原则。

结论 4 完全确证了假说 4。

我们还有一项需要完成的任务是去考察被试者的人口学特征是否会影响其关于如何配置公共资源的态度。我们使用 Logit 模型来完成这一分析，被试者人口学特征的数量来源是实验结束后的调查问卷。我们按照实验局的类型构建了四个方程，分析的对象分别为：贫富信息已知时的高禀赋者、贫富信息已知时的低禀赋者、无知之幕下的全体被试者、处于中立观察者位置的全体被试者。前面两个方程使用二值 Logit 回归，后面两个方程使用排序 Logit 回归。①

四个回归方程的被解释变量是被试者所选择的公共资源（在基本公共服务领域的）配置方案。② 回归方程的解释变量含：性别（sex）、年级（grade）、政治积极性（politics）、公益精神（volunteer）、当前家庭收入（income）、对未来家庭收入的预期（f. income）、实验类型（treat1 和 treat2）。③ 二值 Logit 方程和排序 Logit 方程的回归结果如下（见表 6-9）。

表 6-9　对被试者个体特征的 Logit 回归

	二值 Logit		排序 Logit	
	全体高禀赋者（162）	全体低禀赋者（243）	全体无知之幕（110）	全体中立观察者（165）
性别	0.811 (0.602)	1.896** (0.033)	0.599 (0.350)	1.696 (0.153)
年级	0.618 (0.199)	0.834 (0.524)	—	—

① 回归方法上的选择主要基于经济学理论的预期：在前面两个方程中被试者的贫富身份信息是已知量。根据经济人假设，只有高禀赋者选择方案①而低禀赋者选择方案⑦才符合理性。于是，我们在第一个方程中将方案②到方案⑦归为一类，赋值为 0；将方案①单独视为一类，赋值为 1。然后，我们在第二个方程中将方案①到方案⑥分为一类，赋值为 0；将方案⑦单独视为一类，赋值为 1。第三个和第四个方程则不存在严格意义上的经济学理论预期，故使用排序 Logit 模型。

② 我们关于因变量的设定是：对于“全体高禀赋者”，我们设被试者选择“方案①”的情况为“1”，选择其他方案的情况为“0”；对于“全体低禀赋者”，我们设被试者选择“方案⑦”的情况为“1”，选择其他方案的情况为“0”；对于“全体无知之幕”和“全体中立观察者”我们设被试者选择“方案①和方案②”的情况为“0”（代表无再分配或程度极低的再分配），设被试者选择“方案③、方案④⑤”的情况为“1”（代表温和的再分配），而设被试者选择“方案⑥⑦”的情况为“2”（代表强烈的再分配）。“—”表示回归方程中不包含这一自变量，“全体无知之幕”和“全体中立观察者”的回归方程中不含有“grade”变量的原因是在该实验情景中的被试者都是同一年级。

③ 我们关于自变量的设定是：“sex”设女性被试者为“1”，设男性被试者为“0”；“grade”设大一的本科被试者为“1”，设大二的本科被试者为“2”，设大三的本科被试者为“3”；“politics”设具有“党员和/或班级干部”身份的被试者为“1”，设没有此身份的被试者为“0”；“volunteer”设有“参加校内外志愿者活动”经历的被试者为“1”，设无相关经历的被试者为“0”；在“income”变量中，我们设计了从“最低的 20%”到“最高的 20%”5 个收入水平，我们将此五个收入水平由低到高分别赋值 1~5；在“f.income”变量中，我们的问题设计和赋值方式与“当前家庭收入”一致。最后是关于实验类型的控制变量，在全部四个回归中，我们都设参与不涉及“效率”或“应得”因素的实验局的被试者为“0”，其他被试者则为“1”。也就是说，在表 6-9 中，“treat1”控制有效率因素的实验局，故“treat1”设参与 B-E(H)、B-E(L)、V-E 和 I-E 四个实验局的被试者为“1”；“treat2”控制有应得因素的实验局，故“treat2”设参与 B-D(H)、B-D(L) 和 I-D 中的被试者为“1”。

续表

	二值 Logit		排序 Logit	
	全体高禀赋者（162）	全体低禀赋者（243）	全体无知之幕（110）	全体中立观察者（165）
政治积极性	0.877 (0.757)	0.765 (0.417)	0.588 (0.276)	1.426 (0.327)
公益精神	0.916 (0.854)	1.276 (0.472)	1.511 (0.444)	0.379** (0.047)
当前家庭收入	1.302 (0.511)	0.487** (0.019)	1.434 (0.495)	1.014 (0.971)
对未来家庭收入预期	1.029 (0.943)	0.703 (0.264)	2.318 (0.141)	1.026 (0.946)
实验类型控制变量 1	0.431* (0.088)	0.260*** (0.000)	0.165*** (0.001)	0.224*** (0.000)
实验类型控制变量 2	2.867** (0.035)	1.422 (0.399)	—	0.968 (0.935)
LR chi2	14.04	38.91	14.41	20.52
Prob>chi2	0.081	0.000	0.025	0.0045
Pseudo R^2	0.068	0.116	0.090	0.070

注：为了方便解释回归结果，我们汇报的是几率比而非系数，括号内为 p 值。

通过表 6-9 易见，第一，个体特征并不显著影响高禀赋者的分配选择，但是“效率”因素和“应得”因素则会显著影响其分配选择，表现为高禀赋者在“效率”因素和“应得”因素的影响下，会更多选择最有利于自己的无任何再分配的方案①。第二，低禀赋者在做出分配选择时会受到“性别”和“当前家庭收入”两个特征因素的显著影响，表现为女性更倾向于选择具有强烈再分配性质的方案⑦，实际生活中的高收入者则会较少地支持强的再分配方案。除此之外，效率因素的加入也会显著影响低禀赋者的分配选择，被试者因而愿意规避具有强再分配性质的方案。第三，在“全体无知之幕”的回归结果中，仅有“效率”因素会显著影响被试者的分配选择，其他变量的影响都不显著，这也意味着人们在对自己的收入状况并不了解的情况下，在做出选择时则会更偏重效率。第四，在“中立观察者”的情景下，“公益精神”这一特征因素对被试者的选择产生显著影响，表现为具有“公益精神”的被试者较少地选择再分配性质更强的方案。“效率”因素依然显著影响被试者在实验中的选择。总的来说，上述回归结果意味着，个人在做出分配选择时会受到效率因素和应得因素的影响，在个体特征方面，“性别”“公益精神”“当前家庭收入”会对个人在实验中的选择产生显著影响。

于是，我们可得：

结论5：从被试者的个体特征来看，“性别”“公益精神”“当前家庭收入”显著影响被试者在两类基本公共服务之间如何配置资源的决策。在不同的实验设置下，产生显著影响的人口学特征会有所变化。

结论5只能部分地印证假说5，并再次展现了个体特征的影响的不稳定性。

第五节　小　结

本章的问卷实验包括8个实验局，共涵盖了“贫富身份已知”“无知之幕”和“中立观察者”三种被试者身份安排。我们的实验按照中国的现实国情设定了高禀赋者与低禀赋者的比例为2∶3，并以简单多数为集体决策规则。结果我们发现，在贫富身份已知的情况下，被试者会倾向于选择有利于自身利益的基本公共服务配置方案，故再分配性质最强的方案⑦是集体决策时的优胜方案——因为低收入者占据了3/5的投票权。也就是说，在确定状态下，多数人的表现都接近于经济人的行为，阿罗所说的“价值”性偏好在公共决策中体现得并不明显。另外我们发现，在“无知之幕”和“中立观察者”的设定下，多数被试会选择在经济效率与平均分配之间较为折中的基本公共服务配置方案。这说明，只有隐藏了既得利益的信息或者处于利益与自身无关的立场时，个人在集体决策时所作出的选择才会更多体现出阿罗所说的“价值”性偏好。

对于实验所获得的集体选择结果，有三点值得强调：一是正义原则在集体决策中往往会让位于个人对自身利益的考量。只有在不清楚或不涉及个人利益的背景下，“价值”性偏好才起作用，人们才会选择方案⑤或方案③之类的再分配性质较为温和的基本公共服务资源配置方案。二是“效率”因素的影响在不同的实验局之间具有稳健性，其作用方向是令被试者选择再分配性质较为温和的基本公共服务资源配置方案，即起到与回避既得利益的设置同样的效果。三是“应得”因素几乎没有显著影响，即使对于处在中立的第三方立场上的被试者来说也是如此，表现为引入了“应得”因素的“中立观察者—应得”实验局与单纯的“中立观察者”实验局在选择结果上不存在显著性差异。在乎“应得”因素的只有高收入者，效果是令他们更加反对再分配性质较为强烈的基本公共服务资源配置方案，但在简单多数的集体决策机制下，这种变化对于最终胜出的方案没有影响。

引申来说，我们的实验结果在基本公共服务领域有如下政策启示：

第一，由于“口味”而非“价值”往往左右着正常情况下的集体决策，故民主的发展应该是渐进式的，并要与一国的具体国情相适应。回顾世界历史，在形式民主的政治体制下，很多国家都发生过或正在发生富人阶级和低收入阶级的政治冲突，最后甚至会酿成军事政变，令民主的进程倒退。正如习近平总书记在党的十九大报告中所指出的：“世界上没有完全相同的政治制度模式，政治制度不能脱离特定社会政治条件和历史文化传统来抽象评判，不能定于一尊，不能生搬硬套外国政治制度模式。要长期坚持、不断发展我国社会主义民主政治，积极稳妥推进政治体制改革。”[1]所以说，个人的民主权利的增长必须与个人的民主素质的普遍提高同步，而协商民主可能是比投票民主更基础性的民主实现形式，因为前者以说服

① 习近平：《决胜全面建成小康社会，夺取新时代中国特色社会主义伟大胜利——在中国共产党第十九次全国代表大会上的报告》，人民出版社2017年版，第36页。

而不是强迫服从来化解民主政治中的矛盾和冲突。

第二，由于“效率”因素的影响具有普遍性，故我们在新时代仍然需要认真对待平等和效率的关系。改革开放40多年来，中国人已经逐渐意识到并且接受了平等和效率之间所存在的重大权衡。依据库兹涅茨（Simon Kuznets）曲线，一个经济体的发展过程一般来说会出现收入差距的倒“U”形变化轨迹。这一观点被邓小平转化为社会主义市场经济发展的一条方针，就是“一部分地区、一部分人可以先富起来，带动和帮助其他地区、其他的人，逐步达到共同富裕”。[①] 然而，东亚国家的发展历程和现状其实带给我们另一种思考，就是平等与效率之间的冲突并不是绝对的，经济高速增长有可能同时伴随着共同富裕。此外，无论是生活中的常识性观察还是经济学中的边际变化规律都告诉我们，人民群众对于社会福利或者说美好生活的向往会随着经济发展而水涨船高，而对于不平等的容忍程度则会随着改革的深入而不断下降。于是在经济从高速发展向高质量发展转型的过程中，让另一部分人也富起来已经刻不容缓，故基本公共服务的资源配置在未来可能会越来越需要向有利于弱势群体的方向倾斜。

第三，由于“应得”因素在资源配置过程中没有得到足够的重视，故应该通过宪法和法律对合理权利和合法产权加以有力的保护。习近平总书记在党的十九大报告中指出“经济体制改革必须以完善产权制度和要素市场化配置为重点”，[②] 加强对产权的保护自然是深化经济体制改革的题中应有之义。实际上，保护“应得”是社会主义本质的一种体现。马克思在《哥达纲领批判》中强调在共产主义的第一阶段（社会主义初级阶段）要实行“按劳分配”，就是在主张劳动贡献大的生产者的应得权利。从激励生产的角度看，如果合理合法获得的权益不能得到有效的保护，那么个人（尤其是高技能者）的理性选择就是隐藏自己的生产技能，以躲避小密尔

①《邓小平文选》（第三卷），人民出版社1993年版，第149页。
② 习近平：《决胜全面建成小康社会，夺取新时代中国特色社会主义伟大胜利——在中国共产党第十九次全国代表大会上的报告》，人民出版社2017年版，第33页。

所说的“多数人的暴政”。因此，我们必须贯彻党的十八届四中全会和党的十九大全面推进依法治国之时，通过法律和宪法的规定来保护合理的应得权利。

本章附录　实验问卷

实验局 1：贫富身份确定的基准实验（B）

您将要参加一个有关决策的实验，您的决策决定您的实验所得，将在实验结束后支付。

在整个实验过程中，参与者之间任何形式的沟通是严格禁止的。参与者之间的交流将使得参与者退出实验并没收其所有回报。如果您有任何问题，请举手示意，我们会私下回答。

实验回报将以“代币”的形式记录。在实验结束后，代币将被转换为现金，转换比例如下：50 点代币=1 元人民币。假设您在实验中获得代币 500 点，那么您的所得是 10 元。

1. 基本决策过程

现在，您将学习实验是如何进行的。首先，我们将介绍基本的决策知识。此后，我们请您回答一些控制问题，这些问题将帮助您了解决策的制定。

您处于一个假想的社会中，在这里，2/5 的人口为富人，3/5 的人口为穷人。贫富差距为高收入者有 250 点的私人财富，而低收入者的私人财富为 0 点。贫富身份随机决定。您现在所拿的实验说明的右上角已经写明您是富人还是穷人。

共有 1000 点的公共财富，这笔财富要投入两类公共服务中。我们称为公共服务 A（低收入者与高收入者的回报率相同=0.4）和公共服务 B（低收入者的回报率=0.5 高于高收入者的回报率=0.25）。显然，公共服务

A 和公共服务 B 的回报率之和相等。

现在，您知道自己是高收入者还是低收入者，您要决定如何在两类公共服务之间分配这 1000 点的公共财富。具体的资源配置方案为 7 种：

①100%公共服务 A，0%公共服务 B

②80%公共服务 A，20%公共服务 B

③60%公共服务 A，40%公共服务 B

④50%公共服务 A，50%公共服务 B

⑤40%公共服务 A，60%公共服务 B

⑥20%公共服务 A，80%公共服务 B

⑦0%公共服务 A，100%公共服务 B

在了解了收益的计算方法和通过了控制题的测验后，请您在这 7 个方案[①]中选出最偏好的一种。我们在计算您的收益时将遵循得票数最多的那项方案。

2. 公共服务收益的计算

对于公共服务 A，低收入者与高收入者的收益相同，分配规则如下：

低收入者的收益 = 高收入者的收益 = 公共服务 A × 0.4

例如，当全部公共财富的 25%投向公共服务 A 时，低收入者和高收入者从公共服务 A 中获得的收益都是 1000 × 25% × 0.4 = 100 点。

对于公共服务 B，低收入者与高收入者的收益不同，分配规则如下：

低收入者的收益 = 公共服务 B × 0.5

高收入者的收益 = 公共服务 B × 0.25

例如，当全部公共财富的 75%投向公共服务 B 时，低收入者从公共服务 B 中获得的收益是 1000 × 75% × 0.5 = 375 点，高收入者从公共服务 B 中获得的收益是 1000 × 75% × 0.25 = 187.5 点。此时

低收入者的公共服务收益 = 公共服务 A 的收益 + 公共服务 B 的收益 = 100 + 375 = 475 点

① 7 个方案的公共服务社会总收益相当。也就是说，若不考虑收益的分配，7 个方案在收益总量上等价。

高收入者的公共服务收益 = 公共服务 A 的收益 + 公共服务 B 的收益 = 100 + 187.5 = 287.5 点

低收入者的总收益 = 私人财富 + 公共服务收益 = 0 + 475 = 475 点。

高收入者的总收益 = 私人财富 + 公共服务收益 = 250 + 287.5 =537.5 点

3. 控制题

在实验正式开始前，请回答下列问题，以便确认自己理解了实验说明。

（1）假设您现在是一个低收入者，若最终的公共财富的配置方案是30%的公共服务 A 和 70%的公共服务 B。请问，您来自公共服务 A 的收益是_____，来自公共服务 B 的收益是_____，公共服务收益之和是_____，总收益是_____。

（2）假设您现在是一个高收入者，若最终的公共财富的配置方案是70%的公共服务 A 和 30%的公共服务 B。请问，您来自公共服务 A 的收益是_____，来自公共服务 B 的收益是_____，公共服务收益之和是_____，总收益是_____。

4. 开始决策

请在 7 种方案中自由选择您最偏好的一项，填在横线上_____。

实验局 2：加入效率考量的贫富身份确定的基准实验（B–E）

相对于基准实验的变化是：

共有 1000 点的公共财富，这笔财富要投入到两类公共服务中去。我们称之为公共服务 A（低收入者与高收入者的回报率相同 = 0.4）和公共服务 B（低收入者的回报率 = 0.5 高于高收入者的回报率 = 0.1）。显然，公共服务 A 的社会总体回报率（回报率之和）要高于公共服务 B 的社会总体回报率。这意味着，公共财富用于投资公共服务 B 的比重越大，公共服务带来的社会总收益越低。

实验局 3：加入应得因素的贫富身份确定的基准实验（B–D）

相对于基准实验的变化是：

在决定贫富身份时，我们的依据是上学期的英语考试成绩，即成绩较高者将成为富人，可以将富人的私人财富 250 点视为对其成绩的奖励。

实验局 4：无知之幕实验（V）

相对于基准实验的变化是：

您处于一个假想的社会中，无人知道在这里富人和穷人各是多少。

实验局 5：加入效率考量的无知之幕实验（V-E）

相对于基准实验的变化是：

您处于一个假想的社会中，无人知道在这里富人和穷人各是多少。

共有 1000 点的公共财富，这笔财富要投入到两类公共服务中去。我们称之为公共服务 A（低收入者与高收入者的回报率相同）和公共服务 B（低收入者的回报率大于高收入者的回报率）。[①] 我们假设公共服务 A 的社会总体回报率（回报率之和）要高于公共服务 B 的社会总体回报率。那么显然，公共财富用于投资公共服务 B 的比重越大，公共服务带来的社会总收益越低。

实验局 6：中立观察者实验（I）

相对于基准实验的变化是：

您现在是一个中立的观察者，您要替一个五人小组做出决策。小组内包括 2 个富人和 3 个穷人，贫富差距为富人有 250 点的私人财富，而穷人的私人财富为 0 点。小组内的贫富身份随机决定。

您作为中立的观察者将会在实验结束后获得一个固定的出场费 250 点代币 = 5 元人民币。

实验局 7：加入效率考量的中立观察者实验（I-E）

相对于基准实验的变化是：

您现在是一个中立的观察者，您要替一个五人小组做出决策，您的选择会决定小组成员的收益。小组内包括 2 个富人和 3 个穷人，贫富差距为富人有 250 点的私人财富，而穷人的私人财富为 0 点，我们设定 250 点代币 = 5 元人民币。小组内的贫富身份随机决定。

---

① 公共服务 A 和公共服务 B 对于低收入者、高收入者的回报率已经事先设定（只有实验组织者知道），在您做出选择后，将按照设定计算您的收益。

您作为中立的观察者将会在实验结束后获得一个固定的出场费 250 点代币 = 5 元人民币。

共有 1000 点的公共财富，这笔财富要投入到两类公共服务中去。我们称之为公共服务 A（穷人与富人的回报率相同 = 0.4）和公共服务 B（穷人的回报率 = 0.5 高于富人的回报率 = 0.1）。显然，公共服务 A 的社会总体回报率（回报率之和）要高于公共服务 B 的社会总体回报率。这意味着，公共财富用于投资公共服务 B 的比重越大，公共服务带来的社会总收益越低。

实验局 8：加入应得因素的中立观察者实验（I–D）

相对于基准实验的变化是：

您现在是一个中立的观察者，您要替一个五人小组做出决策。小组内包括 2 个富人和 3 个穷人，贫富差距为富人有 250 点的私人财富，而穷人的私人财富为 0 点。在决定贫富身份时，我们的依据是上学期的英语考试成绩，即小组中成绩较高者将成为富人，可以将富人的私人财富 250 点视为对其成绩的奖励。

您作为中立的观察者将会在实验结束后获得一个固定的出场费 250 点代币 = 5 元人民币。

第七章　结　论

党的十九大报告指出，“增进民生福祉是发展的根本目的”。所以，本书的研究都紧扣一个主题，就是基于实证社会选择的方法，从经济效率与分配正义相互权衡的视角讨论社会福利的影响因素，以便为实现人民对于美好生活的向往提供些许启示。对于什么是美好生活，历史上的思想先哲有过深刻的思考，柏拉图认为人应该在理想国中被哲学王统治，过一种有秩序的生活，亚里士多德认为人天生是一种政治动物，故人会追求过一种积极参与城邦治理的生活。中国的文化传统中也有对美好生活的大量哲理思考。儒家认为，符合礼制的生活才算是美好生活，道家则向往“采菊东篱下，悠然见南山”的小国寡民的生活。

从经济学的立场说，美好生活需要在经济效率和社会正义两个方向上的协调。这种对于美好生活的经济学思维在思想史上由来已久，例如：亚当·斯密认为，人既要在经济活动中追求物质利益，也要有同情心和正义感；小密尔认为，人应该在功利追求和对自由的向往之间寻求平衡；马克思认为，实现自由全面发展的人生才是值得过的生活；萨缪尔森认为，应该在“在个人的创造性与最优社会规划之间”[①] 寻求一条中间道路。在晚近的社会选择的文献中，阿马蒂亚·森基于福利经济学的能力方法，从事实（经济效率）和价值（分配正义的伦理判断）相互缠结的视角讨论什么是值得过的美好生活——这已经成为福利经济学的核心主题之一。“美好

① [美] 保罗·萨缪尔森：《中间道路经济学》，何宝玉译，首都经济贸易大学出版社 2000 年版，第 ix 页。

生活”肯定不仅限于经济效率与分配正义两个维度，但这两个维度是构成美好生活的必要条件（因为直接关系人民的满足感和获得感）。所以，研究这两个条件的关系是认识“美好生活”的一个重要的窗口。经济学研究在传统上较为聚焦于经济效率而相对忽略了分配正义，而后者恰恰更紧密联系着关于美好生活的思考。正如著名政治哲学家桑德尔（Michael Sandel）所说：“我们的多数争论都与促进繁荣和尊重个人自由有关，起码表面如此。但是在这些观点背后，或与之想争论的是，我们经常可以瞥见另一类信念——其涉及何种美德值得尊重和奖励，以及一个良序社会应该鼓励何种生活方式。尽管我们致力于促进繁荣和自由，但我们不能忽略正义的批判维度。正义与美德和选择有关的信念影响深远。探讨正义似乎会不可避免地将我们引向对于最好的生活方式的思考。”①

以晚近福利经济学的发展中对于信息基础的强调为理论起点，实证社会选择为理解美好生活提供了一种新的可能路径。本书的研究正是实证社会选择在新时代中国背景下的应用，并为实证社会选择的研究提供了来自中国的经验证据。通过基于实证社会选择的问卷实验，本书可以得出以下几个方面的主要结论：

结论一关注的是“信息基础”的作用。我们通过采用问卷实验的方法，着重分析了“信息基础”的可能变化以及这种变化对于实验被试者在分配正义领域的选择是否会产生显著影响。我们所聚焦的是：当面对着“效率”“应得”和“需要”等维度上的信息基础的变化时，被试者的正义判断在何种程度上会被“责任原则”所左右。从实验的结果可知，人们的分配正义判断会受到信息基础的构成的显著影响，而“责任”是重要的伦理信息。当在单一维度的伦理信息中增加了信息量。或者说，在已有的信息基础上添加了新的信息单元后，信息的变化会显著改变被试者的选择。

结论二关注人们对结果平等与机会平等的偏好。我们借由问卷实验考

① ［美］迈克尔·桑德尔：《公正：该如何做是好?》，朱慧玲译，中信出版社 2011 年版，第 10 页。根据英文原文略有改动。

察了共享发展的收入再分配含义。具体来说，我们关注人们在共享发展的推进过程中更偏好结果均等还是机会均等。我们的实验发现：第一，人们偏好的既不是绝对的结果均等，也不是绝对的机会均等，而是两者的折中情况。第二，人们在选择收入再分配的方案时敏感于效率损失。第三，多数人反感因个人无法控制的因素所造成的结果不均等，而比较容易接受因个人需要负责的原因所造成的结果不均等。第四，女性对于初始收入分配不均等更为厌恶，且对于效率损失也更敏感。

结论三关注的是关于收入分配格局形成原因的信息会如何影响不平等厌恶水平。我们通过问卷实验发现：在不平等厌恶的态度上，存在源于框架和人口特征的情景依赖。同时，不同的造成收入差距的原因确实会对被试者在平等和效率之间的权衡产生显著影响——“努力”实验局中被试者的不平等厌恶水平最低。也就是说，当人们了解到，当前的收入分配格局的形成源于相关者最需要自我负责的因素时，人们的再分配诉求在我们设定的四种收入差距原因信息中是最弱的；反之则相反。此外，由于人们的行为受到责任原则的影响，被试者可能会选择在效率损失较高时实施再分配，从而避免低收入者不劳而获。并且，关于“责任原则”的偏好与不平等厌恶一道，会影响人们在增加税收和削减公共服务之间的抉择。无论是以学生作为被试者还是以非学生的 MPA 在职研究生作为被试者，所得的结果都支持上述结论。

结论四关注的是个人利益对于人们的公共服务偏好的影响。以异质化公共服务领域的资源配置为背景，我们开展了实证社会选择的问卷实验。实验结果发现：在“基准”（此时被试者已知自己的初始禀赋）实验局中，多数被试者所选择的分配方案受自身利益的左右，即多数的低禀赋者和高禀赋者都会选择有利于自身的资源配置方案；而在“无知之幕”（被试者不知道自己的初始禀赋）和“中立观察者”（初始禀赋与被试者的自身利益无关）两个实验局中，较为中立的资源配置方案会受到多数被试者的青睐；被试者的选择没有显著地受到“应得”因素的影响；被试者的实际选择与政治哲学的理想化期望差距非常大；资源配置方案的选择结果会受到某些人口学特征的影响。总而言之，人们很明显的是在分配正义和经济效率这两项重要原则之间进行权衡。

基于上述实验结论，我们在本书中的研究可以衍生出一些有一定参考意义的政策启示：

第一，实验结果告诉我们：容易引起人们厌恶的不仅仅是收入分配差距本身，厌恶的更主要的来源是贫富差距形成原因的不合理性。与斯密在《道德情操论》中的设想一致，中立观察者确实会对低收入人群抱有一定程度的同情心并赞同有利于他们的再分配，但这种同情心不会无条件地泛滥——当低收入者需要为自己的贫穷负责时，这种同情心和再分配意愿将几乎消失殆尽。于是我们可以认为，无论是通过直接的收入再分配或间接地以基本公共服务均等化来改善低收入者的状况，最关键的公共政策决策影响因素可能并不是收入差距本身，而是贫富格局背后的形成原因，那些因自身无须负责的原因而限于困境者更应该由政府施以辅助。

第二，实验结果发现，人们对于效率有极强的敏感性，但是，我们实验中的被试者对于（作为一项重要的分配正义的评判标准的）“应得”的态度并不稳健。在第三章、第四章和第五章关于收入分配的实验中，人们乐于为“应得”因素而减少再分配。但是在第六章关于公共服务的配置实验中，“应得”因素被忽视。这说明对于基本应得权利的保障在宪法和法律的立法和执行过程中应该得到进一步的巩固和加强，方可能避免少数人对多数人的剥削以及多数人对少数人的暴政。总而言之，在实施更加合理的收入再分配和实现基本公共服务均等化时，由于资源的稀缺性，在分配正义和经济效率之间的权衡可能是我们永远也无法摆脱的两难局面，绝对的追求理想化的正义或者片面的强调效率优先的政策倾向都与对美好生活的向往背道而驰。

第三，实验结果带给我们的另一项政策启示是中国被试者的偏好在某些方面不同于西方文化的常识：一是我们在第五章的实验中发现，人们虽然最为厌恶“出身”所造成的不平等，但不平等厌恶程度并没有比其他原因高出特别多。表 5-3 说明：“出身”实验局与另外两个代表需要负责的原因的实验局相比，三者的不平等厌恶的中位值都处于同一区间。这是我们在制定再分配政策或制定继承法等法律时需要注意的。[①] 二是我们在第六章的实验中发现，人们对“应得”的道德倾向性并不明显，故更需要建立平等保护公有产权和私有产权的制度。此外，我们在第三章到第六章的实验中几乎都发现，女性和男性之间的伦理判断存在显著差异：总体看来，女性更偏好平等，且对源于不合理原因的不平等更为厌恶。这意味着，在主要面向女性公民或涉及大量女性公民的政策领域，政策制定可能需要避免单一的男性化的视角，尽量多考虑女性的独特偏好。总之，中国的国情特殊性和性别差异需要在政策领域加以认真考量。

我们必须提醒的是，之所以要十分谨慎对待上述政策启示，原因在于：由于我们对政策含义的梳理来自问卷实验所得之结果，故一旦我们希望将此理论成果外推至真实世界并加以应用时，此结果的外部有效性就是一个必须认真审查的方法论问题。此时，实验方法起到的作用应该是补充而不是替代传统的实证方法，而只有在与其他实证方法的对照中才能逐渐巩固实验方法之结论的外部有效性。另外，问卷实验考察的是被试者的直觉性的伦理判断，而不是他们在现实中的真实行为，只能扮演立法和政策制定的伦理基准的角色。但是，我们的研究仍然是有重要的政策意义的，因为我们的实验直接关注的是人们处于中立的立场时对于分配正义的态度，故可以为分配政策建立起规范性的参照系，这是直接观察人们在现实中的真实行为时所无法做到的。

所以说，一方面，我们的研究结论和政策启示在一定程度上反映了世界各国在特定历史阶段都要面对的普遍性问题。布坎南始终认为，民主政府存在一种两难困境，因为政府需要对公民的两种相反的要求做出回应，

① 为了回答这一问题，我们在第五章的实验后访问了一些被试者。我们得到的答案是，按照当前18~20岁年轻人的价值观，家里帮忙找工作（一种亲缘利他行为）被视为一件理所当然的事情。因此，如果是因为家庭出身好而得到一份收入较高的工作，那么在大多数被试者看来此事并没有任何的不公平，自然就不会产生更强烈的不平等厌恶和再分配愿望。与我们的发现可以互相印证的是，文雯（2015）利用CGSS2006的数据进行的实证研究发现，“家庭富裕”不会对人们的不公平感产生显著影响，而“社会关系多”不存在显著影响或者甚至会显著降低人们的不公平感。

“一是扩大国家的服务（和转移），二是降低税率。困境来自私人行为与政府行为这两组行为在时间视野上的差异”。[①] 实际上，任何一个政府想要维持自己的合法性，都会面对这种两难之局，中国也不例外。现实的情况是，伴随着人口老龄化和农业人口市民化所产生的社会福利需求的“棘轮效应”，正在与新常态背景下的经济增长速度放缓进行赛跑。如果是前者跑赢了后者，那么我国就可能过早地进入福利国家[②]的轨道，其对经济发展和社会稳定的影响将是负面的——希腊主权债务危机正历历在目，“二战”后阿根廷从发达国家沦落为发展中国家的悲剧也实在殷鉴不远。对于我国来说，最理想的结果是在有限的时间内，抓住改革的窗口期，[③] 把经济发展动能真正转变到创新驱动上来。若如此，中国才能打破“中等收入陷阱”，实现社会福利体系完善和经济高质量发展的正向循环。

另一方面，由于中国的国情特殊性和转型期的经济、政治、文化复杂性，任何现成的经验和理论都只能借鉴而不能照搬。在最终实现共同富裕和基本公共服务均等化的过程中，不存在先验最优的唯一模式，即西方经验或任何理想化的理论模型都需要在中国的大地上接受批判性的检验。党的十九大报告宣告，要“让改革发展成果更多更公平惠及全体人民，朝着实现全体人民共同富裕不断迈进”。为了实现这一目标，可行的路径是党的十九大提出的“保障和改善民生要抓住人民最关心最直接最现实的利益问题，既尽力而为，又量力而行”，伦理的底线是拒绝明显的非正义。在实现“分配正义”这一社会选择问题上（Sen，2009），不需要一致同意的完备序（complete ordering），而仅需要以“交集”（intersection）——相关

① ［澳］杰弗瑞·布伦南、［美］詹姆斯·布坎南：《宪政经济学》，冯克利、秋风、王代、魏志梅等译，中国社会科学出版社 2004 年版，第 96 页。

② 布坎南极为反对福利国家政策，认为福利国家政策导致了财政行为的扭曲。他给出的“福利国家”定义是：“福利国家对由私人所有、市场导向的经济的运行，实行一套通过集体决定的、强制的收入与财产的转移”。（参见［美］詹姆斯·布坎南：《自由、市场与国家——80 年代的政治经济学》，平新乔、莫扶民译，上海三联书店 1989 年版，第 255 页。）

③ 窗口不会永远对改革者开放，晚清的教训就是例证。当改革已经错过了最佳时机后，改革的尝试（如清末“预备立宪”）反而可能让危机更严重和爆发得更快。

各方共享的信念——为基础的“局部非完备排序”（partial incomplete ordering）。更清楚地说，就是要在左与右、传统与现代、保守与激进、自由主义与福利国家等多样化的思想和利益取向之间谋求“最大公约数”，以最大限度地降低实现美好生活所需要付出的交易成本。

行文至此，笔者要向各位读者诚恳道歉的是，由于学术水平和能力的限制，本书的研究难免有差强人意之处。在学术资源充分的前提下，如果能够将本书的研究与实验室实验、现场实验、微观调查数据计量、田野调查等不同方式相结合，就可以为中国的分配正义问题描绘出一幅更加完整的学术地图。在这样宏大的学术理想之外，更具现实可能性的研究改进仍需要围绕问卷实验本身，即先实现一个小目标再去幻想那个大目标。所以，笔者在此处只提示一条密切关于实证社会选择本身待拓展的研究进路。

社会选择的理论研究和实证研究的前沿领域都主要关注“信息基础”问题。自实证社会选择产生以来，在讨论分配正义时，多数学者在信息基础的设计上都集中于分配的参与人，而不是分配的标的物——这些物品通常简化为收入、公共品甚至具体的食品。实际上，只有极少数的实证社会选择文献考察了收入以外的多维度不平等对福利的影响（Tarroux，2015）。同样地，本书在以问卷实验研究分配正义时，分配所涉及的标的物集中于收入或基本公共服务，而没有深入讨论非收入标准——如应得权、基本物品、基本能力等——的分配正义问题。当然，在分配正义问题上只考虑收入维度，这一处理具有明显的应用上的优势：第一，按照收入定义福利令个体福利可以基数测量并加总。于是，以收入定义福利能够方便地进行不同公共政策的福利效果的比较，即使在问卷实验中也是如此。第二，收入再分配在政策领域更加具有可操作性。反过来说，一旦我们依据比收入更丰富的信息来定义福利，那么制定合理的福利再分配计划的技术难度将会骤增。不过，从超出收入的多维度视野来定义福利可以避免某些在逻辑上合理却在伦理上荒谬的再分配行为。例如，按照单一收入标准，再分配政策将要求高收入者将收入转移给低收入者，但有时候从多维福利标准看，高收入者在再分配之前的福利水平可能就已经低于低收入者（如高收入者可能患有严重的慢性病）。于是总体来看，在信息基础的设计上多考虑待分配的标的物，将是未来实证社会选择研究的一个可行的进步方向。

著名的研究创新问题的经济学大师鲍莫尔（William Baumol）的早期研究领域是福利经济学。在1952年出版的博士论文《福利经济及其国家理论》[①] 的最后一章中，他曾经略加沉痛地设问道："福利经济学毁了吗"？在列举了福利经济学的规范分析种种不足之处（尤其是缺乏经验基础）后，鲍莫尔却笔锋一转，肯定了福利经济学的研究意义："抽象的争论要是只成为一个空箱子，是不能指出（在经验上）何者是正确的，但它却常常能（表示矛盾所在）指出何者是不正确的，甚而往往能指出何者是尚待证明的"。[②] 以福利经济学今日之发展观之，其不仅继续了鲍莫尔所肯定的福利经济学的意义（典型如理论社会选择），也拓展性地开启了福利经济学的实证研究局面，即实证社会选择的工作。不敢奢望本书的研究能够为福利经济学的发展做出任何从0~1的创新型贡献，假如能在从1~N的过程中有一点点有限的助力，则无憾矣。

① 该论文1949年春天提交给伦敦大学，论文指导教师为宣判了旧福利经济学死刑的莱昂内尔·罗宾斯。

② ［美］威廉·鲍莫尔：《福利经济学及国家理论》，郭家麟、郑孝齐译，商务印书馆2013年版，第201页。

参考文献

[英] A. C. 庇古：《福利经济学》（上下卷），朱泱、张胜纪、吴良健译，商务印书馆 2006 年版。

[英] J. S. 密尔：《代议制政府》，汪瑄译，商务印书馆 1997 年版。

[印] 阿马蒂亚·森、[英] 伯纳德·威廉姆斯：《导言：超越功利主义》，载 [印] 阿马蒂亚·森、[英] 伯纳德·威廉姆斯编：《超越功利主义》，梁捷等译，复旦大学出版社 2011 年版。

[印] 阿马蒂亚·森、让·德雷兹：《不确定的荣耀》，唐奇译，中国人民大学出版社 2015 年版。

[印] 阿马蒂亚·森：《集体选择与社会福利》，胡的的、胡毓达译，上海科学技术出版社 2004 年版。

[印] 阿马蒂亚·森：《理性与自由》，李风华译，中国人民大学出版社 2006 年版。

[印] 阿马蒂亚·森：《论经济不平等/不平等之再考察》，王利文、于占杰译，社会科学文献出版社 2006 年版。

[印] 阿马蒂亚·森：《能力与福祉》，载 [印] 阿马蒂亚·森、[美] 玛莎·努斯鲍姆编：《生活质量》，龚群等译，社会科学文献出版社 2008 年版。

[印] 阿马蒂亚·森：《以自由看待发展》，任赜、于真译，中国人民大学出版社 2002 年版。

[美] 埃尔文·罗斯：《实验经济学概述》，载 [美] 约翰·卡格尔、埃尔文·罗斯编：《实验经济学手册》，贾拥民、陈叶烽译，中国人民大学出版社 2015 年版。

[英] 安格斯·迪顿：《逃离不平等：健康、财富及不平等的起源》，崔传刚译，中信出版社 2014 年版。

[美] 保罗·萨缪尔森：《经济分析基础（增补版）》，何耀、傅征、刘生龙、陈宏卫、王兴林译，东北财经大学出版社 2006 年版。

[美] 伯烈特·史宾斯：《诺贝尔之路：十三位经济学奖得主的故事》，黄进发译，西南财经大学出版社 1999 年版。

邓小平：《善于利用时机解决问题》，载《邓小平文选（第三卷）》，人民出版社 1993 年版，第 364 页。

丁建峰：《无知之幕下的社会福利判断——实验经济学的研究》，《经济社会体制比较》2010 年第 3 期。

[澳] 杰弗瑞·布伦南、[美] 詹姆斯·布坎南：《宪政经济学》，冯克利、秋风、王代、魏志梅等译，中国社会科学出版社 2004 年版。

[德] 卡尔·马克思：《哥达纲领批判》，中央编译局译，人民出版社 1965 年版。

[德] 卡伦·霍恩：《通往智慧之路：对话 10 位诺贝尔经济学奖得主》，陈小白译，华夏出版社 2012 年版。

[美] 肯尼斯·阿罗：《2010 年中译本序言》，载《社会选择与个人价值》（第二版）》，丁建峰译，上海人民出版社 2010 年版。

[英] 莱昂内尔·罗宾斯：《经济科学的性质和意义》，朱泱译，商务印书馆 2000 年版。

[美] 理查德·塞勒、[美] 卡斯·桑斯坦：《助推》，刘宁译，中信出版社 2018 年版。

[美] 理查德·塞勒：《“错误”的行为：行为经济学的形成》，王晋译，中信出版社 2018 年版。

[美] 理查德·塞勒：《选择心理学与经济学假设》，载 [美] 埃尔文·罗斯编：《经济学中的实验室实验——六种观点》，聂庆译，中国人民大学出版社 2007 年版。

[美] 理查德·塞勒：《赢家的诅咒：经济生活中的悖论与反常现象》，高翠

霜译，中信出版社 2018 年版。

林毅夫、庄巨忠、汤敏、林暾：《以共享式增长促进社会和谐》，中国计划出版社 2008 年版。

罗影、汪毅霖、朱成全：《布坎南宪政经济学思想研究》，东北财经大学出版社 2015 年版。

［美］玛莎·纳斯鲍姆：《寻求有尊严的生活——正义的能力理论》，田雷译，中国人民大学出版社 2016 年版。

［美］迈克尔·桑德尔：《公正：该如何做是好?》，朱慧玲译，中信出版社 2011 年版。

［美］米尔顿·弗里德曼：《价格理论》，蔡继明、苏俊霞译，华夏出版社 2011 年版。

［美］米尔顿·弗里德曼：《实证经济学方法论》，载《实证经济学论文集》，柏克译，商务印书馆 2014 年版。

［印］帕萨·达斯古普塔：《大众经济学》，叶硕、谭静译，译林出版社 2008 年版。

［法］托马斯·皮凯蒂：《21 世纪资本论》，巴曙松等译，中信出版社 2014 年版。

汪丁丁：《跋：从抽象上升到具体》，载周其仁：《突围集：寻找改革新动力》，中信出版社 2017 年版。

汪丁丁：《经济思想史讲义》，上海人民出版社 2008 年版。

汪丁丁：《经济学思想史进阶讲义——逻辑与历史的冲突和统一》，上海人民出版社 2015 年版。

汪丁丁：《新政治经济学讲义：在中国思索正义、效率与公共选择》，上海人民出版社 2013 年版。

汪丁丁：《行为经济学要义》，上海人民出版社 2015 年版。

汪毅霖、王国成：《交流一定能够促进合作吗？来自双重公共品自愿捐献实验的证据》，《财经研究》2016 年第 9 期。

汪毅霖：《财政立宪的基本原理、理论含义与政策启示：以布坎南为中心的讨论——兼论基本公共服务均等化的相关问题》，载汪丁丁：《新政治经济学评论》第 31 卷，上海人民出版社 2016 年版。
汪毅霖：《基于能力方法的福利经济学——一个超功利主义的研究纲领》，经济管理出版社 2013 年版。
汪毅霖：《经济学的事实与价值之争及其对共享发展的启示》，《天津社会科学》2018 年第 6 期。
汪毅霖：《经济学能够成为硬科学吗？——方法论视角的研究》，经济管理出版社 2016 年版。
［美］威廉·鲍莫尔：《福利经济学及国家理论》，郭家麟、郑孝齐译，商务印书馆 2013 年版。
文雯：《中国居民收入分配的公平认知与诉求》，《财经研究》2015 年第 11 期。
［德］沃尔夫·盖特纳：《社会选择理论基础》，李晋、马丽译，上海三联书店 2013 年版。
［美］希拉里·普特南：《事实与价值二分法的崩溃》，应奇译，东方出版社 2006 年版。
杨春学：《和谐社会的政治经济学基础》，《经济研究》2009 年第 1 期。
［美］伊斯雷尔·柯兹纳：《市场过程的含义》，冯兴元、景朝亮、檀学文、朱海就译，中国社会科学出版社 2012 年版。
［美］约翰·罗尔斯：《正义论（修订版）》，何怀宏、何包钢、廖申白译，中国社会科学出版社 2009 年版。
［美］约翰·罗尔斯：《正义论》，何怀宏、何包钢、廖申白译，中国社会科学出版社 1988 年版。
［美］约翰·罗尔斯：《政治自由主义》，万俊人译，译林出版社 2002 年版。
［美］约翰·罗尔斯：《作为公平的正义：正义新论》，姚大志译，中国社会科学出版社 2011 年版。
［英］约翰·密尔：《论自由》，许宝骙译，商务印书馆 1959 年版。
［美］詹姆斯·布坎南、理查德·马斯格雷夫：《公共财政与公共选择：两种截然不同的国家观》，类承曜译，中国财政经济出版社 2000 年版。

[美] 詹姆斯·布坎南、罗杰·康格尔顿：《原则政治，而非利益政治——通向非歧视性民主》，张定淮，何志平译，社会科学文献出版社 2004 年版。

[美] 詹姆斯·布坎南：《自由、市场与国家——80 年代的政治经济学》，平新乔、莫扶民译，三联书店上海分店 1989 年版。

朱玲：《“发展”的度量》，《中国人口科学》2013 年第 1 期。

Abram Bergson, “A Reformulation of Certain Aspects of Welfare Economics”, Quarterly Journal of Economics, Vol. 52, No. 2, 1938, pp. 310-334.

Agnar Sandmo, “Asymmetric Information and Public Economics: The Mirrlees-Vickrey Nobel Prize”, Journal of Economic Perspectives, Vol. 13, No. 1, 1999, pp. 166, 180.

Agnar Sandmo, “The Pricipal Problem in Political Economy: Income Distribution in the History of Economic Thought”, in Anthony Atkinson and François Bourguignon, eds. Handbook of Income Distribution, Vol. 2A -2B, Amsterdam: North-Holland, 2015, pp. 3-65.

Alesina A., Angeletos G., and Economics D, “Fairness and Redistribution”, American Economic Review, Vol. 95, No. 4, 2005, pp. 960-980.

Alexander Cappelen, Astri Hole, Erik Sørensen, and Bertil Tungodden, “The Pluralism of Fairness Ideals: An Experimental Approach”, American Economic Review, Vol. 97, No. 3, 2007, pp. 818-827.

Alexander Cappelen, James Konow, Erik Sørensen, and Bertil Tungodden, “Just Luck: An Experimental Study of Risk-Taking and Fairness”, American Economic Review, Vol. 103, No. 4, 2013, pp. 1398-1413.

Amartya Sen, “Arrow and the Impossibility Theorem”, in Eric Maskin and Amartya Sen eds., The Arrow Impossibility Theorem, Cambridge: Cambridege University Press, 2014, pp. 29-42.

Amartya Sen, “Open and Closed Impartiality”, Journal of Philosophy, Vol. 99, No. 9, 2002, pp. 446, 469.

Amartya Sen, “Rationality and Social Choice”, American Economic Review,

Vol. 85, No. 1, 1995, pp. 1-24.

Amartya Sen, "Social Choice Theory", in Kenneth J. Arrow and Michael D. Intriligator, eds. Handbooks of Mathematical Economics, Vol. 3, Amsterdam: North Holland, 1986, pp. 1073-1181.

Amartya Sen, "Social Justice and Distribution of Income", in Anthony Atkinson and François Bourguignon, eds. Handbook of Income Distribution, Vol. 1, Amsterdam: North-Holland, 2000, pp. 59-85.

Amartya Sen, "The Discipline of Economics", Economica, Vol. 75, No. 300, 2008, pp. 617-628.

Amartya Sen, "The Impossibility of a Paretian Liberal", Journal of Political Economy, Vol. 78, No. 1, 1970, pp. 152-157.

Amartya Sen, "The Informational Basis of Social Choice", in Kenneth J. Arrow, Amartya K. Sen, and Kotaro Suzumura, eds. Handbook of Social Choice & Welfare, Vol. 2, Amsterdam: North Holland, 2011, pp. 29-46.

Amartya Sen, "Walsh on Sen after Putnam", Review of Political Economy, Vol. 17, No. 1, 2005, pp. 107-113.

Amartya Sen, Commodities and Capabilities, Amsterdam: North-Holland, 1985.

Amartya Sen, The Idea of Justice, London: Penguin Books, 2009.

Amos Teversky and Daniel Kahneman, "The framing of decisions and the Psychology of Choice", Science, Vol. 211, No. 4481, 1979, pp. 453-458.

Andrew Clark and Conchita D'Ambrosio, "Attitudes to Income Inequality: Experimental and Survey Evidence", in Anthony Atkinson and François Bourguignon, eds. Handbook of Income Distribution, Vol. 2A -2B, Amsterdam: North-Holland, 2015, pp. 1147-1208.

Anthony Atkinson, "On the Measurement of Inequality", Journal of Economic Theory, Vol. 2, No. 3, 1970, pp. 244-263.

Anthony Atkinson, and François Bourguignon, "Income Distribution and

Economics", in Anthony Atkinson and François Bourguignon, eds. Handbook of Income Distribution, Vol. 1, Amsterdam: North-Holland, 2000, pp. 1-58.

Anthony Atkinson, and François Bourguignon, "Introduction: Income Distribution Today", in Anthony Atkinson and François Bourguignon, eds. Handbook of Income Distribution, Vol. 2A-2B, Amsterdam: North-Holland, 2015, pp. xvii-Ixiv.

Anthony Downs, An Ecnomic Theory of Democracy, New York: Harper Press, 1957.

Arthur Okun, Equality and Efficiency: The Big Trade off, Washington: Brookings Institution, 1975.

Astrid Dannenberg, Thoms Riechmann, and Bodo Sturm, "Inequality aversion and the house money effect", Experimental Economics, Vol. 15, No. 3, 2012, pp. 460-484.

Benoît Tarroux, "Comparing Two-dimensional Distributions: A Questionnaire-experimental Approach", Social Choice and Welfare, Vol. 44, No. 1, 2015, pp. 87-108.

Colin Camerer, Behavioral Game Theory: Experiments in Strategic Interaction, Princeton: Pricincetion University Press, 2003.

Daniel Kahneman, Jack Knetsch, and Richard Thaler, "Fairness and the Assumptions of Economics", Journal of Business, Vol. 59, No. 4, 1986a, pp. 286, 300.

Daniel Kahneman, Jack Knetsch, and Richard Thaler, "Fairness as a Constraint on Profit Seeking: Entitlements in the Market", American Economic Review, Vol. 76, No. 4, 1986a, pp. 728-741.

Dennis Mueller, Public Choice Ⅲ, Cambridge: Cambridge University Press, 2003.

Dirk Engelmann and Martin Strobel, "Inequality Aversion, Efficiency, and

Maximin Preferences in Simple Distribution Experiments", American Economic Review, Vol. 94, No. 4, 2004, pp. 857-869.

Eric Maskin, "The Arrow Impossibility Theorem: Where Do We Go from Here?", in Eric Maskin and Amartya Sen, eds. The Arrow Impossibility Theorem, Cambridge: Cambridege University Press, 2014, pp. 43-56.

Ernst Fehr and Klaus Schmidt, "A Theory of Fairness, Competition and Cooperation", Quarterly Journal of Economics, Vol. 114, No. 3, 1999, pp. 817-868.

Eyal Gamliel and Eyal Peer, "Attribute Framing Affects the Perceived Fairness of Healthcare Allocation Principle", Judgment and Decision Making, Vol. 5, No. 1, 2010, pp. 11-20.

Eyal Gamliel and Eyal Peer, "Positive Versus Negative Framing Affects Justice Judgments", Social Justice Research, Vol. 19, No. 3, 2006, pp. 307-322.

Frand Cowell, "Measurement of Inequality", in Anthony Atkinson and François Bourguignon, eds. Handbook of Income Distribution, Vol. 1, Amsterdam: North-Holland, 2000, pp. 87-156.

Frank Knight, "Science, Philosophy, and Social Procedure", Ethics, Vol. 52, No. 3, 1942, pp. 253-274.

Frank Knight, Freedom and Reform: Essays in Economic and Social Philosophy, New York: Harper, 1947.

Fredrik Carlsson, Dinky Daruvalv, and Olof Johansson-Stenman, "Are People Inequality-Averse, or Just Risk-Averse", Economica, Vol. 72, No. 3, 2005, pp. 376, 396.

Gary Charness and Mattew Rabin, "Understanding Social Preferences with Simple Tests", Quarterly Journal fo Economics, Vol. 117, No. 3, 2002, pp. 817-869.

Herbert Simon, "A Behavioral Model of Rational Choice", Quarterly Journal of Economics, Vol. 69, No. 1, 1955, pp. 99-118.

Herbet Glesjer, Lousis Gevers, Ph. Lambot, and J. A. Morales, "An Econometric Study of the Variables Determining Inequality Aversion among Students", European Economic Review, Vol. 10. No. 2, 1977, pp. 173-188.

Hestor Gandelman and Ruben Hernandez-Murillo, "What do Happiness and Health Satisfaction Data Tell Us about Relative Risk Aversion", Journal of Economic Psychology, Vol. 39, No. 4, 2012, pp. 301-312.

Hilary Putnam and Vivian Walsh, "Entanglement throughout Economic Science: The End of a Separate Welfare Economics", Review of Political Economy, Vol. 21, No. 2, 2009, pp. 291-297.

Hilary Putnam and Vivian Walsh, "Introduction", in Hilary Putnam and Vivian Walsh, eds. The End of Value-Free Economics, New York: Routledge, 2011.

Ingrid Robeyns, "Justice as Fairness and the Capability Approach", in Kaushik Basu and Ravi Kanbur, eds. Arguments for a Better World: Essays in Honor of Amartya Sen: Volume I: Ethics, Welfare, and Measurement, Oxford: Oxford University Press, 2008, pp. 397-413.

James Buchanan and Victor Vanberg, "Constitutional Implications of Radical Subjectivism", Review of Austrian Economics, Vol. 15, No. 2/3, 2002, pp. 121-129.

James Buchanan, "Agreement and Efficiency: Response to Guttman", European Journal of Political Economy, Vol. 14, No. 2, 1998, pp. 209-213.

James Buchanan, "An Economic Theory of Clubs", Economica, New Series, Vol. 32, No. 125, 1965, pp. 1-14.

James Buchanan, "Individual Choice in Voting and the Market", Journal of Political Economy, Vol. 62, No. 4, 1954b, pp. 334-343.

James Buchanan, "Positive Economics, Welfare Economics, and Political Economy", Journal of Law and Economics, Vol. 2, No. 2, 1959, pp. 124-138.

James Buchanan, "Social Choice, Democracy, and Free Markets", Journal of Political Economy, Vol. 62, No. 2, 1954a, pp. 114-123.

James Buchanan, and Gorden Tullock, The Calculus of Consent: Logical Foundations of Constitutional Democracy, Ann Arbor: University of Michigan Press, 1962.

James Heckman, "The Economics, Technology, and Neuroscience of Human Capability Formation", PNAS, Vol. 104, No. 33, 2007, pp. 13250-13255.

James Heckman, and Chase Corbin, "Capabilities and Skills", Journal of Human Development and Capabilities, Vol. 17, No. 3, 2016, pp. 342-359.

James Konow, "A Positive Theory of Economic Fairness", Journal of Economic Behavior & Organization, Vol. 31, No. 1, 1996, pp. 13-35.

James Konow, "Fair Shares Accountability and Cognitive Dissonance in Allocation Decisions", American Economic Review, Vol. 90, No. 4, 2000, pp. 1072-1092.

James Konow, "Is Fairness in the Eye of the Beholder? An Impartial Spectator Analysis of Justice", Social Choice and Welfare, Vol. 33, No. 1, 2009, pp. 101-127.

James Konow, "Which is the Fairest one of All? A Positive Analysis of Justice Theories", Journal of Economic Literature, Vol. 41, No. 4, 2003, pp. 1188-1239.

James Konow, and Lars Schwettmann, "The Economics of Justice", in Claea Sabbagh and Manfred Schmitt, eds. Handbook of Social Justice Theory and Research, New York: Springer 2016, pp. 83-106.

James Mirrlees, "An Exploration inthe Theory of Optimum Income Taxation", Review of Economic Studie, Vol. 38, No. 2, 1971, pp. 176, 208.

John Harsanyi, "Cardinal Utility in Welfare Economics and in the Theory of

Risk-taking", Journal of Political Economy, Vol. 61, No. 5, 1953, pp. 434-435.

John Harsanyi, "Cardinal Welfare, Individualistic Ethics, and Interpersonal Comparisons of Utility", Journal of Political Economy, Vol. 63, No. 4, 1955, pp. 309-321.

John Hicks and Robert Allen, "A Reconsideration of the Theory of Value. Part I", Economica, Vol. 1, No. 1, 1934, pp. 52-76.

John Hicks and Robert Allen, "A Reconsideration of the Theory of Value. Part II. A Mathematical Theory of Individual Demand Functions", Economica, Vol. 1, No. 2, 1934, pp. 196, 219.

John Hicks, "The Foundation of Welfare Economics", Econonmic Journal, Vol. 49, No. 196, 1939, pp. 696, 712.

John N. Keynes, The Scope and Method of Political Economy, Kitchener: Batoehe Books, 1890/1999.

John Rawls, "Reply to Alexander and Musgrave", Quarterly Journal of Economics, Vol. 88, No. 4, 1974b, pp. 633-655.

Jukka Pirttila and Roope Uusitalo, "A 'Leaky Bucket' in the Real World: Estimating Inequality Aversion using Survey Data", Economica, Vol. 77, No. 305, 2010, pp. 60-76.

Kaushik Basu, and Luis F. López-Calva, "Functionings and Capabilities", in Kenneth J. Arrow, Amartya K. Sen, and Kotaro Suzumura, eds. Handbook of Social Choice & Welfare, Vol. 2, Amsterdam: North Holland, 2011, pp. 153-187.

Kenneth Arrow, "Amartya K. Sen's Contributions to the Study of Social Welfare", Scandinavian Journal of Economics, Vol. 101, No. 2, 1999, pp. 163-172.

Kenneth Arrow, Amartya Sen, and Kotaro Suzumura, "Kenneth Arrow on Social Choice Theory", in Kenneth J. Arrow, Amartya K. Sen, and

Kotaro Suzumura, eds. Handbook of Social Choice & Welfare, Vol. 2, Amsterdam: North Holland, 2011, pp. 3-27.

Kenneth Arrow, "General Economic Equilibrium: Purpose, Analytic Techniques, Collective Choice", American Economic Review, Vol. 64, No. 3, 1974, pp. 252-272.

Kenneth Arrow, Social Choice and Individual Values (2nd ed.), New Haven: Yale University Press, 1951/1963.

Kenneth Binmore, "Game Theory and Institution", Journal of Comparative Economics, Vol. 38, No. 3, 2010, pp. 246, 252.

Koen Decancq, Marc Fleurbaey, and Erik Schokkaert, "Inequality, Income and Well-Being", in Anthony Atkinson and François Bourguignon, eds. Handbook of Income Distribution, Vol. 2A -2B, Amsterdam: North - Holland, 2015, pp.67-140.

Kotaro Suzumura, "An Interview with Paul Samuelson: Welfare economics, 'Old' and 'New', and Social Choice Theory", Social Choice and Welfare, Vol. 25, No. 2, 2005, pp. 327-356.

Lionel Robbins. Autobiography of an Economist, London: Macmillian, 1971.

Lousis Gevers, Herbert Glejser, and Jean Rouyer, "Professed Inequality Aversion and Its Error Component", Scandinavian Journal of Economics, Vol. 81, No. 2, 1979, pp. 238-243.

Macro Faravelli, "How Context Matters: A Survey Based Experiment on Distributive Justice", Journal of Public Economics, Vol. 91, No. 7/8, 2007, pp. 1399-1422.

Marc Fleurbaey and François Maniquet, "Optimal Income Taxation Theory and Principles of Fairness", Journal of Economic Literature, Vol. 56, No. 3, 2018, pp. 1029-1079.

Mariana Blanco, Dirk Engelmann, and Hans Normann, "A Within-subject Analysis of Other-regarding Preferences", Games and Economic Behavior,

Vol. 72, No. 2, 2011, pp. 321–338.

Martha Nussbaum, Women and Human Development: The Capabilities Approach, Cambridge: Cambridge University Press, 2000.

Matthew Rabin, "Incorporating Fairness into Game Theory and Economics", American Economic Review, Vol. 83, No. 5, 1993, pp. 1281–1302.

Maya Bar–Hillel, and Menahem Yaari, "Judgments of Distributive Justice", in Barbara Mellers and Jonathan Baron, eds. Psychological Perspective on Justice: Theory and Applications, Cambridge: Cambridge University Press, 1993, pp. 56, 84.

Menahem Yaari and Maya Bar–Hillel, "On Dividing Justly", Social Choice and Welfare, Vol. 1, No. 1, 1984, pp. 1–24.

Nicholas Kaldor, "Welfare Propositions of Economics and Interpersonal Comparisons of Utility", Economic Journal, Vol. 48, No. 195, 1939, pp. 548–552.

Nicolas Stern, Welfare Weights and the Elasticity of the Marginal Valuation of Income, in M. Artis and R. Bobay, eds. Studies in Modern Economic Analysis: Proceedings of the Annual Conference of the Association of University Teachers of Economics, Oxford: Basil Blackwell, 1977, pp. 209–257.

Norman Frohlich, Joe Oppenheimer, and Chery Eavey, "Laboratory Results on Rawls's Distributive Justice", British Journal of Political Science, Vol. 17, No. 1, 1987, pp. 1–21.

Olof Johansson–Stenman, Fredrik Carlsson, and Dinky Daruvala, "Measuring Future Grandparents' Prefenences for Equality and Relative Standing", Economic Journal, Vol. 112, No.479, 2002, pp. 362–383.

Partha Dasgupta, "Facts and Values in Modern Economics", in Harold Kincaid and Don Ross, eds. The Oxford Handbook of Philosphy of Economics, New York: Oxford University Press, 2009.

Partha Dasgupta, "Reply to Putnam and Walsh", Economics and Philosophy, Vol. 23, No. 3, 2007, pp. 366, 372.

Partha Dasgupta, "What do Economists Analyze and Why: Value and Facts", Economics and Philosophy, Vol. 21, No. 2, 2005, pp. 221-278.

Paul Dolan and Aki Tsuchiya, "Health Priorities and Public Preferences: The Relative Importance of Past Health Experience and Future Health Prospects", Journal of Health Economics, Vol. 24, No. 4, 2009, pp. 703-714.

Philip Michelbach, John Scott, Richard Matland, and Brain Bornstein, "Doing Rawls Justice: An Experimental Study of Income Distribution Norms", American Journal of Political Science, Vol. 47, No. 3, 2003, pp. 523-539.

Plato, The Republic, trans. Paul Shorey, Cambridge, MA: Harvard University Press, 1930.

Prasanta Pattanaik, "Introduction", in Eric Maskin and Amartya Sen, eds. The Arrow Impossibility Theorem, Cambridge: Cambridege University Press, 2014, pp. 1-23.

Rachel Croson and Uri Gneezy, "Gender Differences in Preferences", Journal of Economic Literature, Vol. 47, No. 2, 2009, pp. 448-474.

Richard Laydard, Guy Mayraz, and Stephen Nickell, "The Marginal Utility of Income", Journal of Public Economics, Vol. 92, No. 8-9, 2008, pp. 1846, 1857.

Richard Musgrave, "Maximin, Uncertainty, and the Leisure Trade-off", Quarterly Journal of Economics, Vol. 88, No. 4, 1974, pp. 626, 632.

Richard Thaler, "Behavioral Economics: Past, Present, and Future", American Economic Review, Vol. 106, No. 7, 2016, pp. 1577-1600.

Richard Tresch, Public Finance: A Normative Theory (Third Edition), London: Elsevier, 2015.

Roman Sheremeta, Neslihan Uler, and Pedro Rey-Biel "(Bad) Luck and

(Lack of) Effort: Sharing Norms in the US and Europe", Barcelona GSE Working Paper Series Working Paper No. 584, 2011.

Rosalind Dixon and Martha Nussbaum, "Children's Rights and a Capabilities Approach: The Question of Special Priority", Cornell Law Review, Vol. 97, No. 3, 2012, pp. 549-593.

Tracy Sulkin and Adam Simon, "Habermas in the Lab: A Study of Deliberation in an Experimental Setting", Political Psychology, Vol. 22, No. 4, 2001, pp. 809-882.

Vernon Smith and Bart Wilson, "Fair and Impartial Spectators in Experimental Economic Behavior", Review of Behavioral Economics, Vol. 1, No. 1-2, 2014, pp. 1-26.

Vidar Christiansen and Eilev Jansen, "Implicit Social Preferences in the Norwegian System of Indirect Taxation", Journal of Public Economics, Vol. 10, No. 2, 1978, pp. 217-245.

Vivian Walsh, "Philosophy and Economics", in John Eatwell, Murray Milgate, and Peter Newman, eds. The New Palgrave: A Dictionary of Economics (first edition), London: Macmillan, 1987, pp. 861-869.

William Vickrey, "Measuring Marginal Utility by Reactions to Risk", Econometrica, Vol. 13, No. 4, 1945, pp. 319-333.

Wulf Gaertner and Erik Schokkaert, Empirical Social Choice: Questionnaire-Experimental Studies on Distributive Justice, Cambridge: Cambridge University Press, 2012.

Wulf Gaertner and Jochen Jungeilges, "Evaluation via Extended Orderings: Empirical Findings from West and East", Social Choice and Welfare, Vol. 19, No. 1, 2002, pp. 29-55.

Wulf Gaertner and Lars Schwettmann, "Equity, Responsibility and the Cultural Dimension", Economica, Vol. 74, No. 296, 2007, pp. 627-649.

Yoram Amiel, Frank Cowell, and Wulf Gaertner, "Distributional Orderings:

An Approach with Seven Flavors", Theory and Decision, Vol. 73, No. 3, 2011, pp. 381-399.

Yoram Amiel, Frank Cowell, and Wulf Gaertner, "To Be or Not to Be Involved: A Questionnaire-Experimental View on Harsanyi's Utilitarian Ethics", Social Choice and Welfare, Vol. 32, No. 2, 2009, pp. 299-316.

Yoram Amiel, John Creedy, and Stan Hurn, "Measuring Attitudes towards Inequality", Scandinavian Journal of Economics, Vol. 101, No. 1, 1999, pp. 83-96.

索　引

A

B

F

G

J

K

L

N

P

Q

S

W

X

Y

Z

后　记

我的博士专业是经济思想史。这个专业现在看似冷门，却不见得不适合所有人。当年有老师听说我选择了此专业，立即深表赞同，原因在于他认为我身上有学究气。或许真的只有我这种从小便看似“老学究”（本人小学老师的评语）的书虫，才适合到这个冷门学科里“觅食”。

本书的内容虽然主要是福利经济学，但其创作的思想来源却须臾不离我的老本行——经济思想史。或者说，我是因为先对福利经济学的思想史感兴趣，然后才转而接触福利经济学前沿的理论和实证研究。本书的主题——实证社会选择——正是福利经济学一个比较前沿的研究领域。

实证社会选择直接关心的是分配正义领域的问题，或许可认为其是用经济学的理论模型和实证工具来解读分配正义这一伦理学主题的一种尝试。为了在“后记”中体现“正义”，我在此必须对在生活和学术道路上帮助过我的各位挚亲、师友表示感谢。

首先，要感谢我的博士生导师朱成全教授。没有您的引路，我不会进入经济思想史的圣殿，从而投身到故纸堆中淘宝的工作。

其次，要感谢我的博士后合作导师王国成研究员。在您的指引下，我开始找到了做实证研究的感觉，于是才有了这部从福利经济学思想史引申至分配正义的实证维度的拙作。

再次，要感谢西南政法大学经济学院的各位朋友。感谢你们愿意忍受我在学术上的无知，以及因为无知所造成的打扰。“边吃边聊”对我来说是精神和肉体的双重满足。

又次，要感谢我的老婆。因为你是这本书的第一位读者，你的赞美或吐槽都增添了我继续完善的动力。

最后，要感恩我的父母。“父母在，不远游”，我的选择却是反其道而行之。但愿这本书能体现我远游的成果，让远方的你们感到欣慰。

汪毅霖

2019 年 10 月 16 日修订于麦迪逊

专家推荐表

<table>
<tr><td colspan="4">第八批《中国社会科学博士后文库》专家推荐表 1</td></tr>
<tr><td colspan="4">《中国社会科学博士后文库》由中国社会科学院与全国博士后管理委员会共同设立，旨在集中推出选题立意高、成果质量高、真正反映当前我国哲学社会科学领域博士后研究最高学术水准的创新成果，充分发挥哲学社会科学优秀博士后科研成果和优秀博士后人才的引领示范作用，让《文库》著作真正成为时代的符号、学术的标杆、人才的导向。</td></tr>
<tr><td>推荐专家姓名</td><td>李树</td><td>电　　话</td><td></td></tr>
<tr><td>专业技术职务</td><td>教授</td><td>研究专长</td><td>国民经济学</td></tr>
<tr><td>工作单位</td><td>西南政法大学经济学院</td><td>行政职务</td><td>院长</td></tr>
<tr><td>推荐成果名称</td><td colspan="3">分配正义的实证之维——实证社会选择的中国应用</td></tr>
<tr><td>成果作者姓名</td><td colspan="3">汪毅霖</td></tr>
<tr><td colspan="4">（对书稿的学术创新、理论价值、现实意义、政治理论倾向及是否具有出版价值等方面做出全面评价，并指出其不足之处）
该书多次引用了党的十九大报告的内容，证明作者认真学习领会了党的十九大的精神，从而保证了该书在政治倾向上的正确性。
该书的研究采用了分配正义这样一个在福利经济学理论中有很重要的地位，而之前的研究又较为单薄的内容。此项内容又恰恰与实现人民的美好生活向往紧密相关。因此，从研究主题上看，这个选题是非常有理论和现实意义的。
书中除了经济学的内容外，还引入了大量心理学、科学哲学、政治哲学等方面的知识，显示了作者较为丰富的知识储备和跨学科研究的理论视野。但如果能在分配正义研究中扩充马克思的人的自由全面发展的角度，则该书的内容将更为充实，理论意义也会更强。
综上所述，我认为该书值得出版并予以推荐。

签字：李树

2018 年 12 月 31 日</td></tr>
<tr><td colspan="4">说明：该推荐表须由具有正高级专业技术职务的同行专家填写，并由推荐人亲自签字，一旦推荐，须承担个人信誉责任。如推荐书稿入选《文库》，推荐专家姓名及推荐意见将印入著作。</td></tr>
</table>

<table>
<tr><th colspan="4">第八批《中国社会科学博士后文库》专家推荐表 2</th></tr>
<tr><td colspan="4">《中国社会科学博士后文库》由中国社会科学院与全国博士后管理委员会共同设立，旨在集中推出选题立意高、成果质量高、真正反映当前我国哲学社会科学领域博士后研究最高学术水准的创新成果，充分发挥哲学社会科学优秀博士后科研成果和优秀博士后人才的引领示范作用，让《文库》著作真正成为时代的符号、学术的标杆、人才的导向。</td></tr>
<tr><td>推荐专家姓名</td><td>王国成</td><td>电　　话</td><td></td></tr>
<tr><td>专业技术职务</td><td>研究员</td><td>研究专长</td><td>实验经济学</td></tr>
<tr><td>工作单位</td><td>中国社会科学院数量经济与技术经济研究所</td><td>行政职务</td><td></td></tr>
<tr><td>推荐成果名称</td><td colspan="3">分配正义的实证之维——实证社会选择的中国应用</td></tr>
<tr><td>成果作者姓名</td><td colspan="3">汪毅霖</td></tr>
<tr><td colspan="4">（对书稿的学术创新、理论价值、现实意义、政治理论倾向及是否具有出版价值等方面做出全面评价，并指出其不足之处）
该书在理论观点上符合马克思主义的基本原理和党的十九大报告的精神，并试图围绕党的十九大报告的内容提出和解决重大的理论问题，故该书在政治立场上保持了与党中央的一致。
从研究方法上看，该书采用的问卷实验方法是广义上的实验经济学的一个分支，在行为实验中有较广泛的运用。作者借助实证社会选择的框架，将此方法运用于研究分配正义问题，在方法论上是合理的和有新意的，也获得了一些有理论意义和现实启发性的研究结论。
但是，该书还缺少使用其他方法进行的对比研究，如田野实验、大数据实验、微观计量等。如果能在未来的研究中加以弥补，则研究的内容可更为饱满。
基于以上理由，我推荐该书出版。

签字：王国成

2018 年 12 月 31 日</td></tr>
<tr><td colspan="4">说明：该推荐表须由具有正高级专业技术职务的同行专家填写，并由推荐人亲自签字，一旦推荐，须承担个人信誉责任。如推荐书稿入选《文库》，推荐专家姓名及推荐意见将印入著作。</td></tr>
</table>

经济管理出版社
《中国社会科学博士后文库》
成果目录

第一批《中国社会科学博士后文库》(2012年出版)		
序号	书　名	作　者
1	《"中国式"分权的一个理论探索》	汤玉刚
2	《独立审计信用监管机制研究》	王　慧
3	《对冲基金监管制度研究》	王　刚
4	《公开与透明:国有大企业信息披露制度研究》	郭媛媛
5	《公司转型:中国公司制度改革的新视角》	安青松
6	《基于社会资本视角的创业研究》	刘兴国
7	《金融效率与中国产业发展问题研究》	余　剑
8	《进入方式、内部贸易与外资企业绩效研究》	王进猛
9	《旅游生态位理论、方法与应用研究》	向延平
10	《农村经济管理研究的新视角》	孟　涛
11	《生产性服务业与中国产业结构演变关系的量化研究》	沈家文
12	《提升企业创新能力及其组织绩效研究》	王　涛
13	《体制转轨视角下的企业家精神及其对经济增长的影响》	董　昀
14	《刑事经济性处分研究》	向　燕
15	《中国行业收入差距问题研究》	武　鹏
16	《中国土地法体系构建与制度创新研究》	吴春岐
17	《转型经济条件下中国自然垄断产业的有效竞争研究》	胡德宝

第二批《中国社会科学博士后文库》（2013年出版）		
序号	书　名	作　者
1	《国有大型企业制度改造的理论与实践》	董仕军
2	《后福特制生产方式下的流通组织理论研究》	宋宪萍
3	《基于场景理论的我国城市择居行为及房价空间差异问题研究》	吴　迪
4	《基于能力方法的福利经济学》	汪毅霖
5	《金融发展与企业家创业》	张龙耀
6	《金融危机、影子银行与中国银行业发展研究》	郭春松
7	《经济周期、经济转型与商业银行系统性风险管理》	李关政
8	《境内企业境外上市监管若干问题研究》	刘　铁
9	《生态维度下土地规划管理及其法制考量》	胡耘通
10	《市场预期、利率期限结构与间接货币政策转型》	李宏瑾
11	《直线幕僚体系、异常管理决策与企业动态能力》	杜长征
12	《中国产业转移的区域福利效应研究》	孙浩进
13	《中国低碳经济发展与低碳金融机制研究》	乔海曙
14	《中国地方政府绩效评估系统研究》	朱衍强
15	《中国工业经济运行效益分析与评价》	张航燕
16	《中国经济增长：一个“被破坏性创造”的内生增长模型》	韩忠亮
17	《中国老年收入保障体系研究》	梅　哲
18	《中国农民工的住房问题研究》	董　昕
19	《中美高管薪酬制度比较研究》	胡　玲
20	《转型与整合：跨国物流集团业务升级战略研究》	杜培枫

第三批《中国社会科学博士后文库》(2014年出版)		
序号	书　名	作　者
1	《程序正义与人的存在》	朱　丹
2	《高技术服务业外商直接投资对东道国制造业效率影响的研究》	华广敏
3	《国际货币体系多元化与人民币汇率动态研究》	林　楠
4	《基于经常项目失衡的金融危机研究》	匡可可
5	《金融创新及其宏观效应研究》	薛昊旸
6	《金融服务县域经济发展研究》	郭兴平
7	《军事供应链集成》	曾　勇
8	《科技型中小企业金融服务研究》	刘　飞
9	《农村基层医疗卫生机构运行机制研究》	张奎力
10	《农村信贷风险研究》	高雄伟
11	《评级与监管》	武　钰
12	《企业吸收能力与技术创新关系实证研究》	孙　婧
13	《统筹城乡发展背景下的农民工返乡创业研究》	唐　杰
14	《我国购买美国国债策略研究》	王　立
15	《我国行业反垄断和公共行政改革研究》	谢国旺
16	《我国农村剩余劳动力向城镇转移的制度约束研究》	王海全
17	《我国吸引和有效发挥高端人才作用的对策研究》	张　瑾
18	《系统重要性金融机构的识别与监管研究》	钟　震
19	《中国地区经济发展差距与地区生产率差距研究》	李晓萍
20	《中国国有企业对外直接投资的微观效应研究》	常玉春
21	《中国可再生资源决策支持系统中的数据、方法与模型研究》	代春艳
22	《中国劳动力素质提升对产业升级的促进作用分析》	梁泳梅
23	《中国少数民族犯罪及其对策研究》	吴大华
24	《中国西部地区优势产业发展与促进政策》	赵果庆
25	《主权财富基金监管研究》	李　虹
26	《专家对第三人责任论》	周友军

第四批《中国社会科学博士后文库》(2015 年出版)		
序号	书　名	作　者
1	《地方政府行为与中国经济波动研究》	李　猛
2	《东亚区域生产网络与全球经济失衡》	刘德伟
3	《互联网金融竞争力研究》	李继尊
4	《开放经济视角下中国环境污染的影响因素分析研究》	谢　锐
5	《矿业权政策性整合法律问题研究》	郗伟明
6	《老年长期照护：制度选择与国际比较》	张盈华
7	《农地征用冲突：形成机理与调适化解机制研究》	孟宏斌
8	《品牌原产地虚假对消费者购买意愿的影响研究》	南剑飞
9	《清朝旗民法律关系研究》	高中华
10	《人口结构与经济增长》	巩勋洲
11	《食用农产品战略供应关系治理研究》	陈　梅
12	《我国低碳发展的激励问题研究》	宋　蕾
13	《我国战略性海洋新兴产业发展政策研究》	仲雯雯
14	《银行集团并表管理与监管问题研究》	毛竹青
15	《中国村镇银行可持续发展研究》	常　戈
16	《中国地方政府规模与结构优化：理论、模型与实证研究》	罗　植
17	《中国服务外包发展战略及政策选择》	霍景东
18	《转变中的美联储》	黄胤英

第五批《中国社会科学博士后文库》(2016 年出版)		
序号	书　名	作　者
1	《财务灵活性对上市公司财务政策的影响机制研究》	张玮婷
2	《财政分权、地方政府行为与经济发展》	杨志宏
3	《城市化进程中的劳动力流动与犯罪：实证研究与公共政策》	陈春良
4	《公司债券融资需求、工具选择和机制设计》	李　湛
5	《互补营销研究》	周　沛
6	《基于拍卖与金融契约的地方政府自行发债机制设计研究》	王治国
7	《经济学能够成为硬科学吗?》	汪毅霖
8	《科学知识网络理论与实践》	吕鹏辉
9	《欧盟社会养老保险开放性协调机制研究》	王美桃
10	《司法体制改革进程中的控权机制研究》	武晓慧
11	《我国商业银行资产管理业务的发展趋势与生态环境研究》	姚　良
12	《异质性企业国际化路径选择研究》	李春顶
13	《中国大学技术转移与知识产权制度关系演进的案例研究》	张　寒
14	《中国垄断性行业的政府管制体系研究》	陈　林

第六批《中国社会科学博士后文库》（2017 年出版）		
序号	书　名	作　者
1	《城市化进程中土地资源配置的效率与平等》	戴媛媛
2	《高技术服务业进口技术溢出效应对制造业效率影响研究》	华广敏
3	《环境监管中的“数字减排”困局及其成因机理研究》	董　阳
4	《基于竞争情报的战略联盟关系风险管理研究》	张　超
5	《基于劳动力迁移的城市规模增长研究》	王　宁
6	《金融支持战略性新兴产业发展研究》	余　剑
7	《清乾隆时期长江中游米谷流通与市场整合》	赵伟洪
8	《文物保护经费绩效管理研究》	满　莉
9	《我国开放式基金绩效研究》	苏　辛
10	《医疗市场、医疗组织与激励动机研究》	方　燕
11	《中国的影子银行与股票市场：内在关联与作用机理》	李锦成
12	《中国应急预算管理与改革》	陈建华
13	《资本账户开放的金融风险及管理研究》	陈创练
14	《组织超越——企业如何克服组织惰性与实现持续成长》	白景坤

第七批《中国社会科学博士后文库》（2018 年出版）		
序号	书　名	作　者
1	《行为金融视角下的人民币汇率形成机理及最优波动区间研究》	陈　华
2	《设计、制造与互联网“三业”融合创新与制造业转型升级研究》	赖红波
3	《复杂投资行为与资本市场异象——计算实验金融研究》	隆云滔
4	《长期经济增长的趋势与动力研究：国际比较与中国实证》	楠　玉
5	《流动性过剩与宏观资产负债表研究：基于流量存量一致性框架》	邵　宇
6	《绩效视角下我国政府执行力提升研究》	王福波
7	《互联网消费信贷：模式、风险与证券化》	王晋之
8	《农业低碳生产综合评价与技术采用研究——以施肥和保护性耕作为例》	王珊珊
9	《数字金融产业创新发展、传导效应与风险监管研究》	姚　博
10	《“互联网+”时代互联网产业相关市场界定研究》	占　佳
11	《我国面向西南开放的图书馆联盟战略研究》	赵益民
12	《全球价值链背景下中国服务外包产业竞争力测算及溢出效应研究》	朱福林
13	《债务、风险与监管——实体经济债务变化与金融系统性风险监管研究》	朱太辉

第八批《中国社会科学博士后文库》(2019年出版)		
序号	书　名	作　者
1	《分配正义的实证之维——实证社会选择的中国应用》	汪毅霖
2	《金融网络视角下的系统风险与宏观审慎政策》	贾彦东
3	《基于大数据的人口流动流量、流向新变化研究》	周晓津
4	《我国电力产业成本监管的机制设计——防范规制合谋视角》	杨菲菲
5	《货币政策、债务期限结构与企业投资行为研究》	钟　凯
6	《基层政区改革视野下的社区治理优化路径研究：以上海为例》	熊　竞
7	《大国版图：中国工业化70年空间格局演变》	胡　伟
8	《国家审计与预算绩效研究——基于服务国家治理的视角》	谢柳芳
9	《包容型领导对下属创造力的影响机制研究》	古银华
10	《国际传播范式的中国探索与策略重构——基于会展国际传播的研究》	郭　立
11	唐代东都职官制度研究	王　苗

《中国社会科学博士后文库》征稿通知

为繁荣发展我国哲学社会科学领域博士后事业，打造集中展示哲学社会科学领域博士后优秀研究成果的学术平台，全国博士后管理委员会和中国社会科学院共同设立了《中国社会科学博士后文库》（以下简称《文库》），计划每年在全国范围内择优出版博士后成果。凡入选成果，将由《文库》设立单位予以资助出版，入选者同时将获得全国博士后管理委员会（省部级）颁发的“优秀博士后学术成果”证书。

《文库》现面向全国哲学社会科学领域的博士后科研流动站、工作站及广大博士后，征集代表博士后人员最高学术研究水平的相关学术著作。征稿长期有效，随时投稿，每年集中评选。征稿范围及具体要求参见《文库》征稿函。

联系人：宋　娜

电子邮箱：epostdoctoral@126.com

通讯地址：北京市海淀区北蜂窝 8 号中雅大厦 A 座 11 层经济管理出版社《中国社会科学博士后文库》编辑部

邮编：100038

经济管理出版社